U0362077

南开外语学科百年口述史

1919—2019

第一辑

阎国栋 / 主　编

穆祥望　相　羽 / 副主编

南开大学出版社

图书在版编目(CIP)数据

南开外语学科百年口述史：1919—2019. 第一辑 /
阎国栋主编；穆祥望，相羽副主编. —天津：南开大
学出版社，2023.10
ISBN 978-7-310-06274-4

Ⅰ. ①南… Ⅱ. ①阎… ②穆… ③相… Ⅲ. ①南开大
学外国语学院—校史—1919—2019 Ⅳ. ①G649.282.1

中国版本图书馆 CIP 数据核字(2021)第 279509 号

南开外语学科百年口述史 1919—2019 第一辑
NANKAI WAIYU XUEKE BAINIAN KOUSHUSHI 1919—2019 DIYIJI

南开大学出版社出版发行
出版人：陈　敬
地址：天津市南开区卫津路 94 号　　邮政编码：300071
营销部电话：(022)23508339　营销部传真：(022)23508542
https://nkup.nankai.edu.cn

天津创先河普业印刷有限公司印刷　全国各地新华书店经销
2023 年 10 月第 1 版　　2023 年 10 月第 1 次印刷
240×170 毫米　16 开本　22.25 印张　4 插页　296 千字
定价：245.00 元

如遇图书印装质量问题，请与本社营销部联系调换，电话：(022)23508339

向百年南开外语学科致敬

　　南开外语学科是我国历史最为悠久、专业最为完备、学术积淀最为深厚的外语学科之一，在海内外拥有良好的知名度和美誉度。在出席 1919 年 9 月 25 日南开大学开学典礼的不到十名教师中，就有两位是英文教师，她们是司徒如坤教授和美籍教师刘易斯（Lewis）女士。南开初以"文以治国，理以强国，商以富国"的理念设文、理、商三科，所有课程分为文言学、数理、哲学及社会科学、商学四组。各科学生前两年不分系，第三年开始选择专修组。其中，文言学组包括国文、英文、法文、德文、日文五学门。也就是说，南开在建校之初便设立了四个语种的"外语专业"。20 世纪 20 年代，在南开任教的外语老师除英文教授司徒如坤教授、刘易斯、司徒月兰、万德尔（Van Gorn）和楼光来外，还有日文教授曾克熙、李宗武，法文教授白芝（Baise）、刘少山、许日升和德文教授崔子丹、段茂澜（陈省身先生的德文老师）等。学生在某个专修组中所修课程获得 50 绩点（类似现在的学分），便可以哪个学门（专业）的身份毕业。在 1923 年毕业的第一届学生中，就有黄肇年和马福通两位同学以英文专业毕业生的身份毕业。

1931 年，南开大学成立英文系，毕业于美国耐不拉斯加大学并享有"桂冠诗人"之誉的陈逵教授任系主任，次年由柳亚子先生之子、美国耶鲁大学博士、著名学者柳无忌先生接任。1932 年底，美国加利福尼亚大学硕士司徒月兰女士来南开任教。1937 年抗日战争爆发后，外文系随学校南迁昆明，与清华大学和北京大学外国文学系组成著名的西南联合大学外国语文学系。

中华人民共和国成立后，南开大学英文系获得新生。1949 年增设俄文专业，英文系改名为外文系。1959 年周恩来总理回母校视察，在外文系教室与师生亲切交谈，全系师生受到莫大鼓舞。1972 年外文系增设日语专业。1979 年成立俄苏文学研究室，次年成立英美文学研究室，后来又先后成立了日本文学研究室和翻译中心。1980 年我国实行学位制度以后，英语语言文学学科和俄语语言文学学科获批硕士学位授予权，1986 年日语语言文学专业获批；1990 年经国务院学位委员会批准，英语语言文学学科获得博士学位授予权。

1997 年 10 月，南开大学外国语学院成立，由原外文系（包括英语、俄语和日语三专业）、国际商学院的外贸外语系、旅游学系的旅游英语专业和公共外语教学部组成。2002 年经教育部批准增设法语专业，2003 年增设德语专业，2010 年增设翻译专业，2014 年增设西班牙语专业，2017 年增设葡萄牙语和意大利语专业。

2017 年，南开大学拔尖人才培养计划"外语专业与人文社科专业双向复合国际化人才培养项目"正式启动，实现了"外语＋专业"和"专业＋外语"人才培养模式的实质性创新，使南开大学在高素质国际化人才培养方面走在了全国前列。

2019 年，南开大学外国语学院增设阿拉伯语专业。自此，学院的本科专业涵盖了联合国全部工作语言（英、法、俄、阿拉伯、西班牙）和"一带一路"沿线国家的主要语言，基本具备了更好服务国家与社会，为南开大学的国际化助力的学科基础。

2019 年，旨在打破学院和学科壁垒，提升全校学生国际视野和跨文化交际能力的穆旦书院依托我院成立。

2021—2022 年，英语、日语、俄语、意大利语专业相继成为国家级一流本科专业建设点，翻译、德语、法语、西班牙语和葡萄牙语专业入选天津市一流本科专业建设点。

2022 年，经学校批准，学院与原公共英语教学部实现深度融合，建立公共外语教学部，自此"十系一部"（英语系、翻译系、俄语系、日语系、法语系、德语系、西班牙语系、葡萄牙语系、意大利语系、阿拉伯语系及公共外语教学部）的格局最终形成。

学院持续推动国际化人才培养，已与美国、英国、加拿大、日本、德国、法国、俄罗斯、乌克兰、奥地利、西班牙、葡萄牙、意大利、巴西、埃及等国的高水平大学建立了密切的合作关系，仅院级交流项目就多达三十余项。在学期间本科生出国留学率位列全校第一，大大开阔了学生的国际视野，显著提升了学生的跨文化交际能力。学院与英国格拉斯哥大学、布里斯托大学、伦敦大学亚非学院以及日本金泽大学的联合研究生院项目也相继启动，持续为本科毕业生提供了更多更好的留学深造资源。

2003 年我院获批外国语言学与应用语言学硕士学位授予权。2007 年获批英语翻译硕士专业学位（MTI）授予权。2011 年国务院学位委员会批准我院外国语言文学学科为博士学位授权一级学科，俄语和日语专业获批博士学位授予权。2014 年获批日语翻译硕士专业学位（MTI）授予权。2017 年起南开大学 - 格拉斯哥大学联合研究生院联合招收英语语言文学（翻译与专业实践）硕士研究生，由中英双方共同授课和培养。2017 年增设德语语言文学专业硕士点，2021 年增设国别和区域研究方向硕士点，2022 年增设法语语言文学专业硕士点，同时增设 MTI 俄语口译和法语笔译两个领域。自此，学院形成了具有五个博士授予学科、八个学术硕士招生方向和六个专业学位领域的高层次外语专业人才培养体系。

学院进一步完善科研管理机制，激发学术活力和潜力，学术研究取得长足发展。2003 年设立南开大学外国语言文学学科博士后科研流动站。2016 年组建七个跨语种研究中心，即语言学研究中心、外国文学研究中心、翻译学研究中心、区域国别研究中心、中华文化国际传播研究中心、外语教育与教师发展研究中心以及东亚文化研究中心。在全院教师的共同努力下，学院先后获得数十个国家社科基金和教育部人文社科基金立项，其中包括三个国家社科基金重大项目。

近年来，外国语学院始终坚持立德树人的根本立场，发扬南开外语学科的优良传统，不忘初心使命，团结全院师生，锐意进取，努力谋求更快更好发展。学院主动对标国家需要，积极为扩大改革开放、"一带一路"建设、构建人类命运共同体、讲好中国故事服务。坚持"外语专长，人文素养，国际视野，中国情怀，南开特色"的人才培养理念和"涉外事务的从业者，国际问题的研究者，人类文明的沟通者，语言服务的提供者"的人才培养目标，凝心聚力，不断提高人才培养质量，努力将南开外国语学院建设成为中国复合型国际化人才的培养基地和样板。

唯有真诚回首过去，总结我们的成就、经验和教训，才有可能继承好我们的传统，弘扬我们的精神，巩固我们的根基。而传统和精神，不仅蕴含着南开外院人的初心，更昭示着我们的崇高使命。只有让每一位师生不忘初心，牢记使命，我们才能更加自信而坚定地走向未来。因此，借助于南开外语学科发展历程的见证者的记忆和叙述，完成一部《南开外语学科百年口述史》的想法便在 2016 年开始筹备校庆的时候萌生，既作为献给南开百年华诞的贺礼，又可为今人和后人留下一笔宝贵的精神遗产。

第一批采访的对象中既有荣退的老教师和老领导，也有他们培养的好学生。他们不仅是学院发展历史的亲历者，更是学院传统和精神的承载者。面对主要由学生组成的采访团队，他们放下手头的工作，放弃了休息时间，调动久远的记忆，有求必应，有问必答，配合录音录像，校对文字稿本，帮助同学们顺利完成了任务。

这部分访谈录只是"南开外语学科百年口述史"的开始，暂编为第一辑。下一步我们将一步扩大采访对象范围，以使我们的口述史视角更加多元，内容更加丰富，思考更为深刻，启示更加突出。

参加采录的学生表现优异，顺利完成了任务。由于采访技巧还不太成熟，问题设计也不尽专业和完善，文字记录难免有讹误之处，敬请师生和校友指正。

南开大学外国语学院院长 阎国栋

2022 年 9 月 29 日

目 录

肖福堂简介

　　肖福堂，男，1945年生人，研究员。1964年进入南开大学外文系英语专业学习，1970年到干校劳动，1971年被分配到南开大学教务处工作。曾历任教务处副处长，社会科学研究管理处第一任处长。1998年任外国语学院党委书记，2006年退休。工作期间，主编和参编有关教育和教育管理的专著六部，发表论文多篇。曾被评为"天津市优秀教育管理工作者"，天津市"七五"立功奖章获得者。退休后任外国语学院兼职组织员10年。

被采访人：肖福堂

采访人：相羽、周文钰、王帅、杜明睿

整理人：王帅

时　　间：2019 年 5 月 14 日下午

地　　点：南开大学外国语学院良铮厅

采访组：肖老师您好，为迎接百年校庆和外语学科建立 100 周年，我们想通过采访像您这样亲历过这段历史的老先生们，做一个南开外语学科百年口述史的整理。今天请您来，主要是想请您对外语学科的发展历史做一个简单的回顾。

肖福堂：非常感谢学院的邀请，接下来我就对外语学科这 100 年的发展历程做一个简单的梳理。

1919 年南开大学建校时，从"文以治国，理以强国，商以富国"的思想出发，设文、理、商三科，1921 年又增设矿科。建校初期，全校开设的课程分为四个专修组，其中的文言学组包括国文、英文、法文、德文、日文五学门。各科学生前两年不分系，每一科学生所学课程基本一样，第三年开始选修专修组。到毕业时，若在某个专修组中所选课程满五十绩点，则归其为专修学门。以后又把专修学门称为"学系"，或者简称为"系"。当时的"学系"或"系"并不是行政实体，只是课程的学门，每年也不是很固定。根据南开大学注册组 1949 年 5 月编印的《国立南开大学历届毕业生名录》中前三届毕业生统计，1923 年全校第一届毕业生二十一人，其中英文学系两人；1924 年第二届毕业生共二十人，其中英文学系三人；1925 年第三届毕业生共六十二人，其中英文学系六人。根据校史记载，最早来南开大学的教师是民国著名教育家凌冰，他的妻子司徒如坤女士是美国加利福尼亚大学文学硕士，也是南开大学英文学系第一位英文教师。开始时，司徒如坤还兼任南开中学英文主任，并兼授大学德文课。最早的英文教师还有美籍教师刘易斯（Lewis）女士。司徒如坤和刘易斯都于 1919年 9 月 25 日参加了南开大学的开学典礼（当时南开大学只有不足十名教师）。1922 年夏，司徒月兰由张彭春介绍来南开大学任英文教授。司徒月兰与姐姐司徒如坤同为美国加利福尼亚大学文学硕士。司徒月兰担任过一年级英文、二年级英文、三年级高级英文及四年级欧美文学等课程教学，一般每周上课 12 学时。同时，她还被英文演说会南开之星（Nankai Star）聘为导师，被南开唱歌会聘为导师和钢琴师等。《南开周刊》曾刊文说，南开在华北八校英语演说辩论会"屡执牛耳"，"此皆因出于指导者之功"；南开唱歌会为全校举行音乐会，"实启在校课外团体公开演艺之先河"，"本会还为本校课外组织男女合作之始"。从 1925 年秋开始，司徒月兰连续三年被聘为下一学年英文教授。此时的英文学系除培养专业的英语学生外，还承担全校学生的英、法、德、日等语种的课程。在美国哥伦比亚大学取得西洋文学博士学位的段茂澜，曾兼任德文、法文教授，陈省身、吴大任等都曾听过他的德语课。冯文潜于 20 世纪 20 年代末来到南开，兼开德语课。1919—1930 年开设法、德、日语课程的教师先后有十几人。

从 1930 年春开始，南开大学文、理、商三科分别改为文学院、理学院、商学院。文学院开始时没有专门设立英文系，只设有文学哲学系。这一年，陈逵先生应聘来校教英文。1931 年秋，英文系成立，由陈逵教授任系主任。1931 年发生了九一八事变。陈先生说起国事，慷慨激昂，不能自已。《南开周刊》1931 年 9 月 29 日在第 113 期刊文《教授中之关心国难者》中提到蔡维藩、傅恩龄、陈弼猷（陈逵）三先生等，"每于提书授课时，泪盈盈而欲泣，声气为之咽噎，恰似一幕'最后一课'，令人心为之感动"。1932 年 8 月，柳无忌博士来到南开园。同年秋天，陈逵教授离校，柳无忌继任英文系主任。他怀着极大的热情，着力改进系务，增聘学有专长的教师，丰富课程和教学内容，加强学术研究与交流，力求把英文系办出特色，呈现异彩。另外，爱尔兰文学专家罗文柏教授也来英文系任教，讲欧洲文艺复兴。校长张伯苓的弟弟张彭春作为哲教系兼英文系教授，开设西洋戏剧。张彭春教授讲课，活灵活现，很叫座。他还导演学生排英文剧，演出引起轰动，各报纷纷发表评论，予以赞誉。郑振铎、巴金、靳以等都专程从北平来看演出。1933 年，黄佐临先生到英文系授课，讲授长篇小说和萧伯纳。司徒月兰于 1929 年赴美研修后又于 1934 年返回南开。柳无忌的清华同学、小说家罗皑岚讲授英美小说。系主任柳无忌认为，英文系学生应当有宽广的知识面，不但要学习英国语言文学，而且对于西洋文学应有普遍的认识。于是英文系于 1936 年聘请了曾任北京大学法语系主任的法国文学专家梁宗岱教授，他对于德国文学也颇有修养，英文又相当流畅。除此之外，还聘请了文学界一些名流，如朱自清、朱湘、孙大雨、罗念生、朱光潜、曹禺等来系里作学术讲座，丰富学生的理论与知识。柳无忌曾自豪地说："南开文学院以英文系阵容最完整。"所谓"完整"，主要是指教师素质高，大都是留洋回来的饱学之士，并各有专长，相互搭配，可以满足语言、文学各方面课程教学的整体需要。

1937 年 7 月 7 日，卢沟桥事变爆发，日军发动全面侵华战争。不久北京、天津沦陷。因南开师生积极抗日，7 月 28 日至 29 日，日军开炮炸毁了南开校园，学校被迫南迁。南开大学的英文系与北大、清华相关的系先后组成长沙临大（国立长沙临时大学）和西南联大（国立西南联合大学）的外国语言文学系。柳无忌、曹鸿昭、李田意、傅恩龄等到达昆明。1940 年，卞之琳到西南联大外文系任教。1945 年 8 月，抗日战争以中国人民的胜利而宣告结束。1946 年 10 月 17 日，南开大学在天津举行复校典礼，学校由抗战前的私立改为国立，原来的英文系改为外文系。司徒月兰教授任外文系代理系主任。复校后，外语学科把师资队伍建设作为重要大事来抓。一方面，把抗战前一度离校的教师召回学校，如司徒月兰、刘恩荣等。另一方面在联大及京、津、川等地选聘教师，如卞之琳原在西南联大任教，1947 年来到南开外文系，边教书边翻译了大量外国文学作品，创作了许多优秀诗歌、散文、小说等。另外，杨善荃、高殿森、张秉礼、周基堃、张涛、张镜潭等都来外文系工作，外文系师资阵容加强，教师著述颇丰。师生参加的"课外谈话"和"写作学习"是其特色，活跃了学术风气。1947年，罗大冈回到阔别14年的祖国，被聘为南开大学外文系教授，妻子齐香被聘为副教授。在这期间，在共产党地下组织领导的爱国民主和解放斗争中，不少外文系师生都是积极分子。凌力学、高庆琪、林爽军、孟繁琪、田增佩、刘祖才、张佐、辛毓庄等都是共产党员。外文系学生周福成介绍傅作义的女儿傅冬菊加入了中国共产党，他们为和平解放北平做了许多工作。外文系师生为解放战争的胜利做出了很大贡献。

新中国成立后，南开大学的外语学科走过艰辛的探索和发展路程。1949年1月15日，天津解放。从1949年上半年起，罗大冈教授担任外文系主任。1951年底，著名作家、鲁迅研究专家、文学翻译家李霁野教授担任系主任，当中曾中断一段时间，直到1982年。1952年的院系调整后，外语学科的英语教师队伍很快形成了较强的阵容。其中，有系主任李霁野、司徒月兰、杨善荃、高殿森、颜毓衡、张秉礼、张镜潭等，还有1931年曾任英文系主任的陈逵教授，对英国文学有很深造诣的李宜燮教授，西南联大毕业、赴美留学归国的巫宁坤副教授和张万里副教授，以及1953年从美国芝加哥大学取得文学硕士学位归国的查良铮（穆旦）副教授。

根据当时"以俄为师"、需要培养大量俄语人才的情况，外文系于1950年增设了俄语专业，开始培养俄语学生。1949年10月，高教部（高等教育部）准聘石波高夫到南开任俄语副教授。又先后调来杨寿钧副教授、杜布松夫人为俄文会话特约教员，聘请毕慎夫为俄语教授，聘维诺格拉多夫和维诺格拉多娃任讲师，聘李绍鹏为俄语教授，等等。1955年夏天，高教部来函，南开大学外文系停办。两个专业未毕业的学生转往他校。特别是俄语专业教师，大都离开南开。英语教师也有不少人离开外文系。1956年，英语专业恢复招生。俄语专业1960年复办，才又开始招生。1960年和 1961 年，先后调来约十五名俄语教师，不少人都是毕业于 20 世纪 50 年代初、具有 10 年左右教学经验的骨干。其中，一人为副教授，五人是苏联高校语文专业的本科和研究生毕业生及进修教师。教育部还派来了 30 年代初入党的老同志陈有信，由他任外文系副系主任兼俄专教研主任。很快，俄语专业所需要的俄语基础课和语言及文学的课程都能开齐。

"文革"期间，南开外文系成为重灾区，因为学外语常被诬为"崇洋媚外"，懂外语又易被人视为"里通外国"。外文系停止招生五年。1971—1976 年连续招收工农兵学员，学制三年。1972 年，外文系设立日语专业并招生。开始时，日语教师只有四人，由孙履恒老师任日语教研室主任。

党的十一届三中全会以后，我国实行深化改革、扩大开放的政策，外语受到普遍重视，南开外语学科办学的规模和教学水平也得到较快的发展与提高。

1981 年我国实行学位制度，南开大学的英语语言文学学科和俄语语言文学学科获得全国首批硕士学位授予权。英语教师李宜燮、高殿森，俄语教师宗玉才、孙延庚、曹中德、叶乃方是所在学科最早的硕士生指导教师。1988 年，日语语言文学学科获得硕士学位授予权，孙莲贵教授为该学科首位硕士生指导教师。1990 年，南开大学英语语言文学学科获批成为博士学位授予单位，常耀信教授为该学科首位博士生指导教师。1992 年 11 月，英语语言文学专业申报天津市重点学科获得批准。1996 年，刘士聪教授获批成为英语语言文学学科第二位博士生指导教师。在这期间，为加强科学研究，经学校批准，外文系成立了三个研究室：俄苏文学研究室、英美文学研究室和翻译研究室。

1997 年 10 月 23 日，校党委常委会研究决定成立南开大学外国语学院，学院由原外文系、外贸外语系、旅游学系的旅游英语专业、公共外语教学部组成。学院成立后，院为实体，公共英语教学部保持相对独立并保留原有办事机构。博士生导师刘士聪教授任外国语学院首任院长。1998 年我来到外国语学院。我和刘士聪教授都意识到，要想搞好外语学科建设，必须提高教师的整体水平。我们在这方面下了很大的功夫，一点儿一点儿突破。首先增列博士生导师，因为当时经常在校的只有刘士聪先生一个人，力量单薄。后来，通过一段时间的努力，增列崔永禄教授（翻译学方向）和张迈曾教授（语言学方向），又引进王宏印教授（翻译学方向），这样，在英语翻译方向有三位博士生导师。这在其他高校是没有的，在全国有一定影响。通过多年的努力，教师队伍无论从数量还是质量上都有了很大的提高，最主要的是，我们外国语学院的外国语言文学一级学科有了博士学位授予权，这个是非常重要的。我们的日语和俄语，过去多少年申请博士点，都没申请下来，因为有各种各样的限制，如教授的数量和人才培养等等。但是我们英语语言文学的三个方向都有博士生导师，包括后来的李兵、张文忠、苗菊等教授。自此，我们在全国的外语学科中的地位得到提高。这也带来了另外一个好处，那就是其他语种要想增列博士生导师或者申请博士点，不需要再到教育部去评，我们南开大学自己就有权来增列博士生导师和设立博士点。很快，俄语系的阎国栋拥有了招收博士生的资格，日语系增列了刘雨珍、王新新两位教授。其他语种，只要有合格的教授，将来都可以招收博士，这对外语学科的发展非常重要。现在从语种上来说，我们的博士生导师从开始以来，有英语的常耀信、刘士聪、崔永禄、王宏印、张迈曾、严启刚、马秋武、苗菊、李兵、张文忠、刘英、胡翠娥、吕世生、王传英、马红旗；俄语有阎国栋、王丽丹；日语有刘雨珍、王新新，跟过去的阵容比可以说是大不一样。另外，这些年，我们的语种大幅度增加。"文革"之前只有两个语种：英语和俄语，1972 年增加了日语专业，到2002、2003 年又增加德语和法语专业，现在增加了西班牙语、葡萄牙语和意大利语，今年阿拉伯语专业也开始招生，这样我们就有九个语种十个专业。我们能够招收博士的方向现在也有很多，比如英语中的理论语言学、理论语言学及应用、应用语言学、典籍翻译及译论研究、西方译论等五个博士生研究方向，日语有日本文学与中日比较文学，俄语有中俄文化交流与比较。今年还有件特别重要的事，阎国栋教授负责了国家社科基金重大项目，这个不是一般的人能承担的。因为国家社科基金重大项目的层次是最高的，权威性是最强的，经费也是最高的，这在我们外语学科是一个非常重大的突破。

以上就是我对南开外语学科百年发展的一个简单脉络的梳理与介绍。接下来为大家简单讲一些南开丰富的文化底蕴，包括南开的校训、校歌、校色、校标、校钟以及镜箴等情况。

首先是校训。在张伯苓办学的早期思想中，有一个叫"纠五病"，这五病包括：愚、弱、贫、散、私。到了20世纪30年代，随着时间的推移，"纠五病"的教育就进入公能教育时期。张伯苓老校长认为"唯'公'故能化私，化散，爱护集体，有为公牺牲之精神；唯'能'故能去愚，去弱，团结合作，有为公服务之能力"。1934年，张伯苓老校长在南开创办30周年校庆纪念会上正式宣布"公能"为南开校训，之后又在南开学校用绿色冬青树植成"允公允能，日新月异"两行醒目的标语，至此公能教育正式提出。一方面培养青年公而忘私，舍己为人的道德观念；另一方面训练青年文武双全，智勇兼备，为国效劳的能力，这就是我们的校训。

其次是校歌。并不是所有学校都有校歌的，从校歌中可以看出南开的精神。"渤海之滨，白河之津，巍巍我南开精神；汲汲骎骎，月异日新，发煌我前途无垠；美哉大仁，智勇真纯，以铸以陶，文质彬彬。"如果仔细解释，它会有很多内容，包括南开日新月异的自强精神、体现全面发展的"美哉大仁，智勇真纯"；另外，"文质彬彬"是一个培养跨世纪人才的模式，并不是像有些人说的，是和文弱书生一样的文质彬彬。这里的"质"表示实实在在的东西，是根本，是本质；"文"表现为"质"的形式，比如技巧、艺术，是一种文采。总之，校歌中的"文质彬彬"，不是那种比较谦恭、温和，而是体现一种人才的培养模式。要把文采和淳朴本质两方面中和适当，然后才配称"真正君子"，这就是南开校歌。

然后是校徽和校色。这里所说的校徽不是我们学生或者教师戴的那种，而是写着"南开大学"的校徽，也叫校标。它由几个元素组成，核心是一个八角形，这个八角形由两个正方形组成。八个角都是直角，分别指着东、南、西、北、东南、西南、东北、西北这八个方向，一是寓意着要方方正正地做人，二是体现南开人面向四面八方，胸怀博大、广纳新知、锐意进取的精神。所以，这个八角星形是方圆互动，顶天立地，融合东西，体现了南开大学"智圆形方"的入世哲学、"追求卓越"的立世哲学和"允公允能"的济世哲学。另外，校标当中的"南开"两个字非常凝重，而弧形排列的外文"NANKAI UNIVERSITY"简约明快，表征南开是一所历史悠久、面向世界的中国学府，图标下面以"1919"具体说明南开大学的创建时间。

那么校标是怎么演化而来的呢？ 1917 年 9 月 22 日，那时候南开大学还未成立，天津的南运河决口，当天夜里洪水涌入了南开中学。10 月，张彭春指挥全校迁入河北法政学校。到那以后，为了把南开中学的学生和其他学校学生区分开来，就给每个人的胸前戴一个纸质、紫白色、盾形的临时标志，表示他们是南开人。所以之后的很长一段时间，每年 9 月 23 日晚上，学校都要举行一次水灾纪念会。全体学生坐在饭桌前喝粥，胸前都戴有印着"南开"两字的紫白色卡片，同当年一样，只是下面加了一行小字——"民国六年水灾纪念"。南开大学的标志开始是盾形的，"南开"二字在上，"大学"二字在下，从右至左读；中间是一个拼音"NANKAI"；"南开大学"四字是白色，底是紫色。当时管这个紫叫青莲紫，表示出淤泥而不染，清廉高洁。后来就用青莲紫代表南开大学的校色，表示紫气东来、新生、向上的气象。这就是南开大学的校色。

接下来是镜箴。镜箴在南开文化中也是一个非常重要的元素，它最早放置在南开中学。在东楼的过道左侧（一说校门入口处一侧），立着一人高的大镜子，上面有张伯苓校长请严范孙书写的 40 字镜篇。严范孙当时是天津很有名的书法家，也有人称他为"南开校父"。"面必净，发必理，衣必整，钮必结；头容正，肩容平，胸容宽，背容直。气象：勿傲，勿暴，勿怠。颜色：宜和，宜净，宜庄。"这就是说南开的学生出入学校，都要照一下镜子，整理头发、衣服，检查钮扣，每个人都要养成这样的好习惯。这样即使南开的学生走在大街上，不佩戴校徽，人们一看便知这是南开的学生。南开的校长不允许学生蓬首垢面，邋遢污秽，精神不振。张伯苓说过，"你要是名士，你要有名士的智慧学识；假如你没有名士的条件，而你肮脏恶臭，硬要学名士，学校绝对不允许"。张伯苓还说，"人可以有霉运，但是不可以有霉相"，就是说你可以有不好的运气，但是不能有倒霉相，即使真倒霉了，也得干干净净、精精神神。就这样，在追求"科学健康、文明教育"的理念同时，南开逐渐形成了良好的风气。以至于有人评论："南开学校乃一极有精神之学校，学生均甚活泼而眉宇间有一种文雅之态度。"有个杰出代表人物就是周恩来总理，无论什么时候都非常精神，即使晚年重病在身，还是有那种风采。这在一定层面上是受了南开的教育和影响的。

最后是校钟。校钟如果要细说也有很多故事，很多曲折。最早的那个钟是德国铸的，上面有整部的《金刚经》。有人说是送给李鸿章祝寿的，也有人说是送给慈禧太后的。但是他们一听祝寿送的是钟，觉得不吉利，就送给了海光寺。海光寺是庙宇，乾隆皇帝在南巡期间去过，送给它也顺理成章。那个钟是铜钟，特别大，据说有 13000 斤，6500 公斤。我们现在这个校钟，实际是模仿它铸成的，大概才 3000 公斤，连之前的一半都不够。据说送给海光寺之后也倒过手，因为天津的英国租借地好像还用它做过消防的警钟，后来此钟又回到海光寺。南开大学成立以后，也有的说是成立初期，也有说甚至到了 20 年代末 30 年代初，才给南开大学作为校钟来使用，放在现在的思源堂西侧。学校当时的上课地点主要集中在以下几个地方：

秀山堂，供文科学生上课，还有部分实验室和学校的办公室；思源堂，供理科学生上课，也有部分实验室；然后就是现在马蹄湖对面的行政楼。那时不像现在，有手表和手机可以计时，只能靠打校钟，起床、出操、吃饭、上下课都要敲钟。一天那么多节课，不管老大爷也好，小伙子也好，敲钟都不是件易事。天气好的时候还好，遇到下雨下雪下雹子，无一例外，都得按点去敲。现在看敲钟好像很简单，但在当时来说，敲钟人是很不容易的，如果差了几分钟或者忘了敲钟，就有可能出事故。日寇轰炸南开大学以后，钟的下落就无人知晓了，后来南开大学张伯苓校长到处去找也没有结果。一直到前几年，可能是校庆90周年的时候，又仿照原来那个重新铸了一个，比之前的小，铭文也不一样了，是原来中文系王达津老先生作的词。

像这些，可能别的学校没有，但是我们南开却能够体现得如此充分。再就是南开精神里有一点特别值得我们大家铭记，过去讲"南开南开，越难越开"，究竟难在什么地方？和其他学校相比，南开确有它更难的地方。第一个"难"表现在南开原是一个私立学校。私立学校办学，一草一木一砖一瓦都得靠自己去"化缘"，自己去找，非常难。另外，当时所有的建筑都是有人捐建的，过去的秀山堂，是李秀山捐建的；木斋图书馆，是卢木斋捐建的。卢木斋是一个文化人，爱好收集图书，他是湖北沔阳人，黄子坚（钰生）的舅舅，所以当时黄子坚对南开大学也特别热爱，还在南开大学当过秘书长。新中国成立以后，他也一直在南开外文系授课，我们上学的时候，他还给我们上过口语课。另外女生宿舍叫芝琴楼，是陈芝琴先生捐建的。包括思源堂，其中一部分资金也是捐建得来。现在一想，从选址到盖楼都是很难的，另外还要维持日常的经费，这是一个难点。

第二个"难"是南开大学遭受了日寇的野蛮轰炸，那么多校舍没了，秀山堂片瓦无存，芝琴楼坍塌了，木斋图书馆就剩下一个小框架，南开其他学校也被轰炸，这又是一个难。

第三个"难"是解放战争的时候，国民党准备打仗，我们的南院成了兵营。如此一来，学生们到哪里呢？1946年复校以后南开有三个院，一个是南院，在八里台，主要有理学院和工学院；一个是北院，在六里台，主要是文学院；还有一个东院，在甘肃路，主要是经济学院。当时南院的学生都被集中到甘肃路的东院。国民党大兵在南院又挖战壕，又搞防御工事，南开大学被破坏得一塌糊涂。

另外还有地震，当时好多楼都震裂了，包括主楼。市里很多没房子或者没地方住的人，都到南开大学来，在大操场搭地震棚，学生们也因此无法进行体育活动。

所以，在这样的环境下，现在南开能如此有特色，是无数南开人一起努力的结果。没有一所学校能够像南开这样经历过如此多的劫难，这就是我们的南开。

采访组： 谢谢肖老师，您讲得非常详细、非常清楚。请问您还有什么故事可以和我们分享吗？

肖福堂： 有一件事我认为有必要和大家分享一下，是关于毛泽东主席与柳无忌父亲柳亚子的交往。1941年初，在西南联大任教的柳无忌把他的妻儿送到了重庆，自己也辞去了西南联大的教职到重庆的中央大学任教。后来他们夫妇与女儿和他的父母以及南开外文系毕业的张镜潭老师一起住在津南村十号，一个面积不大的三间房里。柳亚子曾在写给张镜潭的诗中用"经年流滞共津南，太白东坡各一龛"来形容他们所住地方的狭小。1945年抗日战争胜利后，毛泽东主席赴重庆谈判。柳亚子先生前去拜访毛主席并给毛主席看了自己写的诗，包括"阔别羊城十九秋，重逢握手喜渝州"和"与君一席肺肝语，胜我十年萤雪功"等诗句。9月6日，毛主席在周恩来和王若飞的陪同下回访柳亚子。回访的过程中，柳亚子问毛主席有没有自己的诗可以给他看，毛主席就把《沁园春·雪》给了他。他看完后，也写了首《沁园春》作为唱和，并感叹毛主席的这首词是中国有词以来的第一作手，虽苏辛（苏轼、辛弃疾）犹未能抗手。后来，他把这个诗又传给了当时一位著名画家尹瘦石。当中几经周转，不知被哪家媒体刊发出来，在当时的重庆引起了一场轩然大波，造成了很大的震动。国民党一时慌了手脚，蒋介石还亲自责令国民党中宣部组织人进行围攻，但是他们谁也写不出毛主席的这种气魄。据说有一家小饭店抓住了商机，把毛主席的诗词写出来挂在饭店里，到他那儿吃饭的人都踢破了门槛儿。当时毛主席在看望柳亚子的时候，他们一行又到津南村看望了张伯苓老校长，他当时也住在那儿。这个故事应该在我们南开校史上重彩写上一笔，毕竟毛主席看望过我们的张伯苓校长和柳亚子。作为外语学科的人呢，也应该了解。

采访组：马上就是百年校庆了，您有什么要对母校说的吗？

肖福堂：作为南开人是幸运的。我们要坚持走南开道路，崇尚南开风格，发扬南开精神，培养出更多的社会主义建设者和接班人，为建设中国特色社会主义而努力。"百年南开风雨程，薪火传接各建功。前人谱就辉煌史，谱写华篇赖后生"，南开的希望，必定寄托在年轻一代的身上。

常耀信

CHANG YAO XIN

常耀信简介

　　常耀信，男，汉族，1940 年出生，教授，博士生导师。曾任教于南开大学及美国关岛大学。1965 年毕业于南开大学外文系，同年赴英国伦敦、剑桥进修。1984 年在美国坦普尔大学英文系获博士学位。南开大学外国语学院英语语言文学专业首位博士生指导教师。著有《希腊罗马神话》《漫话英美文学》《美国文学简史》《英国文学简史》《美国文学史》（中文）等，主编《美国文学选读》（上、下）和《英国文学通史》（三卷本）等。

被采访人：常耀信

采访人：相羽、王帅、王爽

整理人：王帅

时　间：2019 年 5 月 28 日上午

地　点：南开大学外国语学院良铮厅

采访组：您是何时来到外文系工作的？您当时是在什么样的契机下来到这里的？

常耀信：我 1960 年进入南开大学外文系就读，1965 年毕业后留校参加系里的教学工作。系里先派我到英国留学了一年半的时间，回来正值"文化大革命"，其间无课可教，我参加了一些运动。一年后，我随天津承担的对外经济贸易部的一个援外项目，到阿富汗工作了几年。该项目由纺织部全面负责，技术和外语翻译由天津负责。当时可能因为我是南开大学外文系的，又有海外留学经历，援外工作组领导就让我担任援外组的翻译。1977 年到 1980 年这一段时间，我在外文系英语专业任教，担任精读、英国文学史的教学工作。1980 年系里又派我到美国学习一段时间，因为那时国内正开始出现对美国文学教学与研究的热情。1984 年我回到国内，和系里同事一起努力创建了博士点，招收博士生等，这是我大概的工作经历。

采访组：您最初来到外文系时，这里的学科建设是什么样子的？有哪些老师？

常耀信：1960 年入学的时候，外文系有英文和俄语两个专业。外文系于 1919 年建立，当时叫外语学科，主要有英语专业，后来又有了法语和其他语种。到我入学时，英语专业的老师，以系主任李霁野先生为首，司徒月兰先生、李宜燮先生、高殿森先生、杨善荃先生、金隄先生、罗旭超先生、鲍凯先生、庞秉钧先生、曹其缜先生和马振铃先生，水平都是非常高的。此外，还有给我们代课的老师，例如给我们代授口语课的黄子坚先生，他是天津图书馆馆长，抽时间来给我们上口语课，水平很高；给我们代过翻译课的周基堃先生，语言水平和教书水平都很好。当时有些老先生或许被一些所谓的历史问题所累，但是他们教学非常认真，我觉得自己真的学到了不少东西。

采访组：您能给我们讲一讲，您与老先生们的故事，或是一些令您印象深刻的事情吗？

常耀信：可以看一下《南开外语历程》，这本书是肖福堂教授写的，里面有我们这一代人回忆老先生在教学等方面情况的记录。书里收入了我写的纪念李霁野先生、李宜燮先生、张秉礼先生、高殿森先生的文章。

李霁野先生做文学研究，既研究文学翻译，又研究文学理论。我们入学时，李霁野先生担任系主任，上课不多，给我们上过文学理论。先生中文外文都很好，他上课有一个原则，一定要把大伙儿逗乐，也就是学生是否学到了东西并不重要，只要觉得有趣就可以。实际上这是一个很重要的原则，老师能在课堂上把学生逗乐了，学生课后回味起来，仍然觉得非常快活，这就说明他们学到东西了。这一点对我们年轻一代是有影响的。

霁野先生担任系主任的时间很长。从 20 世纪 70 年代末到先生退休这一段时间，他把外文系推向了我国外国文学教学与研究的前沿。我把李先生称为我们在新阶段前进的"设计者"。李先生为我们系的发展指出了一些方向性问题，我们获益匪浅。一个单位工作需要有带头人，需要有人指出方向，就像打仗一样，打仗有指挥的、有扛枪的，在农村，有赶车的、有拉套的。这非常重要。当时我们大家都在闷头读书、教课，对全国的发展局势不甚了解。70 年代末到 80 年代初，全国发展的局势非常快，霁野先生有这个目光，全国外语界发生的事情，他总能够及时地收集并告诉我们，鼓励我们跟全国接轨。在霁野先生的支持和鼓舞下，有的老师还在国外发表了文章。

关于霁野先生与我个人的故事，你们可以参考我在"霁野讲坛"上发表的那篇文章。在我 1960 年入校时，霁野先生就早已声名显赫，是我们年轻学子心目中的偶像级人物。1965 年毕业，系里选派我前往英国留学，李先生时任系主任。但我们很长时间内都仅限于日常的点头之交，并没有深入地接触或交谈过。虽然霁野先生很平易近人，但我们的距离太大了。真正的个人联系，实际是从 70 年代我从国外回来以后开始的。

到了 70 年代末，霁野先生经历了"文化大革命"，受到了很大冲击。不过，虽然年岁大了，但他对外文系工作依然热情高，劲头很足。当时，我们有些年轻教师，开始在业务、教学、科研上做努力，霁野先生对我们这些人很关注。我觉得这很难得，作为系主任，看到了手下的小兵们在做什么，而且还会经常与我们谈话。

高殿森先生教翻译，在各届学生中都有很高的威望。高先生从不到四十岁的时候，耳朵就聋了，因为他在重庆患疟疾时，吃了过多的奎宁，这种药有一个很强的副作用，就是对耳朵有伤害。他对我说过，有一天他在屋里坐着，听见外面下大雨，这雨"哗——"一下子停了，然后又"哗——"一下子停了，他想雨还能这样下吗，还能"哗——"一下子停了，"哗——"一下子停了？但他朝窗外一看，雨并没有停，这才发现耳朵出了问题，最后就全聋了。他一生后 40 年完全是聋的。但在这种情况下，他教我们翻译，每一届学生的评论都是上等的好。先生听不见，但是时间久了，他能看懂我们的口型。老先生为人也好，我个人认为，一个人能力有大有小，这没有关系，能力大多做事，能力小少做事，但是品格好非常重要。品格好，能力大，像高先生这样，学生就荣幸了。所以品格好，一分知识可以发挥两分、三分、四分的作用；而品格不好，那就要出事，就会成为社会的累赘。

还有其他老先生也是一样。比如我们那时候开设英国文学史，没有课本。怎么办呢？我们自己收集材料，写成稿子。因为我到英国留过学，这个任务就交给我了。我收集材料写成英文稿子，让李宜燮先生阅读、修改，确定下来再让系里打字员打出来，就可以上课了。但是李先生有一个培养年轻教师的方法，就是要先给他上一课，他当唯一的听众。你看这个过程厉害不厉害？所以很有意思。

还有其他的一些老师也挺不错的，比如我们的口语老师就很好。当时不少学生，像我以及班里其他几名学生，中学时学俄语，现在学英语要从头开始，所以英语口语不行，但我们很努力。在我们的口语老师中，有一位老先生是开滦煤矿的职员，那口语讲得就像英国人一样。还有一位口语老师在天津解放前参加外国人聚会时用英文说绕口令，另外一位老师在马场道俱乐部用英文讲《哈姆雷特》。你看，我们真是很幸运。

我们口语老师里有个黄子坚教授。他用一口地道、流利的美语给我们上课、录音，我们羡慕和佩服得不得了。他对我的口语很不满意，在毕业前公布口语分数提到我时，当着全班同学的面指出我的这个问题，还问我给我 4 分对不对，我当时真是无地自容，满面羞愧地回答"对"。他课后对我说，他知道我其他科目都不错，但我如不加强口语，就不能成为一个合格的外语人才。我真是感激涕零。常言道，良药苦口。他的提示为我指明了以后的努力方向。此后不久我被派到英国留学，我给自己制定的目标就是专攻口语，在这方面一定要"恶补"。在英国，我和其他人的学习方法完全不同。除上课以外，我就是看电视、听录音、大声朗读、为自己录音等等，天天如此，常常练得口干舌燥。这样坚持了一年多，当时大家都觉得我"怪"，现在回想起来，却有"不虚此行"的感觉。而且，从英国回来后的三十多年间，我几乎天天坚持朗读和背诵。那些年，我和担任天津图书馆馆长的黄先生有过几次接触，每次他都用英语和我交谈，我知道他依然在监督着我。你说，这样的老师难道不值得我们记一辈子吗？

我记得教我们一、二年级精读课的老师有庞秉钧、曹其缤和马振铃几位老师。庞老师没有留学过，但语音语调一口"King's English"（纯正英语），他靠听《灵格风》（*Linguaphone*）起家，完全是自学成才，我们很佩服他。他讲课内容丰富，语言幽默，有时让人捧腹。他对我说，对好文章、好文字就是要硬记，他就是这样做的。我多年来也照做了，受益匪浅。曹老师语音极准，给我们一字一句地纠正语音。我现在依然记得她纠正我读"Morning"这个单词时的发音，说我总是说"Mornin"，而发不出"ng"的声音来。她和马老师当时都是年轻老师，二人备课极其仔细，课文中的每个难点都给学生讲清楚。这些老师不仅有真学问，也各有特点，他们不仅教书，而且指导我们如何读书，为我们后来上高年级课和进一步自学做了极好的铺垫。

采访组：您是我们英语语言文学的第一位博士生导师，当时建立博士点遇到了什么困难？

常耀信：我1984年在美国读完美国文学博士，回来之后，无法开设美国文学课。当时全国都一样，像南开这样在全国比较靠前的大学，包括北京的一些大学都开设不出来，因为没有教材。我当时从美国带回一本《美国文学选读》，全英文的。我挑选了部分内容，复印出来给学生读。学生说读不懂，注解都是英文的。于是我们就在霁野先生的指导下编写美国文学的教材。在这方面我们当时遇到的问题自然是不少，因为大家都是从头开始，没有什么可参考的东西。我在美国积累了一些资料，我们就以这些资料为基础，开始编写教材。我们当时的计划是先编两册《美国文学选读》，填补国内空白，再编《美国文学简史》。

当时我们有十个人左右，徐齐平老师、刘士聪老师、谷启楠老师、马振铃老师、王蕴如老师、柯文礼老师都是撰写组的。第一稿由我增加一些材料，第二稿由李先生进一步修订、梳理、审核，由他最后定稿。这个过程前后历经五年多，从 1985 年开始，到 1991 年基本完成，经教育部教材委员会审核通过出版。与此同时，我还在写《美国文学简史》。我写完这部书稿之后，打印成书的样式交给教育部教材委员会审核，1990 年前后出版。这些也算填补了我们在国内美国文学教学领域内的一个空白。

鉴于这方面的情况，我们就申请建立博士点。博士点一开始是改革开放以后的一个新事物，北外王佐良先生，北大李赋宁先生，广东戴镏龄先生，山东大学校长、哈佛博士吴富恒先生，南京大学的陈嘉先生等都在所在单位建立了博士点。在我们南开，两位李先生已经年岁很大了，身体也不好，心有余而力不足，我们虽年轻，但力量显然不够。后来我们编了一套教材，又结合系里的师资和资料情况等，教委就批准我们在南开外文系建立博士点了。当时我们大家是真努力，真卖力气。

我们的第一个博士生叫徐艳秋，现在在北京一个中央媒体单位工作。她是上海人，但我对她印象不深，因为我没有教过她。1992 年她入校，我已经去关岛大学做访问学者，我本来是在美国待一年，后来又延长了一年，所以到 1995 年才开始招收第二批博士生。那时她已经毕业了。我参加了她的毕业典礼，但没有教过她，回想起来很有歉疚之意。她是我们天津培养的第一个英语语言文学博士生。

采访组：在您教过的这些学生中，您对谁印象特别深刻？他们有继续留在外院，继续您的事业的吗？

常耀信：继续留在外院的有索金梅、刘英、李莉和郝蕴志老师，郝蕴志老师是另外一个博导的学生，但是郝老师的论文是我指导的。这些学生都是非常出色的，他们在各方面都有优点，都在为外国语学院的进一步发展做出自己的贡献。

我的第一批学生是索金梅、刘英和李莉，索老师为人踏实，教学科研非常努力。我跟学生关系比较紧密，说话不用拐弯抹角。我记得那时候索老师写了一篇文章让我看，她正在美国留学，我在关岛收到这篇文章，看了以后，给她指出了开题报告中的优点和缺点，后来索老师把文章修改得很好。刘英的博士论文一开始也有点儿问题，我说这有问题，那有问题。刘英跟我说，她尽了最大努力了，要是通不过的话，就念不成了。我说你能念成，着什么急？刘英也挺有意思，她真下了狠功夫，后来写出的论文很优秀。现在她是博导，也主持着国家重大科研项目，成为我们学院的学术支柱之一。我觉得那时候我可能批评她们太严厉了。还有一位也在天津的老师，现在主持着一个国家项目，叫王庆勇。这个人很有意思，他从河南慕名而来。考了一次，我说不行；第二年他又来了，我又说不行；第三年我一看，他又来了。我认为这小伙子很有韧性，我得跟他谈谈，我跟他一谈才觉得他很有理想，而且英语口语挺不错的。这次他考的分数基本上达到了要求，就把他录取了。后来他成绩很突出，现在是天津理工大学的教授。黄宗贤很聪明，口语好。当时我跟他说，你口语基础不错，但是离比较熟练还差一点，怎么办呢？你教文学史，可以连贯地表达。后来，他果真在学校里教文学史。

我们的研究生很努力，读书很多，但这还不够。我觉得我们缺少资格考试的环节，所以我要求大家在上课之外还要多读书。现在我们大学里实行的，据我猜想，可能是对英国的导师制的一种模仿：考进来，定导师，定研究课题，写论文，通过论文毕业。到了我们这里，就有点像一个老母鸡带着几个小鸡的样子。我觉得这个培养制度有改进的余地。它突出了导师的个人作用，但忽略了学院教师这个集体资源，另外，缺少了资格考试和读书这样重要的环节。这些会影响我们的教学和科研质量。我觉得教育部应考虑对现行的博导制度进行改革。

采访组: 您刚来外文系的时候是上一些什么课程?

常耀信: 我当学生时,有精读、泛读,还有口语、写作、翻译、听力。此外,还有文学课、浪漫主义诗歌、文学理论、英国小说等。教师的阵容,我在上面已经说到,是很强的。再说一下听力。当时听力练习很有意思,我们没有手机,小录音机也没有,但是有一个大型的四方形录音机,数目不多,就那么两三台,大家围着坐一圈一起听。我们当时的听力练习主要是听英国广播公司出的唱盘,叫 Linguaphone,翻成《灵格风》吧,学的完全是英国的语音语调。我们以前都说英音,有的老师,像我吧,后来去了美国,在美国待的时间长,就两种音色开始混杂起来。20 世纪 70 年代末期以后,我们从美国请来了外教,学生的语调也有些混杂起来。

采访组: 您做老师以后,主要是教哪些课程?

常耀信: 我当老师以后,教过工农兵学员,属代课性质。正式上课最早是教 77 级,教过他们精读、英国文学史。1977 年夏我从国外回来,国内刚刚恢复高考,恢复高考之后第一届是 77 级,当时我与马振铃老师、王志洁老师一起,分着教三个班。那两年我教了 77 级一班和二班的精读。再后来我又出国,回来后就开始编教材,教英国文学史和美国文学史,上研究生课,教小说、诗歌、戏剧等。

老师教课是个很好的学习过程,教学相长。我教精读课和文学课,从学生那里学到了不少好东西,包括做人方面。当然学生的学术见解我也吸收了不少,这些都体现在我写的一些书里。

采访组: 您教的学生都是外国语学院的吗? 有没有其他学院的选修课程?

常耀信：有其他学校及外地的老师和学生来南开上我的课，我记得主要是天津几个大学的老师和学生。我当时在天津师范大学做过多次讲座，上过诗歌课，天津师大有个老师一直坚持来听课。此外，我在天津外国语大学也做过讲座。外地的师生，我记不太清了，记得有个内蒙古的老师，他说他也要写书，很有股劲头。还有个东北的老师，他两次请假来天津听我讲同样的内容，他说他要开这门课。

大约在 80 年代中期某段时间（具体时间记不清了），我们应教委安排在系里举办了一个全国性的美国文学教师进修班，我和当时在系内任教的两位外教在这个班里授课，我教美国文学史。

在我们学校，我没在其他系上过课。只记得有一次应学校教务处（或师资处）的安排，在学校办的教师进修班里上过课。当时的情况是这样的：那个时候国内改革开放，开始向国外派老师和学生做访问学者或留学，就是尽一切力量跟国外接轨，向国外学习，也传达我们自己的信息，所以英语成了热门专业。当时学校教务处（师资处）从各个系里选了二十几位精英老师组成了一个英语进修班，请我们外文系几个老师去教课。在这个进修班里，我们系的庞秉钧老师教精读，钱建业老师教泛读，我教口语。这二十几个人大部分都是各学科的带头人，后来当了学校各级、各学科的负责人、博士生导师，都是学校的栋梁人才。

采访组：您当时在学院或者在南开的工作过程中，有什么老师的特色课外活动或学生活动吗？

常耀信：我当学生的时候生活比较艰苦，有时候物质生活不如意，但是大家要求进步、学习、劳动，情绪都比较高。那时候我们住学生二宿舍，主楼对面那个大楼原先是二宿舍，现在已经翻盖成二主楼了。女同学住五宿舍，她们有时到我们男同学这里来一起活动。现在已经从天津外国语大学退休的朱柏桐教授，当时给大家唱印尼的歌曲。其中，有一首叫《宝贝》，她唱得真好，音质、情感等等都很到位，我们大家听得如痴如呆，就用录音机录下来，在宿舍里不断地一起听，感到非常高兴，这就是当时感到很好的、很满足的一种娱乐了。你看这是很简单的娱乐，但大家就感到很满足，真的很满足。那种感觉你们现在就不一定能体会到、享受得到了。比如说当时也没有电视，我们就到电影广场看电影。原来在新开湖荷花池和马蹄湖之间有一座大楼，所谓大楼，也就三层楼吧。它的功能较多，可以作为舞台、饭厅、会场等，全校大会就在那里面开。它后面有一个电影放映室，电影就在后面的广场上演播，大家周末就搬着凳子去看电影，感觉其乐无穷，冬天也去。那时觉得真的是很有意思。

等到80年代以后，条件好了，我们在工作之余尽量给自己找乐子，做到精神愉快。比如说，学期结束了，大家在屋里开会，干坐着有些枯燥。不行。夏天咱们买西瓜去，大家一边吃着西瓜，一边开会。到了年底，系里划拨一部分钱，我们就买来肉和菜，在七教四楼，一个教研室的人一起在上面做饭菜，一起大联欢。我的酒量是二两多白酒，喝完白酒以后，我都回不了家，我的自行车都是女儿给推着，那时候也挺有意思。当然现在这样做就不行了。

我们系在80年代还有一个很好的传统，就是在国内、国外演戏，有很好的戏剧传统，这你们都知道。剧团去国外之前先在国内演，大家先看，也是一种很好的娱乐。所以，当时生活比你们现在穷，但幸福度不一定比你们低，可能比你们更有意思。

当时真是没觉得苦，要拿现在的标准来看当年，当然是有点儿苦，是吧？比如说一个年轻老师要结婚了，现在房子起码得有吧？车也不贵，得有辆车吧？我们那时结婚是这样的，比如说两个年轻老师结婚，学校能分配给一间十平米的小屋那就很不错了。哪来的床？你有单人床不？我有单人床不？这并起来不就有床了。哪来的书桌？你有书桌不？我有椅子不？

这样一合并不就有了。东西都是这样慢慢地添置。过了好长时间，老师们的生活才得到了真正的改善，确实是松快了。到了1990年的时候，教授的工资就涨到二百多了，那已经相当不少了。等到1997年，老师的生活条件改善了，从那之后，开始有了好的住房，兴起了装修之风。

那时候我们要求进步，要求进步是什么？入团入党。到大学就入党，当然也有年龄小一点儿的入团。我们拥护新制度、拥护新中国、拥护共产党，大家的情绪都比较高。人生十有八九不如意，所有的事情都如意吗？不是。但是思想状态必须要好。1960年那个时候，我们吃饭都吃不饱，哪里来的劲头？现在我想起来就很纳闷儿，怎么当时还会有那么多的精力去做那么多的事情？大家读了大量的书。学校说现在是困难时期，不要看太多的书，要多卧床休息。大家也卧床休息，但还是看书，组织一些活动。老师有时到我们宿舍来辅导、讲课。我还记得马振铃老师站在我们宿舍中间，我们大家躺在床上，探着头认真听讲的情景。所以说思想很重要。

我刚说了，人品非常重要，德育非常重要，要从做一个好人开始。我们南开的校训"允公允能"，就强调培养高尚的人品以及为国为民的思想。

采访组： 今年是百年校庆，也是外语学科成立100周年，请您谈谈您对百年南开以及外院的发展壮大有什么感想和期望？

常耀信： 我觉得咱们外国语学院现在发展得非常好。在教师队伍、学科种类、教学和科研质量等方面，都发展得很好。我们有一个比较好的传统，就是比较踏实。做事情一步一个脚印，不求轰轰烈烈，但要求有实际效果。在语法知识、词汇量、语言基础这些方面，肯花精力去做。所以我们外国语学院，注重踏踏实实地积累知识。这是百年来形成的传统。当然我们也要注意克服缺点。比如我们那时候和北外等学校比，口语差些，不知现在怎么样。

老师的思想建设非常重要。一个好老师有时可以影响一个学生的一生。对于一个学者型的老师，知识能赢得学生的尊崇，但老师的一言一行，一举一动，给学生所做出来的表率作用比讲授知识重要得多。我上中学的时候，有一个教导主任，姓何，人很好，很平易近人，助人为乐，也真有知识，在师生中口碑极好。比如说哪一个老师病了或请假了，他就去代课。历史老师病了，他去代课，地理老师有事了，他也去代课。这个很不容易。他不带讲稿，进门后把水杯朝讲桌上一放就说，今天你们某某老师来不了了，我给你们上课。记得给我们上课的那一次是讲北京地理，讲北京市的历史、古迹。他说咱们今天讲北京，你们跟着我走，我画到哪咱们就走到哪。他一边在黑板上画地图，一边不停地讲。大家都静悄悄的，个个都认真地听讲和记录，完全没有了平日里偶尔交头接耳的情况。在五十分钟里，他带着我们游历了整个北京城，把北京的历史都给我们讲了。讲到圆明园时，他把八国联军骂了个狗血喷头，把慈禧骂了个狗血喷头。老师应该做到这个程度：又爱国，又有真知。这样的老师，我们记一辈子。

所以要当好老师，人品和知识都得好。李霁野、高殿森、李宜燮、杨善荃，这些老先生给我们留下了深刻的印象。现在回想起来，我觉得这并不完全归因于他们的高深知识，更多的是他们的人品影响了我们。一想起他们的为人就觉得他们太了不起了。

学生的思想建设也是非常重要的。高尚的思想和精神境界（对学生来说）是最重要的。这些是南开精神的精髓。我觉得知识和文化两者间不能画等号，身份和人品两者间不能画等号。换言之，有知识不等于有文化，有地位不等于人品好。这让我想到了两个学生，一个学生现在在四川一个小城，他跟我开玩笑说他在那里也算个人物。我说怎么算个人物？他说大家都知道他是南开大学毕业的。我说那有什么？他说大家都请他去做报告。我说你讲什么？他说他讲在学校里学到的那些知识和离校后积累的知识。

我说你确实做得好，他说尽力而为呗。这个"尽力而为"就把知识和人品结合为一体了。他是南开培养出的"文化人"。还有一个 1970 年毕业的学生，他本来没有学习过几天。他 1965 年入学，1970 年毕业，入学后一年以后就是"文化大革命"，他能学到的知识有限。他主要学到了什么呢？他受到了南开的熏陶，学到了南开精神。他在他工作的小城里竟发挥了一个工作母机的作用！他笑着跟我说，在那么一个小县城，有一个南开人，就会受到重视。他说得轻巧，但如果他没有好的人格，没有在南开学习的基础上努力自学成才，别人能重视他、尊重他吗？所以我说当老师也好，或做任何工作，南开精神非常重要，要做一个好的南开人。

在百年校庆之际，让我们祝愿南开大学成为国际一流大学，祝愿南开外院在院领导班子的带领之下，建设一流的教师队伍，培养出一流的学生。南开大学外国语学院的前途是无限光明的。

刘士聪简介

刘士聪，1938 年 1 月生于天津，南开大学英语教授。1960 年进南开大学外文系学习，1965年毕业后从事英语教学工作，1996 年成为外国语学院英语语言文学学科第二位博士生指导教师。1998—2000 年任南开大学外国语学院院长。2009 年，荣获中国翻译协会颁发的"资深翻译家"称号。主要著作有《英汉·汉英美文翻译与鉴赏》《英语经典散文翻译与赏析》《红楼译评——〈红楼梦〉翻译研究论文集》（主编）。此外，还有一些长篇小说的翻译以及讨论翻译的文章。

被采访人：刘士聪

采访人：相羽、王帅

整理人：王帅

时　间：2019 年 6 月 28 日上午

地　点：南开大学外国语学院霁野厅

采访组：刘老师您好，为迎接百年校庆和外文系建立 100 周年，学院想通过采访像您这样亲历过这段历史的老先生们，做一个南开外语百年学科口述史的整理与研究。您作为外国语学院的首任院长，一定了解得比较清楚，请谈谈您自己的经历和外语学科发展的大致历程。

刘士聪：很顺利的时候有，比较困难的时候也有，但是从我们外文系的情况看，不论是老师还是学生，不同时期，大家的精神状态都很好。我 1960 年入学南开，正赶上国家三年经济困难时期，情况比现在困难多了，生活条件、学习条件都很困难，但是，在困难面前，大家政治热情很高，精神面貌很好，学习风气很好，大家很用功。刚入学时新生住在学生第二宿舍，距离主楼的教室很近，但是因为困难时期，大家的体力不太好，冬天也没有取暖设备，我们就在宿舍一个较大的房间里上课。给我们上课的是马振玲老师，现在已经 80 多岁了，住在北村。大家坐在床上床下，一边听一边做笔记。

论当时的学习条件，跟现在比起来就差得更多了，开始时没有正式出版的教科书，都是老师自己编写、打印，纸的质量也较差；没有外籍教师，也没有引进的外文资料。我们和外界基本没有联系，只能利用图书馆的现有图书，以及老师编的课本来学习。按说学外语的应该像现在这样，看电影，看电视，听各种各样外语的录音节目，有和外籍教师交流对话的机会，然而那时候都没有。系里只有一台录音机，一台很大的录音机，用来播放录音带，全班同学围着录音机听。录音是英国人录制的"灵格风"课程，我们一、二年级时一直在听这个。大家的口语水平，发音质量是很好的。

我们那届的学生毕业之后，大部分都到了各个学校做教师，有留在南开的，有到天津大学、天津外国语学校、北京语言大学以及北京各个部委的，还有的去了东北的学校，后来这些人都逐渐成了各个学校的教学骨干、学术骨干。总之，那个时候虽然物质条件比较差，但大家都是本着为了国家、为了革命而学习。每天除了上课之外，晚上大家集中上自习，课余时间除了有时参加一些政治活动，就是读书。从后来大家成长的情况来看，学习的效果还是很好的，这是我经历的上学阶段的大概情况。

接下来，我想说一说工作以后外国语学院学科方面的建设情况。外国语学院于1998年春天成立，在成立大会上，学校领导也都出席，各地的校友也来了不少。外国语学院成立的时候，融合了三个单位的师资力量：南开本来的外文系师资、原来天津外贸学院的师资，还有原南开大学旅游系的旅游英语的师资。外国语学院正式成立之前已经有了博士点，是常老师带领几位老师组成一个学术团队以及一批年轻教师争取下来的，这在国内高校中是比较早的。到了1998年外国语学院成立时，学院博士点已经有了六七年的时间，除文学方向外，又开始了翻译学方向的学科建设工作。我简单把翻译学方向的情况说一说。我们外国语学院的翻译学科起步比较早，发展得也比较好，导师也比较齐全，培养学生的各个环节比较健全，从招生到上课、写论文、毕业，这些环节我们抓得比较认真，做得比较实在，没有敷衍了事，也没有不良学风。导师们重视，学生们也重视，比如，学生入学之后有一年的课程，这一年的课程质量是比较好的。进入论文写作阶段时，几个环节都抓得比较紧，首先是开题报告。学生进入写作阶段之前，要写开题报告，开题报告会组织得很隆重，全体导师、在学的博士生都会出席，很多硕士生也都来参加，甚至还有校外的一些学生也来参加，开题报告会也因此成了一个学术交流的很好的平台。对每个学生的开题报告，导师们都要提出意见，发表自己的看法，开题报告这个环节，对博士生后来的写作起着很重要的作用，学生们借鉴老师们提的意见认真修改自己的写作计划。答辩之前，有一个预答辩环节，预答辩除了本院的导师参加，还会邀请校外的导师参加，形式和正式答辩一样，每篇论文都要经过严格审查，这对完善论文写作是一个非常重要的环节。预答辩之后，就是正式的答辩了，虽然论文已经基本定型了，但答辩仪式还是组织得很隆重。

学院对博士生的培养很重视。目前，从外国语学院翻译方向毕业走出去的博士生数量已经很多了，他们分布在全国各个高校，如南开大学、天津外国语大学、天津理工大学、天津师范大学，另外还有北京以及南方、东北的很多学校，他们在翻译教学以及科研方面都做得很好，影响也很好。据目前的统计结果，从南开毕业的研究生已经申请到国家社科基金项目立项 32 项，其中有一部分学生两次立项，立项数目达 38 项；教育部人文社科项目立项 23 项。我们南开外国语学院的翻译学科建设做得比较好，培养的人才也比较成功。比如，我们学院的苗菊老师正在主持国家重大科研项目，并且以这个项目为契机组织了很多年轻老师和学生参与研究；胡翠娥老师去年翻译了英国史学家彼得·沃森的《思想史：从火到弗洛伊德》这部近百万字的巨著，由译林出版社出版。这本译著屡获奖项，因为这部书的成功，胡老师也被学者们和出版界所了解，大家纷纷找她翻译作品，她现在正在翻译一本关于美国革命的史书。北京外国语大学的马会娟老师也是我们外国语学院的毕业生，因教学和科研成绩突出，被评为青年长江学者，现在在北京外国语大学翻译学院任教，是该校《翻译界》杂志的主编，她经常到各高校去讲学，大家反响很好。我所想到的大概是这些，你们有什么问题要问吗？

采访组：您还记得您 1960 年入学的时候那一届有多少学生吗？

刘士聪：三十几个，三十四或者三十五个，分两个小班上课。

采访组：您记得当时教您的老师都有哪些吗？

刘士聪：一年级时教我们的老师有马振玲老师，她后来调到旅游系任教，现在住在北村，身体很好，我们班老同学每次聚会都邀请她参加。困难时期到宿舍给我们上课的就是马老师。还有曹其缜老师，她教我们基础课，业务很精，非常出色，现在在美国。我们这几届的学生，英语语音、语调基础比较好，这和老师的教学、熏陶有直接关系。曹老师和罗旭超老师在口语教学上对我们影响很大，还有庞秉钧老师，教基础课，也很好，后来去了澳大利亚。我们在一、二年级打下了比较好的基础，和这些老师的敬业精神、认真教学有直接关系。

采访组：您是第一任院长，刚才也提到在翻译学科建设方面我们起步比较早，那您在外国语学院工作的过程中有遇到过什么困难吗？

刘士聪：外国语学院刚成立时是由几个单位联合组成的，要把大家融合在一起，形成一个新的单位，需要做很多工作，然后就是重新成立各个系，安排领导班子人选及各系工作的具体布置。在这个过程中，大家上下团结一致，没有不团结的现象，工作上互相支持，氛围是融洽的。学科方面，我们最早的博士生是常老师带的一个文学方向的研究生，后来从1998年我们开始招翻译方向的博士生。刚招的时候，没有经验，不太清楚具体怎么做，研究生怎么培养，我就到北京大学，找了李赋宁的博士研究生辜正坤，和他具体谈了一次。当时他是博士在读，我向他请教关于北京大学博士生培养过程、具体的培养步骤以及课程设置方面的问题，他向我详细地做了介绍，回来我们基本上也是仿照北京大学的做法，从课程设置、开题报告、预答辩到答辩都做了比较细致的安排，效果是比较好的。

采访组：您当时是教什么课程的？

刘士聪：我教翻译课，文学翻译与鉴赏。崔永禄老师上理论课。2000年，王宏印老师加盟了我们外院导师队伍，他比较全面，讲翻译理论，也讲翻译实践。

采访组：您在教学的过程中做过哪些方面的研究吗？

刘士聪：我的主要兴趣是翻译实践、翻译鉴赏和语言审美。除了教学之外，我也不断地在杂志上发表过一些文章，在《中国翻译》上发了一些译文以及评书，在国内大家还是比较了解的。另外，我也翻译过一些书，英译汉、汉译英都有。

采访组：在教学的过程中，除了苗老师、胡老师，您还有没有其他印象特别深刻的学生和事情？

刘士聪：我说一说马会娟老师和苗菊老师吧。她们俩在学期间，一心放在学业上，不额外兼职、不兼课，她们入学时的基础不是很强，但是在学期间，她们很刻苦，真心地念书，那种钻研的精神，不为外界干扰的精神，很值得提倡。胡老师也是一样，她很刻苦，本科时学的不是英语专业，从硕士才开始搞翻译研究，一直到博士。她现在的语言能力和研究能力都很强，翻译的质量也很好。她们几个人的特点都是专心致志地学，专心致志地做研究。其他的毕业生也有很好的例子，教学、科研做得很好。我准备统计一下他们毕业以后在各个杂志上发表的论文，应该是个不小的数字。

采访组：刚才说的都是科研、教学方面的。您再回忆一下关于教学设

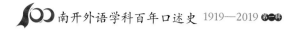

施的问题吧，您看现在和过去有什么特别大的区别吗？

刘士聪：现在的教学设施很好，但是我太长时间不上课了，具体发展到什么程度我不太清楚，我相信是很先进的。我们上学的时候条件就很差了，听力训练方面全班只有一台录音机可以用，图书资料也有限，报刊只有一个英语的《北京周报》，主要是靠大家用功。主楼是 1960 年我们入学的时候才投入使用，我们在五楼上课。五楼上有一个很大的中厅，早晨上课之前，同学们早早就来到那个厅里大声朗读课文，气氛好极了，可惜没有人留下照片，也没有录像。现在的设施应有尽有，多媒体教学也很先进，大家应该充分利用，努力学习。

采访组：您是哪一年退休的？

刘士聪：我 2003 年退休，退休之后又继续带了两个博士生，一直到 2007 年。

采访组：这两个博士生是？

刘士聪：一个是我们学院翻译系的商瑞芹，另一个是华中科技大学的博士生导师王树槐。

采访组：马上就要百年校庆了，您有什么寄语要送给南开大学和外国语学院吗？

刘士聪：我们学校迎来了百年校庆，这一百年走过的路不容易，但是我们南开大学允公允能的精神，鼓舞着一代一代的学者，一代一代的老师和学生，希望我们外国语学院继承学校的爱国传统和优良的精神，踏踏实实地做各项工作，特别是学科建设和学生培养工作。无论是退休的教师也好，在职的也好，团结大家，团结所有的力量，共同办好我们外国语学院。

谷 羽

GU YU

谷羽简介

　　谷羽（笔名），真实姓名谷恒东，男，1940年8月出生于河北宁晋。资深翻译家，天津作家协会会员，彼得堡作家协会会员。1965年南开大学外文系俄语专业本科毕业，留校任教。1988—1989年赴列宁格勒大学语文系进修一年。曾任南开大学外国语学院西语系俄苏文学教研室主任，教授，硕士研究生导师，2002年7月退休。2008—2009年于中国文化大学任客座教授一年。

　　曾任中国普希金研究会副会长，中国俄罗斯文学研究会理事，天津市译协副秘书长。

　　在南开大学外国语学院西语系俄语专业从事教学科研工作，业余从事翻译，为俄语专业本科生讲授俄罗斯文学史、俄罗斯诗歌选读，为硕士研究生讲授俄罗斯文学批评史、文学翻译理论与实践、俄罗斯文学选读、作家专题研究等课程，主要研究方向为俄苏文学、俄苏诗歌与普希金的创作。退休后曾在南开汉语言文化学院兼职，为外国留学生上高级汉语口语和中国古典诗词赏析课。

1999 年 10 月获俄罗斯联邦文化部颁发的普希金纪念奖章及荣誉证书；2015 年获彼得堡作家协会颁发的安年斯基诗歌翻译奖；2015 年获得深圳十大好书评选年度致敬译者提名奖；2019 年 3 月四川遂宁国际诗歌周获得《诗刊》2018 年度陈子昂翻译家奖。

被采访人：谷羽（谷恒东）

采访人：王帅、姜书诚、刘童

整理人：王帅

时　间：2019 年 6 月 5 日下午

地　点：南开大学外国语学院霁野厅

采访组：南开大学即将迎来百年校庆，外文系成立也即将 100 周年，值此之际我们想通过采访您这样的老教授来帮助我们整理外语学科百年的历史。

谷　羽：简单做一下自我介绍。我今年 79 岁，1940 年出生，1960 年考进南开大学，那一年是恢复俄语招生的头一年。我报的是中文系古典文学专业，结果外语系俄语专业的叶乃方老师把我从中文系要过来了，可能因为那一年是头一次恢复招生，报考的学生不是很多。转到外语系学俄语，其实当时我深感失落，因为我在中学里特别喜欢作文，也写诗，梦想将来进入大学中文系。但是现在想想，我很感激叶老师，他使我接触了俄罗斯文学，爱上了普希金、莱蒙托夫等那么多杰出的诗人。

我上学很幸运，1960 年入学，1965 年毕业，留校很偶然。我们的团总支书记吕玉池跟我谈过一次话，她说内蒙古二连不错，我意识到我有可能被分配到内蒙古，那时候第一志愿都是服从分配。我说如果分配，我要到外地去，我希望分到河北省，因为我是独生子，希望离家近一点。但是后来宣布留校名单的时候，第三个竟然是我，因为我们班有个同学学习优秀，天津市公安局点名要他，就空出来一个名额，学习还不错的我，就这样碰巧留校了。

虽然我高中学的是俄语，加上大学五年，一共学了八年，可是我学习也不是特别好。上一年级的时候，我对专业不满意，那时候不准转系，只能安心学习。二年级、三年级的时候，有些老师给我们上课，比如臧传真先生，是国内很有名的翻译家，他翻过柯罗连柯的《盲音乐家》，1959年就在人民文学出版社出版了。我们学俄语的第一课叫《友谊》，就选自《盲音乐家》这部小说。我当时到图书馆借来这本书阅读，看到臧先生译笔流畅优美，发自内心地敬佩，有这么好的老师给自己上课，很受触动与鼓舞。

到了三年级，开了文学选读课，上课的是曹中德先生，他父亲曹葆华是我国杰出的翻译家，早年写诗，后来专门翻译马列著作。曹老师给我们开文学选读课，让我们大量选读诗歌，几乎每次上课，他都提前打印讲义，普希金、莱蒙托夫、费特、巴尔蒙特、叶赛宁、阿赫玛托娃等诗人的诗篇，都是那时候开始接触的。曹老师的夫人有俄罗斯血统，母亲是俄罗斯人，父亲是中国人。曹老师毕业于莫斯科大学新闻系，俄语说得十分流利，讲起课来神采飞扬，特有激情，朗诵诗歌也格外动听。曹老师还能用俄语写诗，他的诗歌赏析课让我大开眼界，感觉俄语很有意思，学习更用心了。

把我从中文系要过来的叶老师，对我帮助也很大。叶老师给我讲欧洲文学史，他对托尔斯泰和屠格涅夫研究深入，国内出版的《屠格涅夫论文集》，序言就是叶老师写的。我非常感谢叶老师，1980年武汉大学外文系召开马雅可夫斯基诗歌研讨会，是他给了我外出学习的机会。当时我还没有写过真正的论文，叶老师给我拿来三本书，有一本是马雅可夫斯基的诗歌和评论集。通过阅读，我写了一篇文章，题为《森严的笑 进攻的歌》，评论马雅可夫斯基的讽刺诗。叶老师帮我细心修改，那是我第一次参加全国性的学术会议。这一次出差开会，可以说改变了我的命运。在这之前，我跟俄语界的一些权威学者，比如戈宝权、余振先生有过书信联系，我向他们请教译诗问题。而这次在武汉大学开会，我不仅见到了戈宝权和余振先生，还见到了我特别敬仰的飞白先生。飞白先生是我国懂外语最多的一位翻译家，他懂十几种外语，出版了《诗海》《世界名诗赏析辞典》等译著。他从部队转业到杭州大学后招研究生，曾给我写信希望我报考他的研究生，我深感荣幸，也很想去，但是跟系里汇报后，系领导说你走了没人上文学史。

读研究生的梦没有实现，可是我可以读飞白老师翻译的诗歌和著作，多年来与飞白老师保持联系。

另外一位令我难忘的长者，就是我们的老系主任李霁野先生。上学期间我担任班里的学习委员，也当过班长，去过李老的家。下乡接受再教育期间，我们一起住在农民家里。当时我把自己写的诗给李老看，老先生看了一个晚上，然后告诉我说："有两首，改改还可以。"当时我写的大多是标语口号，距离真正的诗还很远。李老知道我喜欢诗，也在翻译诗，有一次去北京开全国政协会，他买了一本吴岩翻译的《克雷洛夫寓言》送给我。李老告诉我："吴岩是从英文转译的，把诗译成了散文，你应该用诗体翻译克雷洛夫寓言，直接用俄语翻译。"这让我深受鼓舞。后来我选译了一百三十多首寓言诗，送给李老审阅。李老看了以后说："不错！"老先生当时计划出一套丛书，叫《未名小丛书》。先生过去是未名社成员，敬重鲁迅先生，在北京的时候，他和曹靖华、韦丛芜等建立了未名社。虽然李老是学英语出身，但他一直特别关注俄罗斯文学，翻译过《被侮辱与被损害的》，甚至译过《战争与和平》，可惜抗日战争期间书稿被战火焚毁了。

我曾经译过一部长诗，题为《普罗米修斯之火》，写序的时候想要参考《解放了的普罗米修斯》这本书，学校图书馆里没有，那时碰见了李老，就跟他提及了这件事。过了几天，先生就从作协把那本书借来了，让我十分感动。还有一次，先生问我是否仍在写诗，我回答说最近翻译得比较多，可是投稿四处碰壁，李老就让我选几首有现实意义的寓言和诗歌，他帮我推荐给报刊。我选了四首克雷洛夫寓言，还有四首莱蒙托夫的抒情诗，交给先生。过了一段时间，有一天我去市里，在天津日报社的报栏里，发现《文艺周刊》刊登了《鹰之歌》，就是我翻译的克雷洛夫，我当时非常兴奋，那是 1979 年 7 月的一天，自己手写的稿子第一次变成了铅字。也在同一年，《新港》杂志 1979 年第 10 期发表了我翻译的莱蒙托夫的抒情诗。承蒙老先生的扶植和鼓励，我一步步地走上了文学翻译这条路。

"文革"以后，人民文学出版社出版过高尔基的《母亲》，译者署名南凯，与南开同音。南凯，实际上是三位译者：潘同龙老师、曹中德老师，还有我的同班同学郭兆麟。我教书是从1971年开始的，工农兵学员进校，系领导安排我给学生上俄语基础课，课余时间我就抽空翻译诗歌。

在练习翻译的过程中，我得到过许多老师的帮助。比如说，我译过陀思妥耶夫斯基的《白夜》，小说颇有诗意，将近四万字。我翻译初稿，潘同龙老师审校，提出了很多宝贵的修改意见。潘老师新中国成立前从北大法学系毕业，后来又学了俄语，因此通晓俄、英、法多种外语，对古汉语也有很深的造诣。我们这一代跟他们那一代老师相比，语言的修养方面有不小的差距。我从内心深处感谢这些老师，没有他们的帮助，我难以走到现在这一步。

1980年，我去武汉大学开学术研讨会，此前，我跟戈宝权先生和余振先生都有接触和交谈，但印象最深的是飞白老师。飞白老师在部队没有多少时间进行翻译，他说，每天早晨出门之前，起码要背过八行诗，然后坐汽车、休息时，他就琢磨如何翻译。1957年他连续出书，像《山外青山天外天》《春草国》《瓦西里·焦尔金》等。他的翻译十分出色，译诗有口语特色，涅克拉索夫的长诗，楚图南先生从英语转译，书名译为《谁在俄罗斯快乐而自由？》，飞白先生则译成《谁在俄罗斯能过好日子？》。他用了一个腰韵，谁在俄罗斯，能过好日子，句子节奏为二三二三，朗朗上口，易于流传。他的长诗译本中有很多俏皮的句子，非常符合口语特点，读他的译诗，让我深受教益，意识到驾驭语言必须经过长期的修养、刻苦的磨炼。那次武汉之行，我最大的收获是认识了高莽先生。高莽老师在《世界文学》编辑部工作，当时他还不是主编，但在俄语翻译界很有影响力与声望。高莽老师是哈尔滨人，他说俄语跟说汉语一样流利。他曾在中苏友协工作，多次陪同国家领导人、作家协会负责人去苏联访问，先后为巴金、老舍、丁玲等许多作家当口译。他最初译屠格涅夫的散文诗，飞白老师特别赞赏他。

那次学术会议结束，武汉大学外文系找了一辆车送我去火车站，高莽老师也去火车站接人，我们同坐一辆汽车，就这样认识了。我们谈了二十分钟，他知道我喜欢诗歌翻译，两个月以后，高莽老师给我寄来一封信，告诉我说他准备编《苏联当代诗选》，并寄来了入选诗人名单，让我从中挑选几个人，翻译以后，把原诗和译文寄给他。高莽老师对我的诗歌翻译比较满意，因此我有机会去北京开通稿会，并认识了更多的前辈。有一次在和平里高莽先生家里聚会，我见到了北京大学的顾蕴璞老师，当编辑的丘琴先生，还有部队作家朱春雨等。丘琴先生拍着我的肩膀说："谷羽呀，你是我们的小老弟！"这话说得那么亲切，让我永难忘怀。可以说，是高莽老师带我走进了诗歌翻译这个圈子。我参与翻译的第一本书是《苏联当代诗选》，第二本是《苏联女诗人抒情诗选》，接下来就是浙江文艺出版社出版的《普希金抒情诗全集》。

还有一位俄罗斯汉学家对我帮助很大，他就是李福清先生。李先生是南开大学的特聘教授，在研究中国民间文学方面享有很高声誉。我大概从20世纪90年代就认识他，但交往并不太多。有一年，我突然收到一本名叫《幼狮》的台湾杂志，杂志里面有一篇阿列克谢耶夫研究中国年画的文章。那时候李福清先生正在台北研究台湾少数民族文学，那本杂志是他寄来的，因为他曾经给我写信说阿列克谢耶夫当年译过莱蒙托夫的一首诗《三股清泉》，问我能不能给他找到译文，我找到译文就寄给他了。以后他来天津，或来南开大学讲学，事前都会告诉我，然后我就抽时间去拜访他。他告诉我说："你们翻译了俄罗斯很多书，但是最重要的书却没有译，比如说《世纪之交的俄罗斯文学》。"那本著作分为上下卷，一千多页，翻译出来大约有二百万字，他帮助兰州敦煌文艺出版社购买了版权。他问我想不想参加这本书的翻译，我当然想参加。因为我翻译了两位白银时代诗人的诗集，要译就译跟他们相关的章节。后来李先生去兰州，向敦煌文艺出版社社长刘兰生介绍了我的情况。刘兰生是学画的，美术学院毕业，特别喜爱俄罗斯巡回展览，他愿意出这么一套书。当时联系版权的是王亚民老师，那时候她刚刚博士毕业，已经晋升副教授，不过，在俄语界认识的人不太多。刘兰生他们经过商量，决定邀请我和王亚民老师一道主持这本书的翻译。刘先生特意从兰州来到天津找我商量，跟我谈这件事情，我看他诚心诚意，就答应了他的请求。事后我给高莽老师打电话，说有这么一套书需要翻译，希望他来主持，我参加翻译。高莽老师说："你这个年龄，应该做件大事了。"我说："那您得给我们当顾问，画插图。"高莽老师回答："没有问题。"后来我们又请了李福清先生、顾蕴璞教授、藏传真教授三位师长为我们当顾问。这套书翻译过程中遇到了很多困难，四位顾问发挥了很大作用，快要完稿的时候，大概有八十多个疑难问题，谁也解释不了，我就整理出来，全部寄给了李福清先生。李先生找了高尔基世界文学研究所的波隆斯基逐条给予解答，最终排除了疑难。这套书，一共有二十五位译者，用了两年多的时间翻译出来，然后在敦煌文艺出版社出版。当时我跟刘兰生先生说："我只有一个要求，希望定价不要太贵，因为想读书的人没有那么多钱。"这本书当时印了四千册，后来就绝版了，现在这套书有机会再版，审定稿已经交给山东教育出版社。这次再次审校修改，我找到了一位特别出色的助手，他叫糜绪洋，有人称赞他才高八斗。他是复旦大学俄语系本科生，后来在俄罗斯莫斯科师范学院读硕士，之后考上了彼得堡普希金之家，在那里攻读博士学位。我因为翻译《玛丽娜·茨维塔耶娃：生活与创作》这部三卷本的传记认识了糜绪洋，他提了四十多条修改意见，让我记住了他的名字。糜绪洋记忆力超强，读书面很广，对《圣经》、希腊神话、《荷马史诗》了然于心，我十分赞赏。总之可以说，是高莽老师把我引领上了诗歌翻译这条路。在不断学习的过程中，不断地遇到特别好的老师和朋友，这是我的幸运。

　　我很感谢我们的学校，我们的外语学院和西语系，在我 48 岁的时候（一般都以 45 岁为限），给了我去列宁格勒大学进修的机会，当时常耀信老师是我们的系主任。我特别感谢他的支持和帮助。他跟我谈过一次话，说有个很好的机会出国进修，在那样的环境里口语和听力都会提高，回来后就如虎添翼。实际上我特别佩服常耀信老师，他在高中学的是俄语，上南开学英语，中间因为关节炎休学半年。大家都以为他会耽误学业，不料他回来以后学习更出色了。我们那一届留校的有九个人，俄语三个，英语六个。常耀信老师留校后很快去了英国，学习两年，回来后又去阿富汗当翻译，从阿富汗回来，接着去美国读博士。他的英语和学术水平很高，对外院的建设贡献巨大，他主持编写的《美国文学史》《英国文学选读》等著作，在学术界享有很高的声誉。

　　我 48 岁才第一次出国，带着《朦胧诗选》去了俄罗斯，到了列宁格勒大学以后，想一边听课，一边访问一些诗人和汉学家。我刚到莫斯科，住在中国大使馆旁边的大学生旅社，在那要待一周才能去列宁格勒。在这个旅馆我见到一位俄罗斯诗人，他叫维根，是布罗茨基的朋友。谈话中他问我翻译过哪些俄罗斯诗人的作品，我给他一一作了介绍。我问他知道哪些中国诗人，他想了想，说知道李白、杜甫。我又问，当代中国诗人读过谁的作品？他想了很长时间才说："我知道艾青的名字。"这件事让我很受刺激，我们翻译了他们那么多诗人的作品，古代的、当代的，他们的诗人对于我们的中国当代诗竟然一无所知，这太不公平了。因此我下定决心翻译中国诗歌。

　　我在彼得堡认识了当地作协的一些年轻诗人，有个叫施密特克的特别喜欢中国诗，他是德国人的后裔，出生在俄罗斯，我跟他合作翻译诗歌，他很高兴。我的导师戈尔曼·菲里波夫，开设诗歌课，我听了他几次课。他建议我多访问一些诗人和汉学家。他是苏联作协会员，有一本会员通讯录，打算访问什么人，很容易查找电话和地址，在他的帮助下，我去莫斯科拜访了一些诗人，在彼得堡也访问了一些诗人和汉学家。

那时候我陆陆续续翻译中国当代诗，译了大概有七八十首，后来我的导师知道了这件事，也想译中国诗。他让我选一些有哲理性的，我就选了白桦的《船》，还有雷抒雁的诗，翻译成初稿，给他加工润色。有一次与导师聊天，我说中国有位诗人，写了一首诗我十分喜欢，诗的标题是《焚书》。"藏也藏不得，留也留不住，今宵送你进火炉，永别了契诃夫。夹鼻眼镜山羊胡，你在笑我在哭，灰飞烟灭光明尽，永别了，契诃夫。"一个中国诗人，对俄罗斯作家契诃夫有那样的深情，一边哭，一边不得不把书投进火炉。我用俄语跟他说了一遍，我说自己译得没有节奏没有韵，想不到导师说，这样就挺好，他的肯定对我来说是极大的鼓励。

老师菲里波夫对我非常好。我要回国的时候，去拜访告别，他送给我非常珍贵的《俄罗斯诗歌三世纪》诗集，书中有四百多位诗人的代表作，每人都有小传。我回国后，用了几年工夫，翻译了《俄罗斯名诗 300 首》，选译了四十二个诗人整三百首诗，1999 年在漓江出版社出版。

我前后一共带了八个研究生。七个研究生论文选题都跟俄罗斯白银时代文学与诗歌有关，只有一个研究生李绪兰的选题不同，我和她商量，让她研究阿列克耶谢夫院士的《聊斋》俄译本。我跟李绪兰一起读原版的《聊斋》，读《聊斋》的俄译本，一边读一边做读书笔记。李绪兰是山东淄博人，算是蒲松龄的同乡。开题报告通过以后，在文本细读的基础上，从语言、翻译和文化差异等几个角度分析《聊斋》俄译本，比如官职、节令、称谓、器物、饮食等视角，列出了章节标题，依据具体的材料深入剖析。我曾经建议她分析《聊斋》诗词的翻译特色，她感觉太难，最后放弃了。李绪兰的论文答辩顺利通过，李福清先生来南开，看了这篇论文，给予很高的评价。论文中还有一段文字，指出了《聊斋》俄译本存在的误读、误译和疏忽，其中原因可能是当时工具书没那么多，比如"单道士"这个名字，作为姓氏的"单"字没有译成"shàn"，而译成了"dān"，这就是一个例子。李福清先生后来建议出版社又出了一版《聊斋》，把这十来个错都纠正了。

在研究《聊斋》诗词的基础上，我写了一篇《阿翰林呕心沥血译诗词》，两万七千字，分析了五言诗、七言诗、词、曲、韵文、谜语、对联的俄语翻译。李福清先生看了这篇文章，认为从音韵角度评论《聊斋》俄译本这件事过去还没有人做。他告诉我说，会把这篇文章收入他75周岁出版的院士纪念文集，他是俄罗斯科学院院士，出版社给每位院士都出版一本纪念文集。他为我的文章写了前言，大约一千多字，并告诉我，会找人把文章译成俄语。

李福清先生写过一篇论文，题为《阿列克谢耶夫译〈聊斋〉》。他把文章寄给我，征求意见，他说这是他最长的一篇论文，译成汉语七万五千字。李福清先生采取对比分析的办法，研究阿列克谢耶夫的《聊斋》俄译本，其中引用了三个俄译本、三个英译本、三个日译本、三个汉语白话译本，其中仅有二百字的《画壁》是他研究分析的重点。他条分缕析，鞭辟入里，见解独到，文章篇幅虽长，读起来却一点儿不觉得拖沓、累赘。看完这篇文章，我下决心译成汉语。我用了两个月时间译完了，随后寄给李先生过目，并询问一些疑难问题。他在回信中写了一句话："Гу Юй, вы настоящий герой труда!"（谷羽，你是真正的劳动模范！）李先生的肯定，是对我最大的鼓励。这篇译文后来收进了白春仁教授主编的《中俄文化对话》，那本书里还有我译的《阿翰林呕心沥血译诗词》，还有一篇评论写诗歌翻译的文章，三篇文章共十一万字，虽然只给了一千五百元稿费，但是我感到很满意。

认识李福清先生，是我的幸运，2009年我们在台湾又见过一次面。当时他研究果戈理的小说《死魂灵》在中国的译本，让我帮忙收集资料。这样我才了解到，果戈理的《死魂灵》居然有十八个中文译本。李福清先生把鲁迅译本、田大畏译本、郑海凌译本，以及台湾孟祥森译本作为研究重点，对比分析了各个译本的成败得失，他的研究方法对我有很多启示。李福清先生写的这篇文章，我也帮他译成了汉语。在天津冯骥才艺术学院开会时，李先生用汉语发言，依据的就是我的译文。李先生最后一篇文章《俄罗斯版画与中国年画》也是我翻译的，初稿译出来大约一万多字，我寄给他审校修改，他不断修改补充，最后差不多修改到了一万三千字。那时候他已经生病住院，因此这可能是他最后一篇文章。可以说李福清先生把毕生心血与精力都献给了中国文化的研究，他的献身精神让我肃然起敬，永远铭记在心。

李先生生性善良，乐于助人。有一次我跟他说俄罗斯有位侨民诗人叫别列列申。我翻了他一本诗集，写了文章介绍他的事迹。他有一本译诗集叫《团扇歌》，我最初译作《扇面题诗》，看了李萌博士的书《缺失的一环》，才知道那本诗集引用了汉朝班婕妤的一首诗做书名。我一直找不到这本书，就向李先生求助。他到欧洲进行学术考察时，到了法兰克福，特意到一个图书馆去查询，找到这本书复印了一册，然后寄给阎国栋老师，让阎老师转给我。我能把《团扇歌》的《前言》《后记》全都译成汉语，多亏李先生的帮助。

阎国栋老师与李福清先生多年交往，接触更多，有时候见面他会告诉我一些趣事。他说有一天李先生屋里堆的书倒了，书堆满了地板，那边是电脑，看得见却过不去。因而好几天李先生不能上网通信。

下面谈谈我把中国诗歌翻译成俄语的经历。1989年我在俄罗斯，就开始跟俄罗斯朋友合作翻译中国当代诗，当时正赶上戈尔巴乔夫访华的好机会。由于戈尔巴乔夫要访华，中国文化受到重视，我在列宁格勒时，电台和报刊记者来访问我，我们翻译的诗陆续刊登在《接班人》《列宁格勒工人报》等报纸上。其中，北岛的《回答》刊登在《星》杂志上："卑鄙是卑鄙者的通行证，高尚是高尚者的墓志铭。"应当说把北岛的诗译成俄语这可能是头一次。进修结束回到国内，还想做这件事就很难，尽管南开大学有俄罗斯专家，比方说原来有斯拉瓦，但他不喜欢诗，他喜欢小说、散文，没有合适的合作者，汉诗俄译这件事就放下了。

　　退休后，我学会了使用电脑，后来也学会了上网，2011 年我在网上发现俄罗斯有个叫"千家诗"的网站，网站上有译成俄语的作品，很容易找到李白、杜甫、苏轼的诗作。我用俄语写了一封信，想不到第二天就收到了回信，就这样认识了诗歌翻译家鲍里斯·梅谢里雅科夫。他在回信中提出一个请求，希望我帮助他寻找"千家诗"的录音。因此我去市里各个书店寻找，后来在咸阳道书市找到了带录音的《千家诗》，那是浙江少儿出版社的儿童读物，附带一张光盘。我买了那本书，同时还买了中华书局带注释的《唐诗三百首》和《千家诗》，正好李福清先生来南开讲学，我就拜托李先生把三本书带给了梅谢里雅科夫。

　　接下来我把鲍里斯自学汉语、多年翻译《千家诗》的故事写出来，登在《中华读书报》上。他的经历很曲折，他是莫斯科音乐学院的毕业生，毕业后留校当老师。他痴迷于诗歌翻译，可能是诗歌与音乐相互关联，特有缘分。他最初翻译的都是欧洲诗歌，英语的、法语的、德语的，翻译了不少作品。后来他的兴趣转向东方，一开始想学日语，但找不到合适的教材。20 世纪 80 年代，中国在莫斯科有一个书展，他每天都去那里，有一天发现一本英汉对照的《千家诗》，他毫不犹豫买了那本书，通过英语阅读，接触中国诗歌，并且开始自学汉语。有一天他突然来了灵感，读了一首诗就译成了俄语，自己格外兴奋。鲍里斯说他总是在上班路上、坐车的时候，琢磨中文诗该如何翻译，这一点跟飞白老师很相似。后来他辞去了音乐学院的教职，从事同声翻译，翻译宇宙航空、医药方面高精尖的内容，因此经常出国，并且有空闲时间继续翻译中国诗歌。其间，他还找到汉学家车连义，向他求教。车连义是很有名的翻译家，译过曹植的作品，也译中国当代诗，译艾青的诗、徐志摩的诗。鲍里斯把自己的译作给车连义过目审阅。车连义感觉他译得不错，给予了肯定和鼓励，后来邀请鲍里斯参与翻译《宋诗选》。经过一段时间辛勤刻苦的工作，鲍里斯把他的《千家诗》书稿，还有宋诗译稿都交给了出版社。不料，赶上苏联解体，国家出版社纷纷倒闭，编辑人员自谋生路，四分五散，鲍里斯的两部书稿不幸丢失了，再也找不回来了。后来他学会了使用电脑，重新翻译《千家诗》，并开设网站，把所有的译作全都贴在网上。我和鲍里斯通过书信往来，成了好朋友。我们合作翻译中国当代诗歌，其中很多诗收进了《风的形状——中国当代诗选》，这本书2017年已经在彼得堡出版。

鲍里斯·梅谢里雅科夫是一位可靠的俄罗斯朋友。中国当代诗，我现在编选翻译了三本，第一本基本是由我和鲍里斯翻译的，第二个合作者阿列克谢·菲里莫诺夫是彼得堡诗人，第三个合作者是乌克兰学者娜塔莉娅·切尔内什。我跟这几个朋友合作，有机会也请他们到中国来。2017年天津举办诗歌节，筹委会委托我请一位俄罗斯诗人，我就建议邀请菲里莫诺夫，他访问过中国，写过有关中国的诗。那一次我到北京机场去接他，我们第一次见面，他一出出站口，直接奔我走来，好像早就认识一样。娜塔莉娅·切尔内什是乌克兰学者，她在北京语言学院学了四年汉语，我认识她很偶然。莫斯科有位诗人叫奥尔嘉·谢达科娃，她写了长诗《中国行》，包涵十八首诗，主人公仿佛在看一幅画，画上有垂柳，有流淌的河水，河上有拱桥，还有一条船，由此展开想象，神游中国。诗人写到了李白、《道德经》和老子。我把这组诗译成了汉语，2010年在上海《外国文艺》杂志上发表了。那时候外教斯拉瓦还在外院教书，这首长诗是他推荐给我翻译的。我拜托斯拉瓦帮我找谢达科娃的邮箱，然后我把译诗寄给诗人。谢达科娃不懂汉语，她把中文译诗寄给她的朋友娜塔莉娅·切尔内什。两个月以后，切尔内什给谢达科娃写了一封长信，同时用俄语给我写了一封信，肯定了译诗忠实于原作，音韵节奏好，也指出了存在的问题，提出了十二条修改意见，其中三条我回信做了解释，其余九条按照她的建议进行了修改。我问她正在研究什么课题，她回信说在研究《红楼梦》的标题，她还告诉我，特别喜欢李清照的词。我告诉她说自己看过李清照词的俄译本，有些译得不好，应该重译，其中就有《如梦令》，原作六行，译成了十四行。中国诗译成俄语有个难点，就是我们的古诗用单音节词，因而语言密度大，俄语词汇以双音节、多音节词为主。我们的五言诗，五个音节，俄语译成十个音节都难以传达原意，因而往往一行译成两行。《如梦令》可以译成十二行，译十四行就太多了，译者加入了自己的想象。我建议娜塔莉娅重译这首词，她用六行译了出来，译作很出色。后来我写了篇文章，对李清照《如梦令》两个版本进行对比分析，《中华读书报》国际文化版刊登了这篇随笔。我跟娜塔莉娅经常通信，合作翻译诗歌。有一次她来信，希望我帮她起个汉语名字，我起了三个名字，供她挑选，她选择的是"李亚杰"，跟李清照同姓，名字跟诗句"生当作人杰"也有关联。李亚杰翻译中国当代女诗人的作品较多。

我有四位非常好的俄罗斯朋友，我们已经合作在彼得堡的许帕里翁出版社连续出了三本书：《诗国三高峰 辉煌期百年》（唐诗宋词元曲选，2016）、《风的形状——中国当代诗选》（2017）、《梦海》（张子扬诗选，2018）。"许帕里翁"是古希腊神话里的人物，是太阳神。这家出版社出版有《中国文学书库》，已经出版的中国古典小说有《红楼梦》《水浒传》《三国演义》等，现代中国小说有茅盾、鲁迅的作品，当代译著有莫言、刘震云、苏童等作家的小说。诗歌方面，目前只有我们翻译的三本诗集。第一本诗选俄语书名为 *Три вершины семь столетия*，译成汉语意思是"七百年三座高峰"，我跟我的合作者谢公说，这样不像诗，最好用"诗国三高峰 辉煌七百年"，他和总编都同意这个书名，这十个汉字印在了封面上。

谢公是俄罗斯汉学家谢尔盖·托罗普采夫的汉语名字。我从 2011 年跟他开始通信。这之前我知道他翻译李白的诗翻译得很好，很想认识他。正好我的学生路雪莹去莫斯科教汉语，她去远东所（俄罗斯科学院远东研究所的简称）拜访谢公，转达了我的问候，就这样我们开始了交往。中国还没有人写电影史的时候，谢公写了《中国电影发展史》，后来译成了汉语，然后他就翻译王蒙、铁凝、残雪的作品，出了小说集，从 2001 年开始转向翻译和研究李白的作品。因为 2001 年是李白诞生 1300 周年，他相继出了《书说李白》《楚狂人》《李白山水诗》《李白古风 59 首》等七八本书，然后出版了《李白诗 500 首》以及进入《名人传丛书》的《诗仙李白传》，我很佩服他，希望跟他合作翻译中国当代诗。2015 年 1 月 1 日，他写信告诉我说他已经正式退休，有时间译诗了。我问他喜欢谁，他回答喜欢海子，我们商量确定合作翻译《海子诗选》。然后我就开始读海子的诗和相关评论，收集的资料都寄给谢公。这样大约过了三个月，有一天他来信说，出版社编辑告诉他，海子的诗先放一放，最好先译中国古诗。太好了！这真是百年一遇的机会，我劝他立刻答应下来，我们商定选译唐诗一百二十首、宋词一百首、元曲八十首，共三百首。先拉出一个单子，确定诗人名单，作品篇目，翻译过程中还可以适当调整，就这样交给出版社，出版社总编很快就同意了。俄罗斯读者更认可中国古典诗词，现代作品的读者则相对少一些。我和谢公着手开始翻译，交稿时间确定在 2016 年 10 月。可是到了 2016 年 7 月份，出版社突然告诉我们必须在 8 月底交稿。突然出现的变化，让我们措手不及，最后唐诗译了一百二十首，宋词译了九十首，元曲译了七十首，总计二百七十首。

《诗国三高峰 辉煌七百年》出版以后，陆续有汉学家写评论，给予肯定和好评。列宁格勒大学汉语教研室主任索嘉威，著有《元稹传》，汉语水平很高。他认为，这个译本译笔简洁，更接近原作风格，相信会找到并拥有自己的读者群。《风的形状——中国当代诗选》2017 年初在彼得堡出版，2018 年春天张子扬的诗选《梦海》也得以出版。张子扬原来是中央电视台的导演，做过春节晚会的导演，电视剧《雍正王朝》也是他导演的。让人佩服的是他开阔的国际文化视野，他经常出国，去过俄罗斯、法国、德国、北欧、丹麦等地方，他在那里访问一些名人故居，参观博物馆，他写的诗有很高的国际文化素养。另外，他爱好摄影，还举办过西藏摄影展。张子扬出生于哈尔滨，喜欢俄罗斯文化。他的诗已经有英汉译本、德汉译本、法汉译本、日汉译本，他还想出版俄汉译本。他在《中华读书报》看过我的文章，就找到那里的编辑打听谷羽的情况，编辑回答说是南开大学教授、翻译家。编辑写信问我，是否同意翻译张子扬的诗，我回信说希望能先阅读他的作品。张子扬给我寄来两本诗集，一共七百多首诗。我从头读到尾，选了一百首，书名叫《梦海》，张子扬认可这样的编选设想。翻译这本书，我有两个合作者，一个是乌克兰学者娜塔莉亚·切尔内什，另外一个是俄罗斯学者娜塔莉亚·布罗夫采娃，她在台北淡江大学任教。巧的是两个人都叫娜塔莉亚，就是娜达莎。2008 年 7 月到 2009 年 7 月，我去台湾中国文化大学任客座教授，那时候认识了布罗夫采娃，她是俄罗斯著名学者阿格诺索夫教授的硕士研究生，熟悉俄罗斯文学，修养很好。我翻译初稿，她们两个人加工润色，每人分担大约五十首。翻译这本书的时候，张子扬还在中央台工作，跟他联系很难，必须通过他的秘书给他打电话，而且还不知道他有没有时间回复。两年以后，他退休了，联络就方便多了，能在电话里交谈，我们都很高兴。这本书出版的时候，我的朋友诗人菲里莫诺夫写了序言，题为"远行朝圣者的缪斯"，我把序言译成汉语寄给张子扬，他看了非常高兴，他认为自己就是一名朝圣者。诗集中收入了仓央嘉措的作品，我也看了俄语版本的仓央嘉措诗选，我判断，汉语译仓央嘉措过于典雅华丽，译成工整的七言诗，可能跟原作的风格有距离。仓央嘉措年轻的时候是在乡野间度过的，因而他的情诗写得非常纯朴自然，译成特别古典的七言诗未必合适。如果我在中文系，可能会赞赏他的七言诗，但是因为我多了一个视角，从俄语角度去欣赏的话，就会有不同的判断。我觉得学外语，并且爱好诗歌是很幸运的。

我考大学，报的是中文系古典文学专业，却被分到外文系学俄语。大学毕业以后，总觉得中文水平不够，因此想补课。当时北京有个人文函授学院，校长是艾青，副校长是周红兴，函授两年的课程，要修文艺理论、古典文学、当代文学、古汉语、当代汉语等课程，这些课我全都读了。考试的时候，外国文学成绩最好，96 分，现代汉语最差，71 分。这些年我一直没有放下中文，一直坚持阅读与写作。

1979 年，叶嘉莹先生从国外回来在南开大学讲座，我从头听到尾。当时听课的人很多，每个人有一个蓝色听课证，没有听课证进不去。叶先生第一次讲完课后，告别时留了一首诗，四句，我在笔记本上做了记录。等到第二年她再次来南开举办讲座，问有没有人记得上次离开时读过的那首诗。我一看没人站起来，我就站起来把那首诗读了一遍。后来叶先生去看望李霁野先生，有一次是我陪她去的。还有一次河北教育出版社的王亚民先生来南开，正好我去看望叶先生。因为叶先生我还认识了席慕蓉，因为席慕蓉来天津是为了看望叶先生。叶先生回南开是应李霁野先生的邀请，她在报纸上看到李霁野复出了就给李先生写信。李霁野先生曾经在台湾工作过一段时间，他们在台湾时就认识。

我曾有机会到台湾去教书一年，当时带去了四卷本的《俄罗斯白银时代文学史》，准备送给中国文化大学，但在学校图书馆发现他们有这四本书。于是我改变主意，把这套书送给了台湾大学欧茵西教授。欧先生在奥地利学德语和俄语，她著有《俄国文学史》，《沉思与浪漫》是她翻译的俄罗斯诗选。这本书的附录里有十二本参考书，第七本《俄罗斯名诗 300 首》，译者是谷羽，因此可以说我们早就认识了，只不过是初次见面。在台北俄语界，欧茵西教授深受尊敬，她经常举办诗歌朗诵会。欧茵西教授认识余光中先生。我跟俄罗斯汉学家合作翻译中国当代诗，是欧先生帮我跟余光中先生联系，余先生就把他一本韩汉对照的诗集送给了我，我选译了六首，其中有《乡愁》和《乡愁四韵》。后来欧先生又帮助我联系席慕蓉，席慕蓉给我寄来了八本诗集，我从中选译了九首。欧茵西教授和席慕蓉在台湾政治大学斯拉夫语系举办了一次诗歌朗诵会，用汉语和俄语朗诵席慕蓉九首诗和余光中先生六首诗。他们把录音光盘寄给我和彼得堡诗人菲里莫诺夫，留下了美好的记忆。

　　叶老师把我从中文系要过来学习俄语，这是给我关上了一扇门，打开了一扇窗，我感谢叶老师给了我这样机遇。有一次我儿子跟我说，你考大学中文成绩肯定不是最好，若是最好，中文系不会放你。

　　我退休后学计算机，一开始十分困难，拿个小本子记下每一步，如何开机，怎样关机，觉得学会了，一会儿又忘了，一出问题，不是找儿子就得求女儿帮忙。有一天我女儿在屏幕上打出几个字：爸爸，你怎么这么笨！只有女儿可以跟爸爸这样说话。笨老头儿自有笨办法，那就是勤学苦练。我儿子美院毕业，在一所大专院校教书。有一天儿子跟我说："爸爸你知道吗？我妹妹在重点大学教书，学生都是高才生；我就不一样了。"儿子拐了个弯儿说我笨，我不生气，反倒挺高兴。过了两三个月，我使用计算机越来越熟练了，很少再麻烦子女了。

　　我跟俄罗斯诗人和汉学家合作，编选翻译汉俄对照中国诗歌读本丛书，第一辑有《唐诗读本》《宋词读本》《元曲读本》《李白诗读本》和三本《中国当代诗读本》，这套书进入了国家"十三五"重点图书工程，也得到了国家的资助。经过三年的努力，这些丛书已经全部交稿，有望近期出版问世。

　　让我欣慰的是，我跟几位俄罗斯朋友合作得很好，优势互补，互利双赢。出版社的编辑认真审校，确保图书质量。另外一点，这套书的封面设计、诗人肖像、衬图、照片处理，都是我儿子做的。出版社编辑也很满意。元曲封面是元朝的画，宋词封面用了清明上河图，唐诗封面是唐朝的绘画。《唐诗读本》的衬图给人一种大气磅礴的感觉，大江大河，高山瀑布；宋词插图杨柳岸晓风残月。最初我和出版社编辑想用《晚笑堂画传》里的插图，但毕竟年代久远。我儿子在美院学的是工业设计，他的人物画有一定的基础。他考美院之前，经常晚上去东站，候车室好多人等车，也有人睡觉，他在那里画速写，手法已经相当熟练。南开外文系有位来自莫斯科的教师，她叫莉季娅。有一次莉季娅应邀来我家做客，那天刚好是礼拜天，我儿子在家。他突然跟我说："爸，我想给这位老师画张像。"他用十五分钟画了一张速写。莉季娅看了很高兴，画得挺像，接着他又画了一张，家里正好有镜框，就给速写肖像装上镜框，送给了莉季娅。后来姜敏老师到莫斯科，拜访莉季娅的时候，桌子上摆的正是那一张速写画像。

我很幸运得到这么多老师和朋友的帮助。我知道自己并不是特别聪明的人。我觉得自己只能以勤补拙。得到这么多老师的帮助、培养、教育、提携，让我非常感动，所以只要我有机会，就想为老师做点儿事情。在翻译《俄罗斯白银时代文学史》的时候，当时我就跟总编刘兰生说，能否再出一套《俄罗斯白银时代丛书》，可以选诗歌、小说等内容，当时我手里就有七本书稿。刘兰生表示赞成，可惜他不久就调走了，那里换了一个总编，我就知道那个计划难以实现了。因为再跟新主编联系，他说他们出版社小，资金周转不过来，我就知道《俄罗斯白银时代丛书》出版没有希望了。

2008年我到台湾以后认识了一位教授，他叫吕正惠，在淡江大学任教，担任过中国统一联盟的主席，支持两岸统一。吕正惠文章写得非常好，他们还有个组织部长叫龙绍瑞，我去台湾的时候，先认识了龙绍瑞。后来为什么想认识吕正惠呢？因为我在那边教书，到图书馆查一些书，《普希金诗选》《屠格涅夫小说》以及果戈理的《死魂灵》，写导读的都是吕正惠。有一次见到龙绍瑞，我请求他帮忙联系吕正惠先生。我和吕先生先在电话里进行了交谈。我说我有几本书稿，有高莽先生翻译的阿赫玛托娃《抒情诗选》和长诗选《安魂曲》，还有柯罗连柯的中短篇小说集，问他是否可以列入出版选题。电话沟通很顺利，吕先生说希望见面聊聊。不久，我们见了面，聊了五个小时。他对大陆俄语翻译家相当熟悉，像高莽先生、顾蕴璞先生，很多翻译家，他都知道，他也知道我的名字。我问他能否出一套书，他说可以考虑。当时能定下来的只有高莽译的书，他认为，高莽先生对俄文的理解是一流的。后来吕正惠策划出版了《外国文学精品系列》，第一本是高莽老师的《我会爱——阿赫玛托娃抒情诗选》，第二本是阿赫玛托娃的长诗选集《安魂曲》，后来又出版了阿赫玛托娃的《回忆与随笔》。

三本书都在台湾出版，书印得相当精美。吕正惠到北京时拜访了高莽先生，高莽很高兴，送给他《高莽画集》留作纪念。高莽还称赞说："想不到吕正惠的文笔那么好！"显然，他对吕先生为三本书写的序言很满意。

台北的人间出版社还出版了我的老师臧传真先生的译著《盲音乐家》。臧先生是我们翻译《俄罗斯白银时代文学史》的四个顾问之一，他翻译的柯罗连柯中短篇小说集，大概有四十万字，吕正惠先生想出版这本书，但感觉书太厚，建议删去一部分。我跟他说，臧先生的译笔很好，能不能出两本，吕先生居然同意了！同时提出两本又少一点，他知道柯罗连柯有个短篇小说《马卡尔的梦》，让我跟臧先生联系，最好把这篇小说译出来。我给臧先生写信，先生答应了，当时臧先生都 80 多岁了，两个月译出了这篇小说。柯罗连柯还有一篇小说，臧先生起初译为《哑巴出国记》（*Безязыка*），吕正惠建议改成《没有舌头》，这个书名好不好呢？我琢磨了很长时间。那段时间我患感冒，说话很吃力，几乎发不出声音来，我写信告诉臧先生，我处于"失语"状态，甚至想把这篇小说标题就译成《失语》，最后还是采用了吕正惠的建议，篇名用了《没有舌头》。

我很怀念和感激高莽老师，想起来有时候忍不住想流泪。过去，只要去北京，我都会去看望高莽老师。高莽先生画水墨画特别好，只要出画册和文集都会送给我。《俄罗斯白银时代文学史》一共有 38 张作家和诗人的肖像，所有插图都出自高莽老师的手笔。他的画稿自己留了一份，单独又画了三十八张寄给我，他说我以后的译作如有需要可以用这些画作插图。后来我编选《俄罗斯散文》，二十三个作家，所有插图也都是请高莽老师画的。其中有个作家，怎么也找不到照片，因为画人物肖像需要照片作参考。我跟高莽老师说，实在找不到就算了，少一个人的画像，也没有什么。高莽老师说，还是找一找，别留遗憾。我有个学生孔霞蔚，在《世界文学》当编辑，是他帮忙找到了那个作家的照片，送给高莽老师。由此可见高莽先生做事一丝不苟、追求完美的精神。

　　说到孔霞蔚，还有一段故事。孔霞蔚硕士毕业后找工作，曾到天津师范大学去试讲，天津师范大学想要她。她当时还报考了南开大学历史系的博士生，也被录取了。在这之前，我曾推荐她到《世界文学》，我跟《世界文学》编辑部的刘文飞认识。我写信问刘文飞是否接受孔霞蔚到《世界文学》编辑部工作，在那里工作两三年，再考那里的博士。刘文飞回信说，编辑部只要博士，当时我觉得没希望了。过了一段时间，《世界文学》副主编李政文给我来电话说："谷老师，你不是有个学生想到我们编辑部来嘛，我们这里工资不高，她要是愿意，可以来参加面试。"我立刻跟孔霞蔚联系，征求她的意见，因为她已经被历史系录取，可以在南开读博士了，我跟她商量，她毫不犹豫地选择去北京社科院。面试非常顺利，第二天就让她体检。孔霞蔚到《世界文学》编辑部当编辑，几年后考取了刘文飞的博士生，之后又出国进修，现在已经晋升为编委了。

　　回顾往昔，从留校到退休，从退休到现在，我也做了些事情，不断遇到合作者，不断翻译一些作品。过去主要是俄译汉，从 2011 年开始，逐渐尝试汉译俄，想为中国文学走出去、走进俄罗斯，尽一点儿绵薄之力。我认为，文学要走出去，首先靠作品，靠作家本人。文学交流说到底是人与人的精神交流。由于学了外语，我往往通过外语来认识我们中国的典籍，很多经典名著没读过，或者读得不够，比如《聊斋志异》。小时候爷爷给我讲过《聊斋》的故事，但自己没有系统读过。由于学生要写跟《聊斋》俄译本有关的论文，我不得不去读《聊斋》，通过认真阅读，比原来了解得深入、细致了，也就有话可说了。

　　阎国栋老师当了外语学院的院长以后，让我填表，我在 2014 年获得了"资深翻译家"称号。后来他又提醒我整理自己的文集，帮我申请学校科研处的资助，我几十年写的文章也有机会面世了。不过，我翻译得多，深入研究不够，研究的范围大都围绕诗歌，面儿比较窄。我关注俄罗斯诗歌史及有名的诗人，比如黄金时代的普希金、莱蒙托夫、费特，白银时代的巴尔蒙特、勃留索夫、茨维塔耶娃、别列列申等。他们都有所涉猎，在翻译他们诗作的基础上，进行研究，这算是一条线，一个系列。第二条线索是俄语诗的汉译。我长期关注查良铮译普希金的翻译实践与理论探索。诗歌翻译家的选择，往往标志着他的学术水平与独到见解。查良铮翻译俄罗斯诗歌，只选了两个人，一个是普希金，另一个是丘特切夫，前者是现代俄罗斯文学之父，俄罗斯诗坛的太阳，后者是俄语哲理诗的奠基者与先驱者，而这两位诗人的作品都不太容易翻译，查良铮却译得很出色。我曾经用了两年多的时间，把查译普希金文本对着原作去读；另外，对比他50年代的译本和70年代修改后的译本，从中发现他如何修改加工。他的改动很多，他自己也说50年代译得比较匆忙，有些诗押韵和节奏不太好，因此他要修改。他原来说准备用两年时间，结果仅仅两个月就改完了，他的手特别快。他写诗很好，受过名师指点。他在西南联大求学期间，闻一多、卞之琳都是他的老师。

这次比较开心的是，我终于把穆旦的诗放在了中国当代诗选中，包括穆旦的《春之歌》《停电以后》《听说我老了》，这几首诗都译成了俄语，过去还没有人把他的诗翻译成俄语。

退休多年，还能做些事，让我感到欣慰。有些不认识的学生给我写信，寄来论文、征求意见，我都会认真阅读，提出建议。我的人生原则是：知足常乐，助人为乐，自己找乐。人到80岁，还能做些事，证明还没有老年痴呆。席慕蓉老师在一篇随笔中写道，有个当大夫的朋友跟她说："一个人做他喜欢做的事情，身体的免疫功能会处于良好的状态。"我一直在做自己喜欢的事，我的身体的免疫功能也处于良好的状态。

采访组：请问您在俄译汉、汉译俄的过程中是否遇到过比较枯燥的时刻，或者是比较困难的时候，您是怎么坚持下来的？

谷　羽：做学问，实际是个比较苦的活儿，但我觉得必须有个量的积累，积累到一定程度，就不觉得苦了，感觉到一点儿乐趣，慢慢就上路了。如果总觉得这件事枯燥无趣，往往就难以坚持。我有没有觉得苦的时候？有。长篇作品翻到最后，很疲惫，就不想译了，恨不得早一点儿结束。读书翻译毕竟是一种精神活动，坚持下去，最后有个结果就好。有一句话说什么人可以成为朋友，经过长期做伴旅行而互相不讨厌，这样的人就可以称为朋友了。我翻译萨基扬茨写的茨维塔耶娃传《玛丽娜·茨维塔耶娃：生活与创作》，这本书厚厚的，超过一千页，译出来有八十多万字。事前我告诉高莽老师，他劝我说，那么厚的书，译出来有多少人看？二十个人？他可能担心我的身体，担心得不偿失。我明白他的好心与善意。这套三卷本的著作，我译了两年半，翻译过程中，编辑魏东从头到尾看了，糜绪洋从头到尾看了，凌越从头到尾看了，寒烟从头到尾看了，贾柯从头到尾看了，她还写了很出色的一万多字的读书笔记。通过译这本书，我结识了一些新的朋友，一些志同道合的朋友，难道这不是让人开心的一件事吗？曾经的苦能换取未来的快乐。我曾经翻译过一首诗，是天津诗人许向诚的作品：

> 成熟的稻子弯下了腰，
>
> 收割稻子的农民弯下了腰，
>
> 丰收的仪式，
>
> 从相互致敬开始。

这种现象人们都见过，稻子成熟了，它的稻穗就垂下来了，收割的时候，农民必定弯腰，因此丰收的仪式从相互致敬开始。诗人用形象告诉读者，人与人之间的关系，要做成一件事，必须相互尊重。你尊重他人，会受到对方的尊重。我跟好几位俄罗斯朋友合作翻译诗歌，没有一个人跟我谈论过报酬，一谈钱，就无法合作了。有人问我，谷老师你译一首诗多少钱？我回答说从来没有那样做过。如果我收了钱译不出来，对不起人家，再者说，收了钱，要译的诗歌不喜欢，岂不自是自讨无趣，自我惩罚？当然我还是希望劳动能有所报酬，更不能让跟我合作的朋友们白白吃苦受累。

采访组：谷老师，我们这学期有诗歌课，但是外教带我们一起读的，所以存在一些问题。外教教俄罗斯诗歌，好处是可以多讲一些诗人的生平等，帮助我们接触原本不了解的东西，然后他可以解释一下到底是什么意思。但是在诗歌的理解上，我们可能有很多想法，比如一些内心的感受，无法用俄语表达出来，所以觉得很遗憾没有机会听您的诗歌课，因为如果有一位像您这样比较懂诗歌和翻译的人来给我们讲诗歌，我们可能对诗的理解会更深刻，而且能够结合中国现在诗人的诗歌，让我们也多了解一下中国的当代诗。现在我们在学习俄语的过程中，对中国文学以及中国诗歌的了解真的太少了。

谷　羽：这点是可以弥补的。从另一个角度来说，有一位俄罗斯老师给你讲俄罗斯诗歌，机会很难得。比如说外教选的那些诗，如果你能够通过那些作品找到比较好的译本去阅读，最好对照不同的译本去读，往往会有意想不到的收获。其实很多知识，上大学，包括读研究生学位，都是在打基础，进展要靠将来持续不断地努力。做某件事，要认真去做、去积累。要做成一件事，哪怕暂时苦一点儿，清贫一点儿，钱挣得少一点儿，但是积累多了以后，就能出自己的东西。

采访组：我们在上诗歌课的时候，有一些课外作业。有一次我选了一位诗人的一首诗，然后做了一个翻译文本的对比。我找了一个大家的翻译，以及一个网友的译本，就这两个中文译本进行对比，认真地看俄语中的每个词具体是怎么处理的，一些词意的理解，还有一些动词与名词的词类转换。但是我当时觉得不知名的网友的版本似乎更好一点儿。我们也都知道，大家的翻译可能是在很多年以前了，后人是可以站在他的肩膀上不断创新的，但是如果是挑选一些比较权威的版本参考，肯定要挑选大家的译本，那我想请问您是如何看待这种现象的？

谷　羽：这种现象并不奇怪。因为上一次南开举办纪念穆旦研讨会的时候，内蒙古大学的张淑娟也来了，她的论文是阎国栋老师指导的《中国古代诗歌在俄罗斯的翻译与传播》。她来了以后跟我说，俄罗斯人翻译中国古典诗歌有点儿青黄不接，我不大同意她的看法，只要你上网，就能发现，俄罗斯有一批三四十岁的人，可能在中国学过汉语，也可能他们在自学汉语，他们翻译的中国古诗，并不亚于过去的译作，某些地方甚至要比过去好，比如白居易的《长恨歌》《琵琶行》都出现了新的译本，我认为他们的翻译比过去有提升。因此，我认为一定要跟踪观察，不能凭主观想象下论断。如果你想译诗，一开始不宜铺的面儿太宽，可以选一两个诗人，选择好的译本，比如莱蒙托夫，可以参考顾蕴璞教授的译本。读诗歌，一定要注意它的节奏和音韵，因为译诗把意象、内涵、意境译出来的同时，具体到形式上要有节奏和音乐感，做不到这一点，就不是成功的翻译。喜欢诗歌，除了要大量阅读俄语，同时要多读一些中国诗歌，特别是中国的古典诗歌。唐诗、宋词、元曲确实是一个宝库，当代的某些诗人也有名篇佳作。

译诗给我带来一个好处，诗刊知道我多年译诗，去年把诗歌翻译家奖颁发给我。在此之前，他们经常发表我翻译的诗。这几年在桃花潭、在西昌、在成都召开诗歌翻译研讨会，他们都邀请我参加，因此认识了一些诗人，其中包括少数民族诗人，比如白族的诗人、普米族的诗人，我发现他们有些诗写得很出色。白族有位老诗人叫晓雪，今年 80 多岁，我特别喜欢他的诗，已经翻译三十多首了。比方他的两行诗："陶潜的菊花开了 1600 年，至今香在人们的心上。"两行包含的内容能引起很多联想。另外一首爱情诗：

> 没有风，没有雨，
>
> 你默默地看着我，
>
> 我静静地望着你，
>
> 雾到深处不见人，
>
> 水到深处不见底，

情到深处无言语。

短短六行，蕴含着真挚的深情。他的夫人赵履珠是著名歌唱家，电影《五朵金花》主题曲是她唱的。《生活的牧歌——评艾青的诗》是晓雪在武汉大学中文系写的毕业论文。1957年他被分配到北京《文艺报》。诗人艾青受批判，晓雪受到牵连，后来他回到昆明。晓雪和赵履珠恋爱八年，一个在北京，一个在昆明，最后赵履珠回到了云南，跟诗人结婚。诗中写"没有风，没有雨"，深层意思是经过了风风雨雨；"雾到深处不见人"，潜在的意思是曾有迷茫的时刻；"水到深处不见底，情到深处无言语"，八年后赵履珠回昆明，带回去的都是情书和情诗。只有经过生活的磨砺，晓雪才会写出这样看似浅白其实很深刻的作品。我翻译晓雪的诗，给他打电话用俄语念给他听，他说虽然听不懂，但能感受到俄语的节奏和音韵。晓雪先生把他的六卷集前两卷诗选寄给我，把他六十四万字的《我的文学生涯》上下卷寄给我。我几乎从头看到尾，深受感动。

我认为做学问一定要坐得住，该读的书要读进去，手要勤一点儿，该记的记下来，不要急躁，经过一段岁月的积累，认定你喜欢的方向。另外，要读一些理论书籍，诗歌翻译也有理论，我觉得自己理论上还有欠缺。我看了俄罗斯诗歌翻译家加斯帕罗夫的文章，讲诗歌翻译的"准确性指数"和"随意性指数"，很受启发。他借用了统计学原理进行词语分析。一首诗，比如《夜静思》原作二十个字，有名词、动词。翻译成俄语以后，统计一下哪些词跟中文原作相一致，也就是原文和译文都有的词，这些词汇在译诗词汇量里占多大比重，这是"准确性指数"。翻译过程中丢失了哪些词，自己增添了哪些词，这个词汇量跟总的词汇量之比，是"随意性指数"。运用这两个尺度，评价一篇译诗，具有可操作性。一般说来，一个人译诗，准确性能达到60%，就相当高了，随意性指数可能是20%、40%，甚至60%，如果我们去统计，比如姜夔的词，原本仅六行，翻译成了十四行，增加了多少词？如果《鹧鸪天》原作仅九行，九行总共五十六个字。可他译出来是二十多行八十多个词,那他增加了多少呢?肯定离原作就很远了。我喜欢他这样的理论,写了文章给予介绍,发表在《中华读书报》国际文化版。最近我打算写文章,题目是《诗体的移植》,比方日本的俳句,五七五仅三句,按照音节数是五个音节、七个音节、五个音节,俄罗斯诗人勃留索夫翻译日本俳句,坚持用俄语的五七五对应原作,非常精确。他翻译日本短歌,五七五七七,也遵循这样的翻译原则。

卞之琳先生说过翻译诗的功与过,说应当把诗歌的形式因素、节奏因素、音韵都反映出来,如果原来是很严谨的格律诗,翻译出来是七长八短的自由诗,是对读者的一种误导,以为原作本来就是七长八短的。再比如我们说的十四行诗,很多人不知道,十四行里面有很多格律音韵的规矩与讲究,前四行是抱韵,五到八行是相邻韵,后边押交叉韵,最后两行用对韵。很多诗人不明白这一点,一首诗写了十四行,就认为是十四行诗了,是我们多年的诗歌翻译误导了许多诗人。

无论学英语还是学俄语,我建议你们关注诗歌翻译家黄杲炘,他是上海人,写过英诗汉译这方面的著作,分析两行诗、三行诗、四行诗,一直到十九行诗应该怎么翻译,深入浅出,很有说服力。最近他把这本书的电子文本寄给我,我和他有不少共同语言,他比我年龄大,我很敬重他,我也把自己的文章寄给他。

我的结论是,一个译诗的人,如果能够做到诗体移植,是对本民族语言和文化的一种自信,同时也是对外国诗人和外国诗歌的一种尊重,也是对读者的一种尊重。我们的老系主任李霁野先生当年教导我说:"文学翻译难,诗歌翻译更难,你要记住两句话,一要对得起读者,二要对得起作者。"我把这段话写进了《费特抒情诗选译》的译后记。老人家对我的嘱托,我一定坚持去做。我们讲韵脚,有脚韵,有头韵,还有腰韵,更复杂的还有辅音同音,比如,巴尔蒙特的《苦闷的小舟》,开头两行七个词,都以辅音 в 开头:

Вечер. Взморье. Вздохи ветра.

Величавый возглас волн.

这样的诗句翻译起来自然难度很大，但经过苦苦思索、反复推敲，最终还是找到了对应的诗句：

黄昏。海滨。寒风呼啸。

骇浪吼声撼天地。

用汉语拼音写出来，音韵特点一目了然：

Huanghun Haibin Hanfeng huxiao.

Hailang housheng han tiandi.

诗歌译者经常处于两难的境地，要讲音韵、节奏，可能就会导致意思有一点儿偏离，但是我并非没有思考，我考虑到诗中季节应该是深秋，甚至是接近冬天的时候，译为"风的叹息"，可能更准确。但我译为"寒风呼啸"，让它押韵，并再现"辅音同音"的艺术手段，让译作更加接近原作。一般读者可能不会太留意这些地方。翻译诗歌还会遇到谐音词，谐音词的处理特别难，比如米哈尔科夫寓言，写苏联官员去法国，他们甚至到过红灯区，但回国以后，别人问他，你可见过圣母院，你可看了塞纳河。"圣母院"和"塞纳河"，他都听错了，塞纳河他听成了сено（甘草），把"圣母院"也听错了，以为是"红灯区"，我的翻译就采用了变通处理的方法。把"塞纳"译成"在那"，"圣母院"译成"什么院"，接近原作的谐音，一般读者看到这里一眼就过去了，未必留意，但这几个词我进行了长久的思索，并非唾手可得。因此我想说：译诗费斟酌，甘苦寸心知。

采访组：上述问题都是和您的专业相关的，我想再请教一些和俄语系发展的问题。您是 1965 年留校吗？

谷 羽：我是 1960 年入学，1965 年毕业留校，当时还是五年制。

采访组：当时是考试入学的吗？

谷　羽：对，那是俄语恢复招生后的第一届，在我们之前1950年、1953年曾经招生，但中间停了一段时间。

现在俄语专业有三位正教授，还有几位副教授，都在不断努力，而且研究方向不同。比如汉学研究，现在阎国栋教授对国内汉学研究相当深入，是有发言权的；王丽丹老师对俄罗斯戏剧的研究在国内也很有影响。阎老师曾跟我说，北京开展戏剧国际交流，不去北大、北外找人，为什么到南开来找王丽丹，说明王老师的水平高。我们的汉俄对照中国诗歌读本共七本书，出版社请王丽丹老师审校，她看得非常仔细，提出了宝贵的修改意见。当然，她遇到一些问题也跟我商量，比方有个俄罗斯诗人写了一首诗《和魔鬼对话》，篇幅很长，王老师问我能不能帮忙翻译，我翻译了这首诗给她看，她很高兴，那位诗人也给我写信表示感谢。

陈曦老师在语言研究方面也很有实力，有学术著作。关键的是阎老师的一批博士生陆续毕业，分散在各个地方，他们做得很好，像吴贺、岳巍、温健、佘晓玲、成文艳、白杨等。岳巍现在已经出了有分量的学术著作。阎老师带出来了一批很好的学生，我对他们充满希望，相信他们会作出应有的贡献。

采访组：您何时开始带硕士生？

谷　羽：1996年。

采访组：我们南开的俄语何时可以开始招硕士？

谷　羽：在更早的时候开始招硕士。因为当时像叶乃芳教授可以带硕士生，应该是 20 世纪 80 年代，但不是博士生，像吴嘉佑、席桂荣、薛庆国、熊绍文，都是叶老师带的硕士生。我也给他们上课，学位论文是叶老师带他们写的。现在我们俄语系已经有了硕士点、博士点，甚至博士后，发展变化还是很快的。

采访组：您带过博士吗？

谷　羽：没有带过。但是我在台北中国文化大学俄语系，跟他们的系主任李细梅合作，指导过两篇博士生论文。

我有一届学生，大家临近毕业时，我说："毕业以后，如果一切顺利，你们大概不会怀念老师，万一生活不顺利，可以跟我联系，还可以回来考研究生。"有个学生叫温卫，一年半以后果真回来了。她被分配到天津医药公司，当时公司很混乱，她对此难以适应，因此就回来了，回来后跟我联系说想考研究生。我让她好好读书，她就在外边租了房子。有一天我和老伴儿去看她，见她脸色不好。她住在阴面房间，在楼上整天看书不下来，我老伴儿帮她在校内找了房子，阳面的宿舍，租金比外面便宜。后来她的考试成绩相当好，毕业后去北京光明日报社当记者，之后到了西藏。有一年春节我收到了一张明信片，上面写着扎西得勒，原来是温卫寄来的。后来她带着男朋友来看望我，男朋友是北大的文学博士，毕业以后分到了北京语言学院，很快就提升为正教授了，她先生应邀去日本教汉语，她也去了日本。她有一点儿日语基础，在日本生活三年后，日语大有长进，英语和俄语也不错。她回来以后，在中国财经大学外事处工作。

采访组：最后一个问题，您可以谈一下对南开外院的期望吗？

谷　羽：我非常感激母校对我的培养，我今年出了文集，算是对母校

百年校庆的一份小小礼物，我希望到今年秋天《汉俄对照中国诗歌读本系列》七本书，能够出版三四本，也算是献给母校百年校庆的一份礼物。我希望我们的外语学院越办越好。

张智庭

ZHANG ZHI TING

张智庭简介

　　张智庭，男，1944年生人，又名怀宇，中共党员，河北黄骅人。1968年毕业于阿尔及利亚阿尔及尔大学文学院法国语言文学系。后任交通部法语翻译，先后在几内亚、马达加斯加工作。1979年后在天津外国语学院、天津对外贸易学院、南开大学执教，任教授。1993—1998年任我国驻法国大使馆商务一等秘书。1970年开始发表作品。2003年加入中国作家协会。张智庭教授也是中国研究法国符号学的权威专家之一。译著有《波德莱尔散文选》《批评：方法与历史》《罗兰·巴特随笔选》《罗兰·巴特自述》《显义与晦义》等。著有诗集《欢乐的手鼓》《外交诗情》以及法国研究论文集《近观法国》，撰写了"中国当代符号学名家学术文库"丛书之《法国符号学研究论集》。其译作《罗兰·巴特随笔选》获1997年"国家图书奖外国文学二等奖"。2002年获法国政府颁发的"紫棕榈教育骑士勋章"，2018年获中国译协颁发的"资深翻译家"证书。

被采访人：张智庭

采访人：杨艾苒、黄静

整理人：杨艾苒

时　间：2019 年 5 月 30 日下午

地　点：南开大学外国语学院月兰厅

采访组：您是什么时候来到外文系工作的？当初为什么会选择来到南开的外文系？

张智庭：我是 1964 年高中毕业以后，经国家的选拔和派遣去了国外留学，当时是外交部和高教部联合派出去的，培养的目标是高级外交官和翻译。我 1964 年去了阿尔及利亚，1968 年毕业回国，我们这批学生就被分配到了国家各个部委。我当时去的地方是交通部援外办公室，属于部级机关的局级单位。可是我的家在天津，结婚之后，有了孩子，父母也已经很大岁数了，所以我想来想去，还是回天津好。我在交通部援外办公室工作到 35 岁，当时天津外国语学院刚成立不久，需要人，而且承诺解决住房问题，我就先去了天津外国语学院，也就是现在的天津外国语大学。

1982 年天津对外经济贸易学院成立，我被调到那里教法语。这个单位是国家对外经济贸易部下属，学校的干部和教师都要听外贸部调遣，所以 1993 年 1 月我就被派到驻法国大使馆担任商务处的一等秘书。后来这个学校 1995 年并入南开大学，而我是 1998 年从法国回来的，所以我回来之后，我原来所在的学校已经属于南开大学的一部分了，我也就自然地进入了南开大学，这是一个历史原因。

但是从内心来讲，我一直很向往进入南开，因为南开的学术气氛对我有着很大的吸引力。1998 年 3 月我回国，休息了两个月之后，就进入南开大学外国语学院，当时还没有法语专业。暑假过后，我担任西语系的副主任一职，当时西语系有俄语、法语、德语三个语种。从 1998 年到 2002 年退休，因为法语没有独立专业，所以我教的公共外语的学生很多。我感觉我们学校的学生学习求上进的心非常强烈，所以我教着也很起劲儿。另外，我来之前，我们的法语老师已经在申请建立法语专业，我在担任系副主任的四年期间，也积极地、极力地推进这项工作，在原有老师们准备的资料的基础上，我又根据新的情况，进行了丰富、全面的准备工作。2001 年开了很多次论证会，学校又把我叫去做了直接汇报，后来就批准了，因此咱们法语专业是 2002 年开始招生的。

我是提前两年退休的，为什么呢？因为我是从国家驻法国使馆回来的，那边还需要我再出去两年，那时候我已经 58 岁了，回来之后 60 也得退休。因为外事工作时限不是很确定，所以我想，就退休吧，这样在时间上比较好掌握，2002 年我就退休了。但也是在 2002 年我们法语专业开始招生了，所以我参加了法语专业的筹备和申办，但是法语专业建立起来以后的教学工作没有参与。因此来到南开大学虽说有一个历史原因，但是正好也满足了我的愿望。

采访组：您在外文系的时候，外文系还有哪些其他著名的教授？

张智庭：我们南开大学最早的外语系，我所知道的有李霁野先生，那是鲁迅先生的学生，再就是我们外国语学院出了一位诗人——穆旦。另外，进入外文系之后，我对两位老师非常敬仰、佩服，一位是常耀信先生，他当时已经在美国读了博士，还做了学者，回国之后也出了很多书。再就是谷恒东先生，俄语专业的，谷恒东先生当时还没有退休，在几年的接触中，我知道他翻译了很多书。他对俄罗斯文学特别是诗歌很有研究，在俄罗斯诗歌的翻译方面，有很高的造诣。我们一直保持着很好的关系，他出了书给我，我出了书给他。我这个人就是这样，我自己做研究，也特别崇敬做研究的人。其他老师也都很不错，都很有钻研精神。

采访组：您当时担任哪门课的老师？

张智庭：我教法语的公外（公共外语的简称）。因为当时法语还没有独立专业，法语老师、德语老师当时都教公外。我在进入南开之前是教专业课的，在我们南开，很遗憾的是我没教过一届专业学生。但是公外毕业的学生很多，到外边见面都认识我，我不认识人家，因为人太多了，公外都是大教室，记不清面孔了。

采访组：您当时主要是从事什么研究？

张智庭：我在学习法语和法国文学的同时还对其他学科有兴趣，比如语言学。工作以后我先去了交通部的援外办公室，在国外做了十多年的翻译。回到天津之后，我就觉得应该有一个自己的研究专项。在大学教书，没有自己的专项，我觉得不大称职，这是我的观点。所以我就结合当时在国外学过的普通语言学知识，研究法国文学评论的一些新的方法论。法国文学评论——这是我最早的研究课题。我曾经翻译过《法国文学评论史》，这是当时在法国比较有名的一本书，是我最先翻译的。法国现代文学评论，有两门学科非常密切：符号学和精神分析学。我开始进入符号学领域是1985 年，在国内对这个方面进行研究，我算是比较早的。

现代符号学是从法国开始的，所以我就利用了语言的便利，研究、翻译并举。我现在已经翻译了三十三部法国文学和符号学专著，自己撰写了八部（包括文学创作和符号学专著），正在翻译的还有两部。我写的书里，一半是符号学，一半是诗集，我喜欢写诗，也是中国作家协会会员。在符号学领域，曾经有一个说法叫"三架马车"，一位是李幼蒸先生，一位是赵毅衡先生，第三"驾"就是我。李幼蒸先生移民到美国去了，所以后来中国语言符号学学会为这些老人们出版的文集，第一名是赵毅衡先生，第二名就是我了。另外，咱们学校为了庆祝建校 100 周年，有一个"南开百年学术文库"，也把我的书选进去了，所以我今天特意把这个拿来看一下。

这是中国语言符号学学会出版的"当代符号学名家学术文库"，第一本是赵毅衡先生的，我这本是第二本，是我近三十多年来的研究成果。我前段时间还出版了一本书，是翻译的罗兰·巴特的作品，刚寄来样书。还有一本《符号学问题》，七十万字，也是我翻译的。在介绍法国符号学方面，我也算是走在了前面。

当初我研究符号学的时候还是有些压力的，因为符号学分析，表面上易被视为一种形式分析，过去我们往往片面地说它跟形式主义连在一块，这不是一码事。符号学中的形式实际上是指结构，它和形式主义不一样，它是一门学科。我觉得进了南开大学之后，受几位老同志的影响，我坚定了对学术研究的信心。我现在还在继续研究，今后还有写作和编书的计划，尽管今年已经 75 周岁了。

采访组：您在从教的过程中有什么印象深刻的学生或者是印象深刻的事情吗？

张智庭：我在南开大学教公外，见的学生很多，也有同学在课余找我探讨一些问题，但是都记不清楚了。我还记得我在咱们学校旁边的小会议室做过一次关于符号学的报告会，是学院组织的，因为美国皮尔斯的三角关系符号学和法国是不一样的，我做过一个介绍，再就是我写过一些文章。法语系曾请我做过一次报告，比如莫言有篇非常短的小说叫《狼》，只有四百零七个字，叫微型小说。大家看了以后都不太懂，那么我用符号学来解释就很清楚了。我用符号学分析一篇四百多字的小说，写了一篇一万一千多字的文章。这篇文章在《文艺研究》上发表，是 B 类刊物中比较高级一点的。当时研究符号学很容易被错误地理解为形式主义，所以写完文章之后我只能在朋友圈里发来发去，大伙都说好好好，但是没有人给发表。终于 2015 年法国大使馆组织了一次罗兰·巴特诞辰 100 周年的活动，请我去做罗兰·巴特作品的翻译报告会。报告会之后，我就向大家介绍了这篇文章，正好在场有一位《文艺研究》的编辑，他说："张老师，您这文章给我们吧。"莫言是 2012 年获得的诺贝尔奖，那篇小说发表之后我马上写出了这篇文章，隔了三年之后才发表，但发表之后的影响还是可以的，人们开始对符号学有所了解，我觉得现在人们已经不再偏看符号学了。

采访组：当时您在外文系的时候，教学楼以及教室这些基础设施，与现在相比有什么区别吗？

张智庭：可以说是天壤之别。当时我们几个专业虽然在一个系里，但是真要讨论起问题的时候，只能各说各的。当时没有办公地点，比如说一个系就是一个很小很小的屋子，现在每个系每个专业都有自己的办公室了，这就挺好的。另外我觉得，我们学院整个工作抓得比以前更清晰了。

采访组：您对南开外院学子的学习有什么建议？对南开外院的发展有什么希冀？

张智庭：这个我倒是很有想法。我觉得在我还在这工作的时候就发现一个问题，本科生学的科目太少，学生的自选课程太少，满足不了多数同学个别兴趣的发展，因为兴趣也是动力。我从北京回到天津，就是一股脑儿地扎进了法国文学评论的研究，因为评论的研究里有新学科——符号学和精神分析学。我对这两门学科兴趣很浓，那时候还年轻，白天晚上都在干。所以本科的时候，应该加强相关学科的教学。比如我曾经提过，本科生应该加强语言学的教学，但是我后来仔细看，国内大学本科生的教学大纲没有语言学的教学课程安排，而符号学是产生于语言学的。那么现在我的希望就是法语专业要招硕士研究生，我听说有这个计划，也希望它最后能够落实。一旦招了研究生，应加强语言学和相关学科的教学。等到招硕士生的时候，我可能接近80岁了，但是如果需要，我还愿意给学生上符号学课，因为在法国，语言学和符号学是连在一起的、不分家的。哪怕没有任何报酬，我也愿意来给硕士生讲语言学，讲符号学，帮助他们发现一个新的天地。因为现在到法国去读硕士、读博士，没有语言学是不行的。所以我希望尽快地建立硕士点，开始硕士招生，然后加强相关学科建设，比如符号学，还有精神分析学。年轻人有精力，条件允许，完全可以在这方面走得再深入一些。我还有一个想法，就是给退休之后有研究能力的老师一定的帮助，比如设立一个基金，帮他们出书，基金的名称可以叫"退休教师科研成果出版基金"。这就是我对学院的一些希望。愿望很多，希望也挺高。总而言之，就是对后来的老师，对后来的教学有一定帮助就行。

蒋华上简介

蒋华上，男，教授，1945年5月出生，江苏盐城人。

1964年考入南开大学外文系英语专业学习，参加工作时间为1970年9月；

1971—1973年，南开大学工作；

1973年5月—1975年3月，在英国巴斯大学（University of Bath）等学校留学；

1975—2005年，一直在南开大学从事教学并兼做行政工作，教授英语专业学生综合英语、精读、泛读、口语、听力、文化与礼仪等课程；

1984—1989年，外文系副系主任；

1989—1990年，美国圣克劳德州立大学（St. Cloud State University）讲学；

1990年底—1998年4月，外文系党总支书记，外国语学院党委书记；

1993—1998 年，兼任外文系系主任；

1994—1999 年，天津市翻译协会副会长；

1998 年 5 月—2002 年 10 月，南开大学人事处处长；

2003—2004 年，美国明尼苏达大学（University of Minnesota）访问学者。

任教期间，编写过《新编英语口语大全》等教材，撰写《遵循周恩来教导，培养复合型外语人才》，Teaching Extensive English 等论文。

2005 年退休，在南开大学滨海学院外文系工作至 2017 年 3 月。

被采访人：蒋华上

采访人：黄静、杨艾茸

整理人：黄静

时　　间：2019 年 6 月 13 日下午

地　　点：南开大学外国语学院无忌厅

蒋华上：我叫蒋华上，1945 年出生，现 74 岁。今年是南开大学建校 100 周年，也是我从南开毕业 50 周年。我的情况很特殊，从南开毕业以后，留在南开工作，在南开退休。我 1964 年入学，就读于当时的英语语言文学专业，有机会通过高教部的考试，于 1973 年到 1975 年去英国留学两年。我们 1973 年去留学的还有两名南开的老师，郗庆华老师和陈海波老师，陈海波老师后来调到北京对外经贸大学，郗老师也是南开的老师。据我了解，我们是在改革开放前去留学的第一批学生，当时计划一百人，实际我们第一批是五十余人。我经常引以为傲的是，我们这些留学生中有很多后来在国家部委任职的名人。第一位是龙永图，他是中国入关谈判的首席谈判官；目前仍在工作的有，中共中央外事办公室主任、政治局委员杨洁篪，他曾与郗老师在一个学校学习过，他年龄比我们小；在部委任职的，还有外交部党组书记王光亚；还有在总参二部、外交部、商务部等国家其他部门任职的同学。我们这些老师也都回到大学任教。我非常有幸能有此机会在国外学习。

回国以后，我在外文系教书，教授精读、泛读、口语、听力以及文化，后来主要教授口语和听力，同时兼做行政工作。就我的行政工作经历，我简单说明一下：我 1984 年起在系里担任副系主任，在 1990 年底正式任职外文系党总支书记，一直到 1998 年外国语学院成立。在此期间，因为常耀信主任到美国关岛大学去讲课，张迈曾教授 1992 年到 1993 年代过系主任。1993 年学校领导找我谈话，说外文系人员比较紧张，询问我能否兼任系主任，当时我也是被赶着鸭子上架，感觉很困难，因为我并不是教授而是副教授，但我还是兼任了系主任。我兼任系主任一职是从 1993 年到 1998 年三四月份。成立外语学院是因为有个机会，当时学校党委有一个文件精神，关于"双肩挑"的干部不能在一个单位工作时间太长，必须要上下交流。所谓上下交流，就是在基层单位待久了要到学校去，党政移位，做党务工作的时间长了要做做行政工作。所以我 1998 年开始到学校人事处做了四五年的处长，大约 2003 年到 2004 年又去了一次美国，在明尼苏达大学做访问学者。2005 年在南开大学退休，退休后在南开大学滨海学院任职了十二年，2017 年 3 月份从滨海学院正式退休。

比起教学工作，我的行政工作经历更为丰富，对学校外文系的人事、同学等，各方面的关系比较了解。

采访组：非常荣幸能够在南开大学百年校庆之际邀请您这位南开老校友，尤其在外文系任职多年的老教授回到南开大学外国语学院。当时您有很多机会，为什么选择了南开外文系？

蒋华上：是学业上表现优秀，有能够胜任这份工作的能力，所以我就留在外文系了。我也感到很意外，工作后发现自己也适合从事该工作。我们当时的想法就是，干一行爱一行，干一行钻一行，能把一些事情做好了十分重要，所以很荣幸有这么一次机会留下来。我们当时不像现在的学生，可以根据自己的志向与意愿进行选择，比如想当外交官就尽量选外事部门，想当老师就尽量选学校，想做些研究就去一些研究所。当时我们自己的选择相对来说比较少，但是当时学生们比较单纯，也还是愿意的，比如我自己。我来自江苏苏北盐城的农村，虽然现在那里有了很大的改善，但还是比较落后。来外文系任职，并不是我自己的选择，但是做了就要做好。我在外文系的时候给我的学生讲过，在滨海学院也讲过，我告诉学生们，人的成功在于两点：一是勤奋，人不能没有勤奋，比如学英语，必须要背、记、练，要勤奋，要早晨起来背单词、背句子等；第二点是机遇，不能光勤奋、死读书，还要有机遇。勤奋加上机遇，才有可能成功。我时常告诉同学们，一个人的成功等于勤奋加机遇，Success=hard working+opportunity，同学们认为很有道理。

采访组：那您在从教过程中有什么比较印象深刻的学生吗？您的学生是否有留任外院的呢？

蒋华上：我们有很多优秀的学生。罗兰费希尔先生于 1984 年来我校任教，他是在美国圣克劳德州的大学学戏剧出身，后来从事戏剧导演。他 1985 年指导我们学生排练了一个美国轻歌剧——Oklahama，大获成功，当时报纸也有相关报道。于是他就萌生了一个念头：组织我系英语专业学生演出《雷雨》。为什么要选择《雷雨》呢？因为《雷雨》是曹禺先生写的，曹禺先生是南开的校友。我和他有幸在当时的天津宾馆相见。在一个秋天的晚上，他去看望了曹禺先生，同曹禺先生讲述了该想法。之所以谈这些，是因为《雷雨》剧组中有十个学生演员是我们 83 级和 84 级的学生，他们现在都很成功。一名学生叫蔡本红，主演繁漪，现在是美国明里苏达州一个人事咨询公司的副总监，我们网上也有联系，她英语名字叫 Roz，经常在国内各地以及世界各地演讲，去年她还在清华大学进行了演讲。还有一名学生叫王国文，主演二少爷，他是东北人，目前正在深圳发展。当年毕业分配的时候，他被分配回东北，但他放弃了东北的工作，南下深圳。他很有骨气，目前在深圳一家中国研究院。假如你检索物流方面的事情，如物流研究会、物流研讨等，经常出现的王国文就是他。他在南开大学外文系学习的是语言文学，后来获得了经济学院的博士，又取得了北京大学的博士后，是位很成功、很优秀的同学。还有一位学生，是现在正在英国的孙学军，他是浙江人，特别爱好文学，他的英国文学功底深厚，被英国剑桥大学录取了，后来他在英国创办了一个投资公司。以上说的是《雷雨》的学生演员。

后来留校的学生，有李莉老师，本科毕业于南开大学外文系，硕士就读于天津师范大学，博士又回到南开大学，十分刻苦，为人谦和友善。我们还有很多优秀的学生，比如马红旗老师。外文系的学生有一个特点，就是外语扎实，不张扬，南开大学的特点也是不张扬，基础扎实，这就是南开人的特质。过去，有相当多的高考状元入读南开。现在的南开大学也是相当不错的，就读南开大学的也都是各个省份的佼佼者。总之，学生们学得很扎实，十分优秀。

采访组：能否请您谈一谈，您当时到这里工作的时候，外文系当时的学科建设情况是怎么样的？有什么语系？有哪位著名的教授？

蒋华上：过去，外文系只有两个专业，英语和俄语。英语专业教职工及学生人数多一点，俄语则少一点，日语是 1972 年才开设的，可以说当时外文系学科比较单一，但是老师们十分专注于教书。若说当时英语专业有名的老师，系主任李霁野是著名的翻译家、鲁迅研究专家，他一直担任系主任到 1983 年退休，退休以后担任了荣誉系主任。李宜燮教授，他是文学专家，特别是英国文学方向特别优秀。还有高殿森教授、金隄教授，在英语方面，应该说都是很卓越的老师。当时录取我们的专业叫英国语言文学专业，不是英语语言文学专业，因为当时尚未同美国建交，所以教课的外教都来自英国。俄语也有几位相当优秀的老师，像孔延庚教授、王秉钦教授、谷恒东教授。但是俄语招生人数少，英语则相对多一点。当时外文系学科比较单一，比如英语专业当时主要是精读、泛读、口语，没有听力，还有文学翻译、选读以及常识、语言文学等。我们当时有一个特点，口语交流的能力差一点儿，但写作翻译的能力都比较强。因为上学是五年，有时间看书，后来有很多老师成了翻译大家，这都跟他们在南开打下的扎实基础有关系。

采访组：听说您在当时有教授过口语、精读等课程，同时也担任了系主任、党总支书记等管理职位，您对我们外文系的发展可谓是相当了解，能否请您简单回顾一下您所了解的外文系，以及在外文系的发展过程中您有什么印象深刻的事情吗？

蒋华上：好的。首先我想重点谈一谈的是 1990 年英语语言文学专业博士点的建立，当时的博士生导师是常耀信教授和两个支撑的教授。在一本描述当时学科建设的书中有这么一段话："南开大学英语语言文学学科，尤其是《美国文学与研究》论著处于国内领先地位，该学科学术带头人常耀信教授是博士生导师，他勤于钻研，自学有方，辛勤耕耘，著作颇丰，受到国家教委特殊贡献人员的奖励，成为天津市七五重大立功受奖者。"申报了博士点以后，就申报了天津市重点学科。1993 年，英国语言文学学科正式成为天津市首批重点学科，俄语也申报了，但是俄语当时未达标，所以没有得到批准。会议地点在天津大学图书馆的小礼堂，时任教育部部长韦钰将天津市重点学科的牌子授予南开大学外国语言文学系（外文系）英语专业，因为是我接过的牌子，所以印象深刻。

还有一个重大事件是，1995 年外文系英语语言文学有了第一个博士毕业生，叫徐艳秋，是个女同学，她 25 岁博士毕业，描述当时情景的材料是这么写的：1995 年 12 月 2 日上午，南开大学外文系会议室的气氛紧张而又热烈，当六位教授组成的答辩委员会宣布徐艳秋同学通过了博士论文答辩时，在场的老师和同学爆发了热烈的掌声，这是南开大学外语学科1919 年成立以来自己培养的第一位外语博士，也是天津市高校培养的第一位外语博士，天津报纸还专门有报道，说天津有了标志性的成果等等。我在她答辩的现场，答辩委员会的主任委员是厦门大学的杨仁静教授，他对南开印象很深刻，他是常耀信教授的好朋友。第一个博士生毕业相当不容易，因为常老师招了博士生后于 1992 年到美国关岛大学去讲学，第一位博士的后期很多工作是徐齐平教授负责的，还有美国专家马丽安，还有柯斯珀等，我们一起帮忙做了很多具体工作，因为当时我是总支书记以及系主任。第一位博士通过了答辩，后来去中央电视台工作了。

从外文系发展的情况来看，外文系无论是英语还是日语，发展的高潮是师资力量最强的 70 年代后期到 1990 年初期这一段时期。原因有三点：一是师资力量雄厚，很多老师都年富力强，都在勤勤恳恳地工作，现在有很多八几年的学生都愿意回来是因为师资力量强，比如蔡老师、马老师，还有现在在美国的曹老师，都是绝对的教书匠，对学生要求严格；二是当时外教相对较多，当时的外教来中国教书纯粹因为对中国好奇，愿意教中国学生，教学质量很高；三是课程安排比较合理，既注重了语言文化的学习，也注重了学生视野的开拓，并实施了一些因材施教的办法。此外，还有一个原因，是学生能力普遍很强。当时来南开就读的很多是高考状元。外文系在主楼五层，一直是我们的大本营。然后到 90 年代初期，应该说是一个爬坡的阶段，一直到建立学院。这一时期走了多位老师，有好多老师出国后没回来以及一部分老教师退休了。1998 年开始建立学院以后，有刘老师等老师抓学科建设，后来又逐步发展。80 年代末期、90 年代初期外文系建立博士点的时候，应该说，英语在全国所有的学校当中，排名应该在十位上下，可谓是相当不错。

采访组：非常感谢您帮我们回顾了外文系的发展历程。您当时在外文系工作时，有没有主要做某方面的研究，或者能否谈谈您在管理时有什么印象深刻的事情？

蒋华上：因为从事较多的是行政工作，业务研究不是很多，主要研究翻译与文化方面。因为现在文化是一个很大的范畴，习总书记特别强调文化自信，中国有五千年的文化底蕴，学好外语，首先要学好文化。我主要做了一些文化方面的积累和研究，也准备了很多文化与翻译方面的材料准备上课，后来因为行政工作过多没能成行。无论是学英语的，学日语的，学俄语的，或者是其他语种的，都需要有积累。人都要有追求，有目的，有方向。比如已过世的日语专业的孙连贵教授。他毕业于东京女子大学，文学底蕴强，在南开教书多年。还有孙履恒教授、吴振坤教授、李树国教授等也都很厉害，很有文化底蕴。我后来主要做行政管理工作，在行政管理当中，我有一点感触，做人的工作比做任何事情都难。在南开大学像我这样的人，叫"双肩挑"干部。所谓"双肩挑"，就是教师出身，从事行政工作。比如说现在的院长——阎老师就属于"双肩挑"。我觉得做人的工作也特别重要。我后来在人事处工作，当了五年处长。在人事处，我就给他们定了几条要求，其中有一条他们现在也这样做：凡是老师要求你做的工作，老师反映的问题，一定要想办法，一定要解决，假如有困难，就想办法解决，实在解决不了，一定要向对方说清楚，一定要给对方一个笑脸。做人的工作很复杂，因为一定要理解人家的心情，要设身处地地为别人想一想，要换位思考，这点也非常重要。

采访组：您对南开以及外院的发展壮大有什么期望吗？

蒋华上：外语学院发展变化很大，特别是这几年，语种增多，现在有八九个语种，老师数量也增多了，师资力量强大雄厚，比如最近几年阎院长以及英语系的刘英老师和苗菊老师，都拿到了几个重点项目。办学环境也得到了很大改善，各种办公设备变化都很大，更重要的是现在对外交流的机会多了，同学们出国的机会多了，各种奖学金，各种助学金，各种夏令营。学外语的不能关在一个笼子里，不能关在一个地方，就要亲自到那个环境里学习。我上学的时候，提倡 situational dialogue（情景教学），教学效果必须在那个情景下才能发挥出来。同学们可能学习上也有这种体会，要想学好的确不容易。还有就是现在的学生多了很多机遇，除了我前面讲的，现在还有几位毕业生在联合国工作，如詹晓宁、李博宏、刘洪，还有在日内瓦的，也有在纽约的。这种机遇现在变多了。总之，通过这么多南开人的共同努力，百年南开发生了翻天覆地的变化。张伯苓校长 1935 年的爱国三问"你是中国人吗？你爱中国吗？你愿意中国好吗？"现在也值得深思。之前我曾同他们开玩笑说，我建议南开建一个三问桥，经过这个桥的时候老师们、同学们都要想一想这三个问题。南开大学最初是一个私立学校，能有今天这样的发展我为之骄傲与自豪，习总书记还专门视察了南开大学。同学们，你们的前途是无限的。

李 兵

LI BING

李兵简介

　　李兵，男，大连人。1971—1976年为新疆托克逊县前进公社八大队（现伊拉湖乡吉格代村）知青，1981年毕业于新疆师范大学外语系英语专业，1988年毕业于吉林大学外文系英语专业，获硕士学位，1996年毕业于荷兰阿姆斯特丹大学语言学系，获语言学博士学位。南开大学外国语学院英语系教授，博士生导师；任南开大学学术委员会委员、外国语言文学学科学术委员会主席和天津市语言学会会长等职。前任南开大学外国语学院院长。主要研究领域包括音系学、形态学、形式语言学基础理论、中国北方少数民族语言和历史语言学。主持并完成国内外各类各级机构语言学课题十余项；目前主持国家社科重点课题"跨境濒危印欧语系语言瓦罕塔吉克语调查与研究"和教育部社科后期资助项目"生成音系学基础理论"。出版《音位学导论》

（与他人合编）、《鄂伦春语》（英文版，与他人合著）、《阿尔泰语言元音和谐研究》（2012年入选国家哲学社会科学文库）以及 *Tungsic Vowel Harmony: description and analysis* 等著作，发表《当代音系学方法论的特征》《论优选论的功能主义倾向》等数十篇学术论文。

被采访人：李兵

采访人：相羽、王媛、李宇涵

整理人：李宇涵

时　间：2021年7月5日下午

地　点：南开大学外国语学院月兰厅

采访组：李兵老师好，今天的采访主要想了解一下您在南开的生活经历。请问您是什么时候来到南开外院任职的？

李　兵：我是 2006 年到南开的。

采访组：您到了之后，主要教授哪些课程？

李　兵：来南开以后的课程，主要是语言学涉及得多一些。比如语言学概论、音系学、音系学概论、形式语言学、历史语言学等等。基础概论主要集中在本科生的课程和一些讲座，语言田野调查主要集中在硕士生和博士生。

采访组：那您在上课的时候，有没有遇到过一些比较有意思的事情，我听您刚刚也说到，有语言田野调查。

李　兵：我觉得对我来说，上课不光是有意思，我觉得每节课、每个话题、每项课程的教学内容把它讲好，都是一种乐趣。学生在这方面基本上还比较认可我的课，来上课以后，他们都觉得收获蛮多的。不光是外语学院的同学，包括中文系的，每一学期都有若干同学来蹭课，有时候来旁听的学生比我们本院的学生人数还多，甚至还有数学系的学生来听课。还有本科生来听硕士生课的。他可能是对于语言学感兴趣，因为我上课也不点名，都是自己的学生，本院的学生基本上都能叫上名字。有的到最后才知道，哦，他是本科生，一直坚持把硕士生的课听完。我说，人家感兴趣就来吧。

有一年，有个小伙子一直坚持听我的两门课，最后课程结束我问他是哪个系的？我以为是外院，他说不是，是数学学院。他说你讲的形式语言学我挺感兴趣。我也挺欣慰的，一个学数学的同学来听课，也挺好。

采访组：我们也得知您曾经担任过外院院长一职，请问您对学院的发展方向，或者对外语人才培养有什么建议或看法？

李　兵：我觉得这是非常大的一个话题。学院的发展，依我个人之见是需要认真考虑的一个大事。这个学术研究和人才培养，我感觉有点儿割裂开了，我觉得对于南开这种"双一流"国家重点大学来说，学术研究和人才培养应该是一体的，二者之间应该是一个很密切的关系。"双一流"大学对国家、对社会在科学研究和人才培养方面，承担着更加重大的责任和更重的任务。如果说具体到咱们外语学科，我觉得它的发展需要从纵向和横向两个方面去考虑。纵向方面，是要考虑到南开外语学科的学术传统。一个学校、一个学科乃至某一个领域，它都有自己的学术传统，我以前做院长时，在院内院外一些场合，我都经常宣传咱们的历史。南开大学建校的时候，没有英文系，只有个英文教研室，它属于文学院。当时我们只有三位英文的教员，这是很难的。筹备建校的时候，严复先生就给张伯苓写信，信的大概内容是请校长励志学习西洋，推行高等教育，励志发展科学。他说，校长应该知道，西洋强大的科学文明背后还有强大的文化和精神文明，精神文明支撑着西方的科学研究和物质发展，校长励志教育救国，但如果只搞科学，也就是理工科可能是不够的。他说，如果我们把理工科看成是一艘海上的钢铁巨轮，那么精神文明便是巨轮上的舵手。这个我印象很深，意思是希望张伯苓校长能够建立文科。

他说，如果没有舵手的话，钢铁巨轮再坚实，也会迷失方向或者搁浅。那么，学习西方精神文明最好的办法就是从它们的语言文学开始。张伯苓接受了这个建议，在文学院建立了英文系，这是外国语学院最早的出发点。所以，从南开的外语学科出发点来看，它是给这个国家、这个文明建立的一种精神。但是在随后尤其是这几十年，社会上把整个包括外语学科的文科概念工具化了。它应该是给这个民族提供精神财富的，而且我们培养的人才也应当是能够创造精神财富的。现在把外语学科当成一个工具，我们同学会说"插上外语翅膀"，外语哪是翅膀呀？把外语学科工具化，是南开的外语学科存在的一个问题，他没有遵循最初的、原本的传统，这是从广义上来讲；如果从狭义上来说，南开外语学科最核心的领域，是基础研究，外国语言、外国文学和文学翻译是南开看家的东西，尤其是我们的文学翻译。

在国内，在相当长一段时间，翻译界一提到南开，都说南开是"中国翻译重镇"。那么，现在我们能不能撑得起说"南开是翻译重镇"，我认为我们需要反思像这样一个国家的高等教育的重器，它主要的研究对象、人才培养或者人才发展的目标究竟是什么？而不是简单地说是因为我们建立某个应用性的学科，我觉得，南开外语学科要坚持继承和发扬我们良好的学术传统，因为做核心领域、打基础，是一个大国重器必须要做的事情。

我们不是某一个外国语学校，更不是什么技工学校，我们要做基础研究，这是大国重器要干的事情。何况南开还是有很好的这样一个优良的传统，我们历史上那么多优秀学者都在这个领域做出过重要贡献，在学界有很好的影响。但是，我们这些年因为各种原因，一点儿一点儿在丧失这个传统，我认为外语工具化，是一个最大失误。我们的学生未必人人毕业以后都可以去做学术研究，都做文学翻译，但是我们人才培养应该让这些人能够为国家为社会创造好的精神财富。

有一位 65 级的校友叫朱恩涛，他现在已经去世了，他原来是英语专业的，我非常敬重他，他是在国际刑警中国中心局局长的位置上退休的，我请他来给我们的同学做过至少两次讲座。

他跟我讲了他的经历，我很受感动，他原来在大学英语专业，特别喜欢英国文学，尤其对莎士比亚戏剧特别感兴趣，可以大段大段地背诵莎士比亚戏剧当中一些重要场景的台词，而且他记忆力特别好，像《哈姆雷特》这种比较经典的台词他都能背诵，一字不落。

他毕业以后想从事英国文学，特别是英国戏剧的学术研究，但是正好当时国家需要让他们到公安部做翻译，他就一直做到了国际刑警中国中心局局长这个岗位。

他自己讲，他压根也没有想到他居然成了中国刑警。他写了很多关于警察的电视作品，可能你们没看过，就是大概 90 年代有好多关于警察的电视作品，都是他的创作。他大概写了十几部电视剧，其中有一首比较流行的主题曲还是他创作的，我觉得这是一个很好的例子。我们的校友树立了很好的榜样，他有自己的兴趣，但一点儿都没耽误他为国家做贡献。

他把个人的爱好和国家的利益很好地结合。他说，他和英国巡警谈判的时候，脱口就是莎士比亚的戏剧台词，英国巡警都吃惊，中国警察怎么这么熟悉英国戏剧。英国的同行也非常敬佩他，这都是他自己本人或者给我们的同学做报告的时候说的。我觉得，他是我们一个学习的榜样。

个人的发展，实际上是和国家的发展密切相关的，你决定不了你做什么，你只是适应社会的发展，只能适应国家的需求。当然，现在事情变得稍微复杂一点儿，同学们就业的压力比较大，包括我自己的学生，他们也面临博士、硕士毕业后都面临的就业压力，有各种各样的实际困难。我认为可以暂且这样做，但不能永远这样，还是要（考虑）读博、读硕的时候的发展志向，当然也要和社会的发展和国家的发展、国家的需求结合起来。

话说回来，南开的学术研究应该是以一个学科的基础研究、核心领域为中心，人才培养应该是能够创造精神财富。我不太主张培养"打工者"，那不是南开的培养目标，南开的培养目标最终是要能够培养创造精神和文化产品的人，但怎么把它落实到我们的每一节课、每一门课、每一个导师对学生的指导上，还有大量的工作去做、去探索，也需要我们同学去努力。

大家现在报考填志愿，我也接到很多同学、朋友的咨询。说我们报这个学校毕业以后工作怎么办，好不好找。原来我做院长的时候，甚至有一位深圳的考生家长打电话到我们家，说我们特别向往报考南开的英语专业，她说，我能不能问一个问题，我们孩子毕业以后会不会幸福？我说很难回答这个问题，关键是我们怎么去理解去定义幸福。因为对方的电话是免提的，可能打电话的是考生的母亲，考生的父亲一下把电话打断了，他说院长，你别听她说，幸福确实有不同的理解，只要我们孩子今后发展好就好，我说这一点你尽管放心，南开是着眼于学生长久的发展的。社会的影响、学校的教育对学生会有很大的作用，但是我自己觉得，我们的同学应该有一个远大的志向，同时要实事求是、脚踏实地面对眼前遇到的一些实际的困难。

如果说我们的基础研究、我们的学术研究，以及我们的人才培养，如何细化去做，我想学院的所有老师都在探索这个问题，一方面要做基础，要做核心的东西，另一方面还要适应国家和社会发展的需求。比如说，以往我们翻译都是从外文翻译成中文，把国外优秀的文化产品、文学作品、哲学著作等，翻译成中文介绍给中国读者，这个毫无疑问，对中国的发展很重要。但是现在还要把中华文化向全世界推介，介绍中国的优秀文化，那么，做翻译的老师，做文学、语言学的老师，也有这个责任和义务，主动和国家的重大战略衔接，积极地承担这一方面的任务，同时也培养学生的这种眼光和意识。把中国优秀传统向全世界推介，这就变成一个双向过程，所以说英语学科的任务非常重大。

我们看一下，改革开放 40 年来，中国对外开放取得的重要成就，外语学科可以说功不可没。现在社会上有些人，说花这么多时间精力去培养外语人没用了，你怎么看这个问题。让我说，国家改革开放，取得了重要的成绩，像习近平总书记在改革开放 40 周年大会上的讲话提到的，中国的改革开放必须融入世界，包括人类命运共同体，那么外语学科的作用更为重要。要求全世界都学汉语，那不现实；所有的中国人都去学英语也不现实，那么就需要靠一些懂外语的人，我们学外语的同学就有很多机会和非常好的发展潜力。之前日本三菱企业的负责人和我们南开的关系比较好，经常捐助一些学习资料、开学术会议等等，非常欣赏我们南开日语的学生。他说，我们南开的学生，刚去的时候，和其他学校的学生相比好像并没有特别突出的优势，而且南开的学生好像更低调，更像一个"小书生"；但是三年、五年以后南开学生发展得都很好，虽然同时都是本科生毕业到他的公司，但是之后南开的同学会更好。

回到刚刚我们说关于本科学生的培养上，同学们还是要有一个远大的志向，打好基础，形成非常好的综合素质。我们着眼于同学的长远发展，而不是简单地说，这个专业毕业以后好找工作。我们马上办一个这样的专业，另外一个专业好像比较火，我们赶快再办另外一个专业，这样的话，可能学生就变成"打工人"。打工是要打的，但不能永远打工。

如果你要着重于学生的长期发展，甚至终身发展，那就不应该是市场化。还是要继承和发扬南开传统，寻求百年来形成的学科传统，面对社会、国家的发展，着眼于学生的终身发展来培养。

但是现在很多老师和同学会有另外的看法，就比如说通识课，很多学生觉得没有用，因为和学生们就业关系不紧密。实际上这个通识课，比如说，中国境内的语言概况和世界语言学概况这两门课都是我们学院十几个老师共同来上，可以说是精心准备。但是，学生都觉得没有用。我们不能说什么东西有用就学什么，我觉得像这些课程，一般的专业课讲不到，但是又是我们学生今后走向社会，可能一辈子都必须要用到的知识，看似很简单，但实际上它会提高我们整个的素质。作为一个文科专业本科生或语言专业的本科生，有这样的知识，应该是很必要的。

这个社会上有很多诱惑，我们同学非常容易受到这些东西的影响，所以我觉得对学生价值观的培养也非常重要。有很好的价值观、远大的志向，又脚踏实地地去做工作，为这个国家做出应有贡献，我觉得这个应该是南开学生的特点。要成为精神财富、文化财富的创造者。不要把我们自己降低到仅仅是填饱肚子，养家糊口这个水平。这个话题是非常大的一个话题，学校、学院都应该认真考虑，怎么能够培养出这个既有南开特点，又符合国家需求的人才。

采访组：您刚刚在谈这个话题的时候，一直在强调我们的基础研究是非常重要的，我们也了解到，您在语言学方面是很有造诣的，曾经也主持过很多国家重大社科项目，比如说像濒危语言保护等。您在开展项目的时候，有没有遇到过什么困难，又是怎样克服的？有没有什么让您印象深刻的？

李　兵：我自己本科是学英语的，硕士也是学英语的，最后走向中国少数民族语言研究，都是不可规划的，全是适应国家和社会的发展，我读硕士是在吉林大学，当时我的导师张联昌教授有一个教育部的课题，就是东北少数民族语言研究。在 80 年代，人们对少数民族语言的了解不是特别多。那时候硕士很少，一个导师，一年只能招一个硕士，比我们现在博士人数都少，我们那一届，我导师就招了我一个，我上一届有两个，下一届有一个，一共在校的就我们三四个同学。东北少数民族语言有好几种，当时给我分的就是鄂伦春语。你说有没有困难？困难很多。那个时候，没有酒店，交通也极其不方便。中国少数民族的一个特点就是"大散居，小聚居，交错杂居"，这是我上课讲过的。除了大散居，小聚居，还有一大部分都在国境线边上，交通不便，地理环境比较差，这是我们中国少数民族地理分布上的一个特点。你知道狩猎民族和农耕民族在生产力方面的差别吗，游牧民族它是逐水草而居，从这个山头儿，到那个山头儿，夏天在这一块儿，冬天到那一块儿，不像农耕文明是固定的。他们到处游走，所以你得跟着跑，也没有酒店没有什么其他的设施，就跟着他们去做调查，大多数地方交通不便。但是，你经过自己的工作，到最后对该语言做了一个很好的描写，既具有学术价值，也有应用价值。

做博士以后，我继续这个方向的研究，比如说刚才你提到的国家课题，他们特别高兴地告诉我被评为优秀，非常感谢这些匿名评审专家，我自己感觉还有很多不足。

还有一种语言，它叫作"瓦罕语"，分布在中国、巴基斯坦、塔吉克斯坦和阿富汗四国。这个语言属于印欧语系的语言，因为在我们中国属于印欧语系的语言很少，到目前为止只发现两种，其中一个就是瓦罕语，俄语不算，俄语不是固有的印欧语系的语言，而瓦罕语是属于中国固有的印欧语系的语言，它本身具有非常重要的学术价值。

刚才咱们提到了少数民族，他们都住在地理条件比较恶劣的地方，可能是为了躲避战乱、宗教冲突人们才躲到山里。在当时，我们知道有这种语言的时候，学界还不知道，所以我们听到有这种语言，就来做调查，实际上是在立项申报之前，我们就去做调查，不是说立项了，我们去做，没立项就不去。我想的是只要我们有这个能力，即使不立项也去做，这个不应该是功利的，要评职称了或者申报课题了，我再去研究。

这种语言呢，是"一带一路"中非常重要的一种语言，所以我们就抓紧时间，提前去，如果我们已经掌握了第一批材料，了解情况，明确申报国家课题的机会已经成熟了。而且我们相信，国家肯定会批准，当时我们非常有信心，而且在申报课题之前，利用学术会议的机会，我就向学界介绍了这种语言。

我们这种做语言研究的人很少，希望大家都能够支持，大家也都知道我们要做这个课题。就是说，不需要你去做过多的宣传。我非常感谢我们这几个博士生，他们做了很多工作，像侯典峰，他前后去过四次，每次都住三四个月，甚至半年的时间。那边全是放牧，他就跟人的帐篷、羊群跑。那个地方高寒缺氧，低的地方海拔四千米，我去过最高的地方海拔五千二百米，去的时候头疼，睡不着觉。

高原反应有一点就是睡不着，可能半个月睡不着，从天黑一直到天亮，这对人也是一个考验，好在我们学生还是令我非常满意的。在那种很艰苦的条件下，能够完成这个课题，都很努力，做得很细。这里顺便再说一下，当初有关文章刚出来的时候，一些人包括国外的一些人，建议我把这个文章投到国外刊物去发表。我坚持不同意。我说我的文章第一篇一定要发在中国的某一个刊物上，中国的语言、中国的学者首次报道，凭什么发到国外的刊物上，所以我就一直等，等发在中国的刊物上。如果瓦罕语那篇文章发到国际刊物上，我早就发了。我跟主编，跟一些学界的老领导、老学者都讲，这是我们国内的语言，中国少数民族的语言，我们是第一次报道这种语言，不能拿到国外去。其他的一些文章我们可以拿到国外去发表，我自己在国外也出版过学术著作，现在还有两篇文章在剑桥大学出版社等待发表。但是像瓦罕语，中国的少数民族语言，我们第一次给它做了描写，是要放到自己的刊物上的。这里面我是有一点学者的情怀，或者说学者的一种尊严。最后，文章发表在了《民族语文》上。

文科要有文科的特点，以后会有越来越多的人，意识到这个问题。做这个事儿相当困难。但是，如果你自己觉得很有必要去做，你也愿意去做，困难什么的，别人有些不理解，你会觉得不算什么。像我们去做调查，条件真的非常艰苦，等到了四五千米的时候，可能我们还好，我们学生会照顾我，都不让我背重的东西。当地的牧民们住得非常分散。我们当时到的一个乡，大概是 1.25 万平方公里，其中有一个村距离乡镇府的距离是 279 公里，在叶尔羌河上游，就离咱们的第二大冰川乔戈里峰不远。当过那个山的时候，人是喘不过来气的，但车跑不动，还得人下来推。等到海拔高的时候，汽车就没劲儿走不动了，因为缺氧了，燃烧不充分。下了车以后还有好长一段距离，都没有路，那么只有人背着东西，翻过山，过铁索链桥，挺艰苦的。虽然他们也有门牌号，但是很分散，比如 15 号在这里，16 号可能离它 40 公里或 50 公里。但是你为了获得原始资料，即使再远，再艰苦，也得去，这是你的一种责任。回来一讲，其他人听着好像高原旅游一样，但实际还是蛮艰苦的。

我们回来的时候，突然山洪暴发，我们两辆车，我坐前面那辆车过去，后面那辆车，直接就让山洪给吞了。那怎么办？车上的人跳下来，车就扔了，等洪水退了，再去找车。当时人要跳下来，要是不跳，命就没了。困难肯定是有，包括到那儿去生活不习惯。有些女同学要去，我没让去，实在是太苦了。

现在，我们把这种材料描写好了，奉献给读者。这是非常宝贵的一种语言资源，中国就这么两种欧陆语系。在中国的使用人口只有五千人，在国外统计不全，大概两三万人吧，几个国家都没有人口的统计数据。根据我们初步测算，大概使用这种语言就是三千五百人，就这么多会说这种语言的人，所以你不抓紧时间，赶快记录下来，等消失以后是不可挽回的。我们调查完以后，专门给国家有关部门针对如何进行语言的抢救保护，提出了一些具体的措施。对于我们，这是应该去做的，也是自己的工作内容，但也希望以后有人能继续去做。要做，就需要更多的学习，比如我们课题组的侯典峰，我觉得如果长期去做，他眼下的这个基础可能不一定够，我觉得他还需要学习波斯语，所以就给他去申请专项经费，让他去德黑兰大学学习一年，回来以后，能够更好地去研究。如果是他做这方面，肯定会做出来一些好的东西。虽然我已经退休了，这不是我的工作，但我觉得这是我的责任。去年我听说在昆仑山里面大概八九十公里，有个村庄，我就去问了，这是以前我们不知道的。我就先打电话给那边，然后发微信等等。结果确认，确实有，但我觉得还是要实地考察一下，你不亲眼去实地考察，不敢做下一步的工作，我想如果要是确实有这个语言，而且还有方言特点的话，那就更值得做。那么，我就去看一看有没有几百人在说这种语言。我就利用闲余时间到昆仑山大山里，没有人烟，海拔四五千米。结果到那个村庄，确实有一帮人在那儿讲这样一种语言。我走访了很多户，住在一户人家里面。他们对我也很热情，听说我是来学习他们的语言的，他们就特高兴，觉得哎呀还有人愿意学习我们的语言。他们还给我介绍了很多讲得好的老人，我就一个一个地去拜访他们，记录下来，他们来这里多少年，他们的父亲从哪儿来，他们的祖父从哪儿来，要把他的家族迁徙路线搞清楚，做人类语言学和历史语言学就是要搞清楚。虽然我退休了，也没人考核，没人约束我，但是我觉得这件事情不管对于国家、对社会，还是对学校、对学院都有好处。那么我就去做了，做完了以后，把所有材料都给侯典峰，我说你就用它们准备申报下一年的国家社科项目，前面的材料都是可靠的，都是我的第一手资料。

做田野调查就是一种乐趣。

实际上我自己觉得还是应该把自己的语言搞清楚，这是我们国家的家底，我们中国的语言资源。这种语言的现状是什么，等侯典峰回来就去调查，调查以后就上交，交给我们国家有关部门去参考，我们倒不指望他会拿一个什么大奖，但是我们把知道的情况如实地反映上去。我们的调查过程也不是轰轰烈烈，都是很细小的，一个音、一个词去对应。

采访组：刚刚您是以很轻快的语气来和我们说，但其实我本人听着感到很激动，您觉得不是很轰轰烈烈，但是这种艰苦奋斗的精神，还有您刚刚提到的一些情怀和责任，我们都是能感受到的。

李　兵：如果你对它感兴趣，你也觉得自己有这个能力，有这个责任做到这个事情，国家也需要，我们就去做好了，不是啥了不得的事，国家能够支持给你课题经费，我觉得本身就是一种认可。

采访组：对，您的这种责任和情怀，也是作为一名共产党员应该具有的品质，那么您当时是为什么选择加入中国共产党的？您对外院的一些青年党员，有没有一些寄语，或者是一些建议。

李　兵：我入党三十六年了，对党的认识不断在加深。现在去回顾当时，那个时候认识可能并不一定很深刻，更多的是一种朴素的感情。也可能和家庭有关系。像你们专门给同学们进行这方面的教育，感觉要比我有更深刻的理解，但是我想，如果现在再去说，对我来说，对党的认识，一个是纵向去看，一个是横向去看。纵向就是看中国现代史，横向就是看中国现在的发展。我以前也跟同学们讲过，很多年前我们学院也建议加强学生近代史的教育，我们一百多年来，也有很多仁人志士探索，包括戊戌变法、辛亥革命、五四运动……这些都是一些探索，但是最终都失败了。中国共产党是中国历史、中国人民的选择。当时共产党刚成立的时候，各种各样大大小小的党派，有二三百个，中国共产党仅仅是其中一个小小的党。很小的一个党，为什么会在短短的二十八年，得到如此发展，还是因为中国人民的选择，它代表了中国人民的根本利益。习近平总书记在建党 100 周年的时候发表的讲话，我从头到尾一字不落地听了，他说中国共产党没有特殊的利益，它只有全国人民的根本利益，我想这就是区别中国共产党和世界上其他任何一个政党非常重要的因素。美国民主党、共和党只能代表这一部分人或者另一部分人的利益，但中国共产党没有自己特殊的利益。所以我想对年轻学生来说，可能确实需要纵向去了解中国近代史。横向其实比较容易看到我们现在取得的重大成就。当然，我们和世界发达国家在很多方面还有差距，这个需要我们自己去努力。

我鼓励我的学生入党，比如我的研究生要有这个意愿，或者是我可能主动跟他们谈，建议入党，多学习一下党章，多听听党课。入党不要太功利，你觉得党的宗旨好才选择入党，至少你加入党组织，还会接受到教育，你会在政治上更加清醒，对不对。

入党是不能太功利的，很多年之前，有一个学生可能是征婚或者找工作，写自己考过四级、专八，有驾驶证，有硕士学位，还是党员。我说这个党员身份是你要和这些东西放在一起等价去评价的吗？这是很多年前的事情，我当时批评了那个同学，我说这是你的政治生命，至高无上的东西，怎么和驾驶证放到一起去呢？

可能我讲的和其他人不太一样，但是我对这件事，有自己的一些看法，我还是鼓励我们的同学，多学习党的历史、党章等等，中国共产党是历史的选择，中国人民的选择，你要去顺应历史的潮流。

采访组：谢谢李老师，您有对于外院学生的寄语吗？

李 兵：实际上我想说的都已经包含在刚刚的谈话里了，第一，我们的同学要有远大的理想。第二，要脚踏实地，务实，一步一个脚印，把个人的兴趣和国家社会发展的大趋势很好地联系起来。很多东西是需要大家自己去体会的，也不好说给自己规划，我原来也没想到我会给自己规划到南开教语言学，后来做少数民族语言。没有规划，只有你不断地适应社会和国家的发展，找到一个最好的结合点。最后，祝同学们学业有成！

采访组：好的，非常感谢李老师。

王健宜简介

王健宜，男，1957年3月出生，天津人。南开大学教授，南开大学博士生导师。1982年毕业于南开大学外文系日语专业，1993年破格晋升为副教授，1997年破格晋升为教授，2000—2006年任外语学院院长并兼任日语系主任。曾任中国日语教学研究会副会长、教育部高校日语教学指导委员会委员、全国商务日语研究委员会副主任、中国中日比较文学研究会理事、天津日语教学研究会副会长、天津市翻译工作者协会副会长、南开大学外国语学院院长、南开大学滨海学院外语系日语专业主任。研究领域为日语语言学、日语词汇学、日语语用学、日汉对比语言学、日汉口译学、日汉口译理论与实践、日语翻译学、日语文化语言学、日语教育学等，先后完成专著七部，主持编写日语教材四十余部，发表学术论文六十余篇，主持或参与教育部、天津市社会科学研究项目多项。其中，《高级日语精读》《国际商务日语翻译》被列为"普通高等教育国家'十一五'规划教材"，《高级日语精读》荣获南开大学教学成果一等奖。在日语口译学研究领域也有多部教材问世，并且多年来始终活跃在日语口译第一线，多次担任大型国际会议的同声传译以及各类学术会议、技术谈判等的口译工作。2002年在温家宝总理会见日本内阁行政改革大臣时担任首席翻译，2006年担任日本前首相桥本龙太郎与天津市主要领导会见活动的中方首席翻译，多次为天津市领导会见日本贵宾担任翻译。

被采访人：王健宜

采访人：相羽、王嫒、李宇涵

整理人：李宇涵

时　间：2021年7月5日下午

地　点：南开大学外国语学院月兰厅

采访组：我是 18 级的本科生，现在在外国语学院做兼职辅导员，翻译专业的，我今天担任记者。老师您好，前期王老师给我发过来您的个人简介，然后了解到您在外国语学院任职了很多年，想请问一下您教授的课程主要有哪些。

王健宜：我是外国语学院日语系的老师，教的课就多了。留校工作是在 1982 年，然后 1983 年正式上讲台，我上的第一门课是日文报刊选读，我们的教室当时在现在的主楼五楼，当时外语系都在。然后把报纸剪下来复印后发给学生一起来读。记得第一次去上课的时候我提前十分钟到了，然后坐在第一排，所有的人都以为我是新来的学生。那时候我刚刚从日本回来，第一堂课印象比较深刻。从那之后上过的课就多了，比如说常有的基础课精读、泛读、外刊、会话、听力、写作等等。后来主要是在上口译，因为我对口译很有兴趣，所以一直在上口译，并且我们南开的日语专业的口译课也是有点儿特色的。一般的学校可能都有口译课，但是我们口译课的老师有自己的特色，就是我们是两个老师，一个是中国老师，一个是日本老师，每个人担任的都是他的母语，我是担任把日语翻成汉语的，另一个老师是把汉语翻译成日语。那个老师在中国大概工作学习了十多年，在中国拿了博士学位，汉语很好。这是我们的特色，据我所知这样的两个老师同时上一门课可能还不是很多。

采访组：刚刚聊到这个口译的课程，然后我们也知道您曾经多次为国家的重大活动进行过翻译的工作，我想请问您在翻译的过程中有没有一些令您印象深刻的事情，或者是您想分享给我们的一些事情。

王健宜：这有很多故事。我们这个日语专业的口译课还有一个特色就是这两位老师都有比较丰富的口译一线的工作经验。其实我们全国现在有日语专业的有五百多个学校，这是相当多的。除了英语，日语是最多的。五百多个专业里边大概有相当一部分都有口译课，口译还是学生比较乐于接受、愿意学习的这样一种学习形式。但是，因为我走过很多大学，我去看过很多专业，我发现很多上口译课的老师本身没做过口译。我们的特点就是两个人都长期在口译工作的一线。我现在还在做对吧，所以这就很有意思。比如说我在给温家宝总理做翻译的时候，他对于我们国家的很多的数字如数家珍，可以在短时间内列举一大串的数字。所以我觉得我们的口译训练当中的数字训练是极为重要的。你看现在的全国翻译资格证书考试，每年的考试里必有一段是在考数字，而且不是一个数字。具体的数字，还有比例，还有比如说同比、环比等等这些东西，上升多少个百分点，扩大了多少多少等等表达。我觉得给我印象深刻的是温总理说全国有一千八百多个县，我几乎全部都跑过来了。那一千八百多个县有多少个县市，多少人口，多少面积，有多少个重点产业，农业怎么样，工业怎么样，这些都有数字。他说所有的话都带数字，这个太厉害了。

采访组：我也是翻译系的学生，现在我们平时做的翻译训练也是有很多数字的，但是我们的同学都特别害怕数字。

王健宜：不能害怕数字，因为你一旦走入口译以后马上就要涉及具体数字。我最近在做一个关于石油价格变动的翻译活动。在这个石油价格变动的翻译活动里面，涉及最多的就是说石油价格为什么变动呢？因为它跟石油的产量有密切的关系，而石油产量的这个变化是用一串数字来说的。还有一个就是石油的价格为什么会一路下降呢？以前我们总说，石油的价格一定会一路飙升，因为它是有限的资源。但是人们突然发现了页岩气、页岩油。它的这种发掘有了一个革命性的变化。这样大量的燃油和汽油就都可以发掘出来。你注意到现在我们的油价在下降吗？开车的人都熟悉，油价还是往下走的。我的意思就是说我们要注重的就是一线当中可能会出现什么情形，我们再来练什么情形。有些情形在一线的翻译当中基本上就出现了。比如说我们要用一段电影，让学生去翻译这段电影。这个情形在一线几乎不出现，因为即使是出现，比如说我们陪一个外国人看一部中国电影，我们坐在他旁边，给他翻译。这叫耳语同传，我们基本上是不会一句一句翻译的。我们只会把人物关系说一下，这个人是他的弟妹等等而已，或者说了一个怎样的关键词。这个我觉得就是一线的情形指导我们的口译。

采访组：然后您刚刚说到的口译，但是我们也了解到您曾经也翻译过很多的著作，涉及过日本文学，还有这种心理生理机制，甚至还有资本论等多个领域。您对翻译的理论，比如"信、达、雅"或者是其他的一些翻译理论有没有一些心得？

王健宜：我觉得翻译首先是一个实践。我不大去特别关注翻译理论。我不是说翻译理论不重要，而是说在翻译实践当中，总体上来说，你要遵循的可能还是我们的先辈所说的"信、达、雅"。这个好像听上去是有点儿古老了，仅有三个字的理论。但是我觉得这三个字理论就够了。所以后来的来自西方的很多的理论，我并不是特别地觉得要怎么样，但是呢还是要有实践，我还是很强调实践。刚才提到《资本论词典》，这本书很厚，也是我们南开大学出版社的一个看家著作。《资本论词典》当时全世界只有这一本，日文的。然后我们学校的几位有名的教授要翻译，就把我也叫上了。但是我是最年轻的。这个团队，说团队也没有那么多人，就三四个人。我们做这个工作的时候对我的最大的触动，就是说你一定要去读原著。你翻译资本论词典，你不去读原著怎么行呢？那是我第一次认认真真地读资本论的原著，就在我们的老图书馆三楼，大概是第六还是第七排的书架的左边，这套书就放在那儿，三册，我就是那三册书最常用的翻阅人之一。那三本书我基本从头到尾都翻烂了。我的意思就是说，假设我们要翻译这本书，你不能看一遍就翻译，要反复地看，反复地去理解它的意思。特别是我们当时是把日本版翻成中文版，我们要去读那个日文的原文，很多我是不理解的。还有一些专业词汇我们不理解，比如贴现（也叫票据贴现，是指将未来的货币转换成当前货币的实际价值，与累积恰好是相反的概念和过程）这个我们不理解，就是说你对于中文的术语都理解，还要去看日文的表达。那是我当年做得最大的一部翻译。那本书实际上真正执笔的其实就是两个人，另一位是我的导师，李树果博士。我记得那一段时间，每天晚上吃完饭以后，就在桌子上铺开书，开始做这个翻译工作。我家没有书房，就是一个小桌子，每天差不多要翻译四个小时左右。那时没有电脑，全部都是手写。我现在想到出版社把我那个手稿找来，但是不知道有没有。其实你看那个时候的人翻译是拿笔一个字一个字写的。总之翻译是一个辛苦的工作，也是一个需要毅力的工作。后来我又翻了很多书，都是觉得有兴趣，就是愿意做。后期翻译书少了，因为后期主要是在做口译。

采访组：我们还知道您担任过咱们院长一职。您对咱们学院发展的大致方向，或者是对外语人才的培养有没有看法？

王健宜：我觉得现在我们学院的发展特别好，这个发展势头特别好。就是说跟我想象当中的发展一致。我那时候当院长，我们只有三个专业——英语、日语、俄语。这三个专业已经存在了多少年了呢？我们学校是 1919

年成立的。我当院长是 2000 年，八十多年。八十多年来我们只有三个专业。我当院长的想法就是尽快地要我们的专业扩大到十个，我为此专门给学校打过报告，论述了我们必须应该有十个专业的重要性和必要性，并且论述了它的可能性。后来在我任职期间，我们还创办了法语专业、德语专业，创办了翻译系。现在我们又增加了意大利语、西班牙语、阿拉伯语和葡萄牙语。我们现在已经是九个语种十个专业。这符合我们作为一个综合性研究型大学的一个基本的要求。其实我们跟北大比还差得远，北大有几十个，我们其实达到十几个。我为什么有这种想法？因为我觉得我们要为国家提供智库的功能。因为外语现在已经不仅仅是外语了，实际上它是一个区域国别领域的研究。我们有西班牙语，我们就应该研究西班牙语所使用的地区和国家。所以你对国家的贡献在什么地方呢？50 年代的时候可能就是把外文翻成中文。现在不一样，我认为现在中国的外语教育，不是外语教育在中国。而是中国的外语教育，就是我们中国特色的外语教育，也就是习总书记所说的，我们要讲好中国故事，传播好中国声音，要走向世界。所以我觉得我们现在非常好，九个专业。我们那时创办德语、法语的时候很困难。为什么困难呢？因为找不到老师，现在也有同样的问题，特别是小语种的老师很难找。那当时没有老师怎么办？其实我们倒不是一个都没有。如果一个人没有，我们就办不了。我们只不过是不够多，不够那么的充分。可能有两三个老师，当时我提出的观点就是"筑巢引凤"，就是我们先要把这个架子搭起来，凤才能飞进来。如果你没有专业，没有德语专业，那德语老师到你这来干什么？我们的阎院长，当时是西语系的主任，我们德语的杜卫华老师当时是副院长，他就是亲自到北外的他们的宿舍去挖来的。

我们快毕业的时候，有一个同学居然买了大录音机。录音机大概有两个书一样大。我觉得现在的同学有更多的学习手段，我说一个词，他们马上可以查出来。所以现在的老师的学习任务应该是更重的，而且教授的可能不仅仅是知识，还要有思想。否则老师的知识不一定比学生多。

采访组：随着时代发展，学生也不一样了。老师也要与时俱进。另外，就是刚刚您说到您是在1983年第一次登上讲台，您当时在授课过程中有没有遇到一些印象深刻的事情，或者说遇到一些有趣的事，或者一些困难。

王健宜：有趣的事也有，但是我更觉得困难多。我是第一次上课，而且我上的这个课是日语的报刊，报刊这个课是不太好上的。它里面的知识很庞杂，你不知道有些什么，比如我们选一篇经济的，会讲很多很多问题，比如选一篇贸易的，跟我们的汇率有什么关系，我们学生对这个并不是特别了解。因此，除了要讲一些报刊文字的东西，还要把知识讲出来，而且我对自己的要求比较苛刻，我觉得既然都是三年级的学生，我全程都会用日语讲，我所有的备课全部都用日语备的，这样的话，学生的理解可能就会有一些问题。我讲得很快，语速也比较快，然后他们是否全能听懂，我考试是要考的，这就是一个问题。后来我慢慢地摸索出来，就是说有些东西可能要用汉语做补充，这样就好一点儿。比如说我刚才说的汇率跟进出口是什么关系？日元上涨和日元下跌，对于日本的经济有什么影响？这些是一些经济学上的常识，或者是贸易上的常识，但我们学生不一定能了解。还有一个是科技，因此我告诫自己，每一堂课下来要复盘自己上课的全部内容，我每一次课后，都会坐在那儿仔细地想，我这一堂课当中有什么问题，然后第二次上课的时候，第一个节目是："同学们，我上一节课有一个地方讲错了。"是哪一个地方，然后告诉大家正确的是什么。我要求自己尽量在每一节课都要找出自己的一个瑕疵，我相信可能不止一个瑕疵，但至少要留一个瑕疵。我不相信一堂课没有瑕疵。哪怕你没有瑕疵，你可能有一个音发得不好，也有可能，对吧？这就是一个追求，追求极致。我觉得南开应该是极致的，追求卓越，追求精品。所以后来学生都比较害怕我，因为他们知道我很苛刻。

采访组：但其实您这种严苛，也是对学生的一个锻炼，我觉得他们应该是会感激您的。

王健宜：很多学生毕业很多年之后跟我联系说：老师，当年您教过我的某一个词，某一个音，真的是您说的是对的，我才发现这个大有用处。

采访组：在您任教期间有没有令您印象深刻的学生呢？

王健宜：我们有很多优秀的学生。当年，我们就看到这些学生的潜力是非常好的，后来的表现也确实如此。比如说我们有个学生叫梁爽，她入学以后唱京剧。我从她唱京剧就知道这孩子可能学语言是不错的。她能把京剧唱得那么好，我相信她的这种声音的感觉是对的。因为学外语，首先要会模仿。后来也果不其然，她现在在清华大学做到了副教授。其实学生的成长，对老师来讲是一个最大的回报，或者是一个最欣慰的事情。

采访组：您做学生时和您做老师时的心态，对于日语研究有没有转变？

王健宜：我觉得没有什么太大的变化。我们刚才讲到了，就是77、78这两届学生，真的是如饥似渴、废寝忘食地学习。这个学习的习惯，其实一直有惯性，一直贯穿了我整个当老师的生涯，我做老师差不多四十年了。我思考了一下，是什么时候我变成了对事情一定要追根问底，一定要把它做到最好的呢？其实就是上学的时候。上学的时候，大家有一股劲儿。比如说一个最简单的，我们学外语的人都要背单词。你们现在一天背多少单词？我们那时候每天都背单词。我跟我们班一个同学，我们两个人做学习计划，说咱们开始背单词，我们当时用一本日本的原版的词典，这本词典大概有八万个单词。我们每天晚上读这本词典，读三十页。不可能都读下来，有不会读的，不会读也没关系，继续读，一定要读下来，这是第一件事。第二件事干什么呢？背。今天开始咱们确定一个话题，比如说饮食，今天我们的话题是饮食，一天你随便准备，不限量。晚上五点钟在主楼五楼玻璃窗前开始背，背到最后的时候，谁背不出来了就请客，当天晚上的饭就包了。我们那个同学现在在北京。我们每天换一个话题，今天说饮食，明天说汽车。这一天一直在琢磨这个单词。当时不像现在这么方便，手机一弄，单词就都出来了。那时没有，要到图书馆去查，日本的单词很难查。所以呢，每天就是搜肠刮肚，然后到图书馆去，花很多时间背单词。我们最早的时候一天背几百个单词。后来我听说俞敏洪在北大上学的时候也是单词大王。那时我们班背单词成风，就专门去背一些比较奇怪的单词。事实证明那些单词没有白背，因为学外语的人，某种程度上面要很宽。单词、句式、谚语、成语、俗语，面不一定很深，但一定要很宽。这个是外语型人才的一个特点，对各种词要略知一二，并且还要知道怎么说。像我刚才举的例子，比如说石油，我们会说石油，还会说原油，还会说原油的很多附加产品的化学成分，如聚乙烯，这是石油的产品，我们还知道其他一些开采，比如说页岩油、页岩气。像这些东西都是它的外延。语言学就是音韵、语法和词汇。这是传统的语言学的三大体系，语音和语法是闭合的，是相对有限的，它是学到一定程度就学完了。只有单词是无穷无尽的，全世界没有一个人能够说出日语有多少个单词。所以它就决定了你的学习永远是无止境的。跟学外语的同学讲，学外语无止境是什么意思？就是你认为最简单的是什么？单词，对吧。因为单词最简单，瓶子和书的单词就是最简单的。从最简单的开始，假设有一天你的外语学习有终结的话，还是从单词终结，或者说单词永无终结。最后你翻译什么东西，卡住你的还是单词。我不知道现在的学生对单词是否有这样深刻的印象，是否还在以不懈的努力去追求卓越。当时我们的比赛就是有多少词汇量。我们有一本词典叫星星点词典，它上面的星号有三星、二星和一星。三星表示最常用的，大概有上万个了。我有同学竟敢放言说，你把这本词典拿着，把三星的一个一个给我念出来，我如果有不会，我请你吃饭，这个很厉害。

采访组：老师您刚才说李树果先生是您的老师。那可不可以请您讲一讲您在本科阶段遇到的老师。

王健宜：我的恩师是李树果先生。李树果先生是我最崇拜的一位老师。日本有一部很长的古典文学小说叫《八犬传》。这部小说大概日本人真正从头到尾好好读下来的也不那么多。我们李先生那时候已经八十多岁了，八十多岁的时候开始动笔翻译《八犬传》，令人敬佩。而且，他是用半文半白相交的这种语言，把《八犬传》全部翻译成中文，由南开大学出版社出版，现在又由浙江文艺出版社再版。大概七卷本还是八卷本，我还送了咱们系一套。他是我一生都尊重的一位老先生。治学如此严谨，如此持之以恒，退休之后继续笔耕不辍，连续地推出了很多分量很重的日本古典文学的论文。他翻了很多东西，这非常不容易。然后我们还有张婉行老师、吴爱莲老师、卢庚梁老师、孙连贵老师。孙连贵老师也很厉害，他是我们的老前辈，一口地道的日本贵族语言，因为他在日本留学的时候，上的学校是那样的学校，确实是非常棒，这位老先生现已去世了。我们当时上他的课，都很紧张，因为就是那些语言，他不是想想再说，他是顺口就说出来了，就给我们留下很深刻的印象。还有一些年轻的老师，我们有黄本忠老师、张秀华老师。黄文忠老师没有直接教过我们，张秀华老师很有意思，这个老师应该也是我的启蒙老师。她比我也大不了几岁，当时可能跟我们班年龄大的同学是同岁，甚至有的学生可能比她还大，我们是她第一届学生，她教我们非常为难。那个时候的学生，追求知识、追求真理的这种欲望非常强烈。学生与老师坦诚相见，有问题立刻指出，就是要把这个事儿弄明白。而且那个时候，我们的学习到了一个如痴如醉的程度。大家在去教室的路上，都是在谈论学习的事，并且还在想今天提什么问题。这对老师来说是很恐怖的一件事，学生还没到教室呢，就先想给老师提什么问题。我每次上课都说我对大家是很满意的，很尊重的，但是唯一有一点儿遗憾的就是提问太少了。我们的学生不怎么提问，没有问题。上课过程中，大家太礼貌。我说你们不需要举手，也不需要站起来，可以随时插话。但是几乎没有。

采访组： 那个时候班里日语专业有多少人？

王健宜： 十二个人，一个学院一个班十二人。那个时候，这些学生在南开虽然没有复合型培养以及通用、非通用这样的班，但是学生会到处去听课，不仅在南开听课，还会到天大去听课。那时候，只要有日本专家来讲座，不管他哪个专业，他讲什么专业，我们都去听。我们想听听，起码练口语、练听力。所以那个时候求知的那种渴望，可以说是非常强烈的。

采访组： 您当时的这十二名日语专业的同学，大家毕业后都到了什么地方呢？

王健宜： 我们是这样的。有两个人在日本的大学里任教，都做到了教授，现在退休了。还有大概两三个人在日本长期定居了，他们大概没有在大学工作，而是在培训机构。总体来说，大概有一半人在日本。剩下的差不多就在国内，像我刚才说的在上海、在北京。我们的班长叫王晓志，他在北京八一电影制片厂的研究中心，主要研究日本电影，也刚刚退休。然后还有贸易的、烟草公司的等等。

采访组：老师，您现在还在给学生上课吗？还是在滨海学院吗？您是哪年从咱们学院退休的呢？

王健宜：2017 年。从 1983 年开始，然后一直到 2017 年我一直在咱们南开大学外国语学院工作。我一生只有这一个工作。我在滨海学院还在上课。我非常喜欢上课，觉得上课很有意思。我现在一共三门课，一个是口译，一个是毕业论文写作，还有一个是日本影视鉴赏。所以如果你跟我谈论日本的影视，我知道的可能不比你少。

采访组：王老师，您对外国语学院的学生，有什么期待或者是寄语吗？

王健宜：我是南开大学的毕业生，因此也算是你们的前辈吧。听说大家在这学习、生活都非常的愉快，都有很多的收获，我感到非常的欣慰。学习对我们来说是一个永无止境的事情。因此，我希望大家不急不躁，一步一步地向前发展，逐步地积累自己的知识和思辨的能力，一步一步地把自己的事业做得越来越好。祝同学们在南开的每一天都精神愉悦，身体健康，学习有成。谢谢大家。

刘桂敏

LIU GUI MIN

刘桂敏，女，汉族，1945 年出生。1968 年毕业于大连外语学院日语系，毕业后分配到南开大学日语教研室工作。1970—1972 年，同原日语专业主任孙履恒一起为日语专业的成立进行前期准备，主导教材编写、课程设置等工作。1972 年日语专业成立后，先后主讲本科生的日语精读、日语泛读、翻译等以及硕士生的シンタクッス（统辞论·文章论·构文及含义）、日本语言文化概论等课程。主要研究领域为日本语言、日中语言文化比较。曾于1992 年、1997 年赴日本爱知大学、早稻田大学作为研究员进行交流学习，主要论文有《日语表达特点——关于暧昧表现》《日语敬语及其表现形式》等，主编教材有《口语阶梯阅读》（南开大学出版社）、《高级日语精读（上下）》（南开大学出版社）等，于 2005 年退休。

被采访人：刘桂敏

采访人：杜明睿、史周晟

整理人：杜明睿

时　　间：2019 年 5 月 22 日下午

地　　点：南开大学外国语学院良铮厅

刘桂敏：南开大学日语专业成立于1972年并于同年招生。1972年正值中日邦交恢复，可以说是日语专业成立的一个契机吧。

采访组：那之前是什么样的情况呢?

刘桂敏：日语专业成立之前，是在"公外"，就是公共外语教研室。公外有三种外语：英语、俄语、日语。那时日语老师只有一位，就是孙履恒老师。听说还有一位老师叫李约瑟，不过我一直没见过，据其他专业老师说，他们也不常见到他，因为他不来教研室。所以我也没什么印象，从日语专业成立至正式招生也未见过。

采访组：老师，我想先问您一个问题，您1969年来南开时是读大学还是直接就开始在教研室工作了?

刘桂敏：是在教研室工作。你刚才问过日专（日语专业的简称）成立之前的状况，我简单地说说吧。1969年学校还没有完全正式上课，没有学生都是老师，老师们每天只是学习，学习当前形势、中央文件资料、读报……我和孙老师总在一起。我俩有时也说说日语。有一天上午，记得那是个晴朗又温和的春天，学习结束，李书记告诉我，系主任李霁野先生要见见我，当时我很兴奋继而又很忐忑。我以为又是要面试考考我呢，因为我第一次见孙履恒老师时他就是手拿一份《北京周报》来的，让我读一段，再翻译一段，回想起来，那就是一种"考核"吧。李先生先问"你的老家是哪儿？到天津后适应吗？"等日常生活之事，话一转马上又问："日语在哪儿学的？咱们系还没有日语专业呢，很快就要恢复上课了，你抓紧时间准备一下把日语独立出来成立日语专业，怎么样？"我心想，八字没一撇呢，谈何容易。李先生好像看出来了我想说什么，接着他说："哈，你要说什么也没有？"我轻轻点下头。"那就白手起家嘛！去图书馆啊，南大图书资料很全，日语的也不少，再看看兄弟院校……"话虽然不多，但是我感到李先生的态度很坚定。短短的几分钟谈话，我似乎从中捕捉到了一点儿什么，很有启示。在以后的日子里，我和孙老师在一起必谈的就是建立日语专业的一些事。孙老师好像事先已经知道李霁野先生见过我，说起建立日语专业时他就说："咱们先找找有关资料吧，你去图书馆（就是老图书馆）看看有哪些有关的资料，报纸杂志也可以……还有，把你当年使用的教材什么的也找出来。"他还谈到了培养目标、招生人数什么的。关于培养目标，大方向与外文系相同，培养从事外事的工作者，为国家和用人单位培养优秀的翻译人才。具体到日语这一块儿，突出了口译和笔译这一点，课程设置和教材都要围绕着这个大方向。师资这一块儿呢，后来招聘来了林允信（日侨）、孙连贵（日本女子大学留学过）、李树果（日本帝国大学留学过）等老师，以及吉林大学毕业的王之英老师。另外，还有卢庚良、吴爱莲、潘雪辉等日侨老师。师资听起来是够强的吧。不过有些老师我记不住名字了，他们也为日语专业的建立和日语教学做出了贡献。

采访组：是的，其他方面的呢？

刘桂敏：其他的就是教材，这一块儿难度很大。不过有了前期的资料、参考教材的准备，加上有过日语训练的老师又有在日本留学和生活的体验，师资队伍有了雏形。

说起教材，是这样的。开始是自编，上课老师根据要求写好提纲，课后将其整理成讲义，每上一课都是这样的，经过几次自然形成教材。这是很困难的。有精读方面的，有会话方面的。开始以精读和会话为主，会话的内容也是精读内容的练习，再加上一些日常用语。精读当然开始少不了语音、语调、字母及汉字等内容，这方面说起来可太多了，总之没有现成的东西，都是边写边使用。经过多次反复修改，讲义成为教材，后来上课的日子就好过些了。到了 1978 年，我们就改用了北京大学编写的教材，是正式出版的那种。

采访组：这么说来起初的教学是原生态的吗？

刘桂敏：原生态？

采访组：就是口述的学习。

刘桂敏：也可以这么说吧，这对听力和口语都是一种很好的训练。就是先不发讲义，先听老师口述、看板书，学生模仿、重复、复述，同学之间一问一答、互相纠正，课堂很热烈。现在这种叫"互动"，对吧，这也是培养口语能力的一个基本做法。学外语的人都很能背、记，这叫练"内功"。

现在学习日语无论是教材还是师资都很方便，学习条件、学习环境都是一流的。这一点你们都有切身体会，我就不多说了。尤其是咱们南开日语专业的学生出去学习的机会很多，机会多锻炼就多。外语就是一个实践，实践机会越多，提高得就快些，毕竟语言还是去原本国家学，进步最快。

采访组：当时，除了老师开始会教一些发音、口语这些内容，还有没有其他的一些课程？

刘桂敏：刚才，我简略地回顾了一下日语专业成立的前前后后。在成立日语专业的过程中，必然涉及教师及教材，这都是最基本的。我所说的都是最肤浅的一些回顾，不成体系也不全面，请体谅吧。

至于还有没有其他课程，前面我说了一点儿，有精读、泛读、会话……课程的设置还要与培养目标相结合，脱离不了培养目标。当时我们的目标是为国家培养能够从事口译、笔译的合格的外译人才。你想，精读、会话必不可少，泛读是精读的补充，为的是扩大词汇量，增加一些日语知识。1978 年正式招生后我们曾对培养目标做过一些修改。其中，我记得"为国家培养合格的口译、笔译外语翻译人才"改为"为国家培养高级口译、笔译外语翻译人才"。这主要是后来形势变化所为，关键是我们在各方面已经具备了一定的条件。你们现在的培养目标就与日语专业刚成立时期不一样了吧。现在是怎样修改的我就不知道了。总之，培养目标应该既具体又要有一定的前瞻性。再说课程设置的问题。1978 年招生后，课程做了很大的改动，主要是增加不少新的课程，如在精读、泛读、会话的基础上增加了写作、日文报刊阅读、日本文学、日语语法，还有古典语法、日本文化等课程，加上精读、泛读、会话、翻译等，你看，课程设置就很饱满了吧。还有同声传译课，现在也许还有些更新的课程我不太了解了。20 世纪 80 年代至 90 年代学的这些课程是用来保证打好日语基础的。日语系的学生们学习积极性很高，不满足于课堂上这些知识，他们纷纷到其他系选修，像历史系、经济系、数学系等。80 年代中后期到 90 年代兴起双学位，日语系学生又纷纷读双学位。这些无疑为"日语能力"的增强起到添砖加瓦的作用。

我这样说，是不是就回答了你刚才"有没有口译、笔译"的问题了？

采访组：明白了。也就是说，从1972—1976年，当时的学生还是回归到那种边听边记边积累的方式？

刘桂敏：是啊。这样教的和学的都在成长、进步，当时这叫"教学相长"。不过教学相长还有其他的方式，这只是其中一种而已。后来会话课之后又增加了听力课，听日本的NHK（日本广播协会）等，这是很难的，但学生也因此而受益匪浅。

采访组：刚才老师谈了日语教师队伍、教材建设，那课程设置呢？只有精读吗？有会话课和其他的课程吗？

刘桂敏：关于课程设置这一块儿大致是这样的，主要有精读、会话、泛读、写作。这几门课很传统，其实哪种语言都有这些课程，这是必须的。

采访组：写作？

刘桂敏：就是用日文写小短文，没有字数的要求。起初有的还写成短句子，句子与句子之间的联系靠接续助词，这样也练习了接续词的用法，其目的也在于此。

采访组：还有什么课程？有没有专门的口译、笔译课？

刘桂敏：这些课都是打基础练基本功的，每一课程之间也有一定的关联。你说的口译笔译课程也都开设起来了，人员不断增多。高考正式恢复后，78届就是第一批招生的，只有十个人左右。我们组建专业以来一直都强调小班教学，即使招两个班人数也不多，小班教学的好处就是学生们的练习机会多。你看现在广告上总强调一对一的教学。我个人觉得小班教学有利于发现优秀的苗子，像王健宜，要知道他曾任过院长呢，还有现在的系主任韩立红等。

采访组：她是我的论文导师。

刘桂敏：噢，那很好啊。

采访组：对的。

刘桂敏：另外，滑本忠、石云艳、吴艳、孙雪梅等，都是学校的优秀学生，如今他们都留在教研室，为日语专业做着贡献。

采访组：对，的确是这样。另外，日语系的对外交流是怎样的情况呢？

刘桂敏：在对外交流上，日语这方面特别活跃，经常请些著名的外教来讲学、讲座，还有大学教授来任教，如凌沼透（明治大学）、桥本、池上贞子等，现在也有很多，这些情况你们比我更清楚吧。

而且，努力地跟国外的老师建立友好关系，出去进行共同研究，这也是我们的一个特点。是的，我记得其他专业好羡慕我们，不过现在其他专业交流的机会也是很多的。总的来说，日语系在这方面做得很不错，因为学校、系里都给了一个有力的保障，各位教师也都很努力，这是我印象最深的。

从日语专业成立到 20 世纪 80 年代初，日语专业经历了从无到有、从小到大的发展历程，其间发生了很多事，有很多故事可讲。总结起来经历了这么三个阶段：1972 年日专成立到 1978 年正式招生，80 年代，90 年代至今。

每个年代都有那个年代的发展特点，十年一个阶梯，可以说越来越强大。

采访组：大概是在哪一年有了正式的教材呢？

刘桂敏：1978年以后就已经有了成套的教材，比较有特色。不仅是讲语法，光是原生态教学那也不行，同时得有一个理论的支撑，这样才是比较长久的，另外专业课程也增加不少。

采访组：是理论和实践结合的那种教材？

刘桂敏：对，是符合语言规律的这样一个东西。你看你是学日语的，应该有切身体会，这个学科现在比较丰富了。精读是骨干课，必不可少。除了骨干课之外，还要有扩大知识面的泛读、加强口语的口语课以及听力课，是吧？还有翻译课，翻译课的要求是很高的。从事外语教学的老师，特别是这门翻译课的老师，不仅要日语通，还要通母语，这对汉语水平要求很高的。

采访组：对。

刘桂敏：学科发展的同时，对教师队伍的要求也提高了。你看咱们现在的老师，从韩立红老师开始，石云艳老师、孙雪梅老师，还有吴艳老师、王凯老师，他们现在都是博士毕业的，他们自身的学历说明了我们日语学科的建设和教学的质量在提高。因为教师的语言素养提高了，知识面也很广，视野比较开阔，学生的语言感就好，是吧？

采访组：对。我之前听吴艳老师说她们曾经有过一个项目，是去台湾

大学交换、教学。那么老师您在工作的时候有没有过这种出去交流、教学
或者学习的经历或机会呢？

刘桂敏：那个时候我们学校和学校之间会有这种交流协议。那个时候
正好我在日本，跟爱知大学有个交流研究员这种性质的访问活动。然后跟
早稻田大学也有过这样的访问活动。

采访组：当时是哪一年？

刘桂敏：1992 年到 1993 年，与神奈川县教育局还曾有过交流，一直
延续了好几年。

采访组：您是在那边做老师，还是在学习？

刘桂敏：做研究员，当然也是学习口语。

采访组：我听说我们学校和爱知大学一直都有交流？

刘桂敏：两个学校是对口的交流学校，爱大也向我们学校派留学生，
各系都有，还有早稻田大学。学习语言的老师必须得出国，学习语言的最
好方法就是去那个国家学习。

采访组：是这样的。您工作期间一开始师资力量不是很丰厚，教材也
不太充足，这应该算是一个坎儿吧？

刘桂敏：对。

采访组：但是老师们当时特别坚强，很成功地把它跨过去了。那之后有没有再遇到过什么其他的困难呢？

刘桂敏：我觉得在成立日语专业的初期，没有教材是一个很大的问题。但你别看人少，凝聚力却很强。大家在一起研究如何编写教材，教材内容是哪些，开始发音阶段怎么教，会话课又怎么上，讲什么内容，等等。就这样，一个学期过去就好多了，我们有了新的成员。而且因为学生少，就一个班，那么就有两个老师腾出手来专门负责教材建设。像林允信老师和孙连贵老师来了之后，都在教学第一线，然后我们就可以在第二线把他们讲的东西形成文字，就这样把教材一点儿一点儿地总结出来。

采访组：上周我们采访了肖福堂老师，他说一开始的时候，申请硕士点、博士点都特别困难，但是现在已经有很多博导了，这个过程一定挺艰辛的吧！

刘桂敏：是的，是很艰难的。全国日语硕士点也不多。硕士点成立要上报学校，学校批准就可以了。硕士点成立的时候是比较自然的，当时我们教学还算比较成功，学生们出路好，通俗地说就是好分配。以前这个专业能不能成立硕士点，还要看你的学生的出路，咱们的学生出路都不错，受社会欢迎，就说明我们的教学是成功的，建立硕士点是水到渠成。

采访组：对。

刘桂敏：所以硕士点倒没有什么问题，因为那个时候我们的师资力量是很强的，我们的教学是很成功的。我也做过主任，当时硕士点考虑的就是能够流利地讲一两门课程，有一点儿科研的东西，你的课程本身能够体

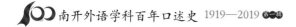

现一个硕士生导师的作用，这样就问题不大。而博士点的建立，它需要一个过程。首先你这课程设置怎么样，你必须设置在原来的硕士生的基础上，那么这个基础就要好；博士点的设立另外还必须在某一个学科拥有绝对优势，在这一方面，我觉得咱们日语专业是比较顺利的。

采访组：好。

刘桂敏：因为后来我就退下来了，没有参与全过程，所以说不出具体的事件。但事前的学术准备肯定是这样来的，博士点有一定的学术积累才可以成立，博士生导师本身要有学术地位。

采访组：您是哪年做的系主任？

刘桂敏：20世纪90年代，那个时候都是叫教研室主任。

采访组：嗯嗯，教研室主任。

刘桂敏："211工程"以后，专业提升为系，系提升为院。我们现在的日语系实际上是原来的日语专业，现在的外语学院就是原来的外文系，是这样来的。

采访组：那您大概是2000年之后退休的？

刘桂敏：2005年，我退休将近十五年了吧！

采访组：好的。

刘桂敏：另外我对教师和学生有一些，也不算是期望吧，算是想法。我的感触就是，你的新时代特色体现在什么地方？我们如何跟上这个新时代？首先老师会起一个非常重要的作用。老师站得远，学生看得才远。我教过的硕士生毕业以后参加工作，有在天津大学工作的，有在天津工业大学工作的。还有一些学生，他们继续深造读了博士。读博士的时候，他们的语言基础比较不错，在语言基础过硬的基础上，他们就又学了一门新的专业，比如石老师是翻译专业的，吴老师是文学专业的，韩老师是日本文化专业，还有孙老师是日本历史专业，又再从不同的角度加强对日语的了解，深化对日语表现的理解。这些站在第一线上课的老师，她们的学历说明了我们对教师的高要求。此外，也说明了我们学生的水平，知识面不能仅仅局限于语言这一点，是吧？

采访组：对。

刘桂敏：你要想学好这个语言，就必须对语言周围所有的一切都要了解，才能够把你的语言充实起来。

采访组：对。

刘桂敏：我估计今后单纯的语言翻译不会有了，就像将来可能不会有司机了一样，毕竟社会在发展，是吧？你网上一叫车就行了，或者是无人驾驶都行的。所以这样一来对毕业生要求就很高了，仅仅通译（口译）是不够的，因为像什么小可、什么小云，或者小圈什么都能代替你的工作——我说的是机器人。

采访组：对。

刘桂敏：但有些东西属于文化氛围，还有情感，这些东西可能不一定完全被代替。实际上语言是一种很有内涵的东西，为什么说「うつくしい日本語」（美丽的日语）？它有语言的艺术、语言的美学、语言的逻辑，还有语言的结构，所以你要把这些语言的结构和语言本身表达得非常好，用不同的角度去完善语言自身。将来我们的教学理念和教学目标也需要改变，不仅仅是培养一个单纯从事外语的翻译人才，是不是？

采访组：是。

刘桂敏：所以这就是一个时代的变化，新的时代对外语以及单纯学习外语的人有了更高标准的要求。那么我们就应该跟上这个时代，要不然你工作都不好找。

采访组：对。

刘桂敏：这不仅对老师，对学生也是一种新要求。前些日子我跟你们院长一起聊天的时候还说这个事，我说将来的教学目标、教学理念就要变了，不是以培养一个通译复合人才为主，而是应该培养一个外语外事相关的从业人员。这样的一个高级人才，他要懂得一些专业知识，我说的专业知识是外语之外的专业知识，更要懂英语。

采访组：对，就不能再局限于听说读写译了。

刘桂敏：是的，听说读写译是基本，现在有时候机器人可以代替了。

采访组：您说得对。

刘桂敏：语言本身也是一种艺术，同样的一句话怎么样才能让对方听起来更舒服，这是不是一种艺术？你要是想把这个艺术魅力表现出来，你就得了解这个语言的文化。

采访组：是的。

刘桂敏：话说回来，我们现在的学生，我的感觉就是90年代以后的学生都很聪明。不是说"60后""70后""80后"不聪明，而是"90后"更聪明，主要是因为他们处在这个时代，有高科技的背景。

采访组：也是。

刘桂敏：所以上课老师一点他就明白。过去我们死记硬背，可达不到这个水平。而现在有多种手段，他的知识来源也是四面八方，这就迫使我们老师也要不断地学习。打个比方，一节课的内容如果是一条河的话，这条河需要许多杯水凝聚而成。学生们有不同渠道的知识来源，老师也就不能死啃教科书了，也得多样化。而且我想说知识的更新，不是说你不能再啃着某个知识不放，而是这个知识在新的时代可能有新的解释或者新的内容和新的表达方法等等，你要随着这个去发展。老师们要跟上这个新时代，将来对老师们的要求会更高一些。另外，这个新的时代，学习方法也能创新。怎么创新呢？我想作为学生来说应该充分地利用南开大学的资源。这个我在80年代、90年代的教学当中也强调过。那天跟阎院长说了说，很遗憾我们有些院系搬到津南去了，你要选修其他院的课程是不是变困难了？

采访组：是的。

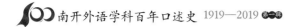

刘桂敏：学生们在选课上遇到了一些困难，因为以前下了课以后，学生骑着自行车，东院跑到西院，西院跑到北院，去干什么？选双学位，去选修课。比如说在高中的时候你对数学感兴趣，但没有深入学，那你学了日语有时间了、有条件了，就去选择数学系的课；对经济感兴趣了，去选经济学的课；对金融感兴趣，去选修金融系、政治系、社会学系的课，这不就是丰富的资源吗？这些资源要比单纯的外语院校丰富得多，是吧？我想这是我们教师在上课的时候，应该指引和指导学生的一个方面吧！

采访组：是的，这一点非常重要！另外，大概是哪一年学生们开始双修呢？

刘桂敏：1995 年吧！

采访组：在那之前大家还是单纯学日语？

刘桂敏：单纯的精读、泛读、会话，然后翻译，就这些课，也有学校规定的一些公共选修课。现在说的是知识要有多个层次，知识结构要丰富一些，可以利用南开大学的资源，也要根据自己未来从事的行业要求进行学习。你学日语，也可以学法学、学金融，将来从事法律工作、金融工作都是可以的。到 90 年代后期，很多学生修双学位，学法律的多，学金融的多，学会计的也多。所以有的学生有三个证，一个是本科生本专业的证，一个是法律证，一个是会计证，这就是咱们南开大学外语教学的特点。只在外国语学院，我觉得机会还是有点儿少，所以咱们学生应该继续发扬这一点。你看美国的学生就是这样的，他念完了书以后，学哲学不好找工作，但是他可以做会计，因为他有个会计证，做个人理财、家庭理财也可以，进大小企业都行。你要是学外语的话，同时懂得国际法、国际财经的知识那就更方便了，为自己开拓了更多道路。不要等着国家帮助，抱怨找不到工作。将来这个新时代路很宽，看你怎么选择、怎么走，这也算是对今后教学的一个期望吧！

采访组：那像这些双修的学生中，或者是除了刚才您说的那个拿三个证的学生，还有印象特别深刻的学生吗？

刘桂敏：前面提到的我们现在留校的这些学生都是很优秀的，令我印象深刻。因为他们的知识结构非常好，他们知道仅仅有外语这一点不行。而且他们自己也热爱教师这行工作，根据自己学生时期的经验感觉到某一方面的需要，觉得当老师的话这点知识不够，就选择在这个领域读博士，这些学生都让我印象很深刻，他们起了表率作用。

采访组：对，他们也是我的老师们，都非常厉害。现在要求当老师必须得是博士生，以前没有这样的要求，但是他们自己根据切身体会选择了这条路。所以我觉得日语系大概是比较领先的，博士生老师是最多的。

刘桂敏：我是这样想的。现在当然都是博士了，其他专业我不太了解，反正我觉得我们日语专业这方面的意识比较强，系里本身也给予他们很大的支持。

采访组：之前您说您是语言学专攻类的，那您有没有做过什么相关的研究呢？

刘桂敏：有的。

采访组：您当时是在教课以外就专门去进行这个语言学类的研究？

刘桂敏：边教学边进行研究。那个时候对老师的科研要求不是很高，但是提倡、要求老师们一边从事教学，一边进行研究。从我自身体会来说，你教学到了一定的程度，必然有些东西是要研究和总结的，总结的本身就是一种研究。你要单纯教学，不做任何研究和总结的话，实际教学有时候也会盲目，所以通过总结和研究，自己本身也在提高。

采访组：这么说来，八九十年代的时候，您就已经开始非常主张科研了。

刘桂敏：对，有了这种意识。我上硕士课是讲"统辞论·文章论·构文论及含义"。

采访组：那看来我们学校也是挺看重这个双面性的。

刘桂敏：对，毕竟是一个综合性大学，而且也受其他学科的影响。那个时候咱们外语教学任务重，所以对科研这方面没有苛刻的要求。但是其他的，比如像历史学科就不是这样，历史学科上课少，教学任务少，学生也少。但咱们这个精读课得天天上。

采访组：对，真的是。

刘桂敏：所以像历史学科，本身课程就少，老师本身就是从事历史的文献研究、历史研究。偶尔一个礼拜一个学期有那么几次课，但是外语老师要天天上课，尤其是精读课的老师。

采访组：那应该特别繁忙吧？一边要备每天的课，一边还要准备科研项目什么的。

刘桂敏：对，科研也是水到渠成的。教学有了一定的积累，自然就要去整理、思考。也就是说由经验的积累上升到一个高层次。

滑本忠

滑本忠简介

　　滑本忠，男，出生于1950年。1969年加入中国共产党。1972年4月进入南开大学外文系学习日语。1975年10月毕业，成为南开大学外文系的第一批日语毕业生。同年留校担任日语专业教师，主讲本科生的基础日语、日语会话、日语听力、日语语言学等课程。1981年任日语教研室副主任，后升任日语教研室主任和党支部书记。1992年担任日语系副教授。主要研究领域为日本语言文化、日中语言文化比较方向。著有《南开国际商务日语系列教材：新编国际商务日语会话》《日语系列教材：高级日语听力》《基础日语听力》《大学日语阶梯阅读》《大学日语作文指导与点评》《日语常用拟声拟态词用例与实践》《走进日本人的生活》《日中对译——商务信函实例事典》（译著）等书。2010年退休。2010—2015年任教于南开大学滨海学院。

被采访人：滑本忠

采访人：杜明睿、王帅

整理人：杜明睿

时　间：2019年6月4日上午

地　点：南开大学外国语学院良铮厅

采访组：滑老师您好！能介绍一下您最初来到外院时的基本情况吗？

滑本忠：其实我来咱们外文系工作比较早，我就是南开毕业的。我是南开日语系首届毕业生。1972 年以前，南开大学没有日语专业，而且在 1972 年中日邦交正常化之前，全国的大学有日语专业的很少，基本上都是在 1972 年以后建立的。在 1972 年以前，有日语专业的大学，有北大、大连外院，还有东北师大，可能就这三所大学。

采访组：那您为什么选择了日语专业呢?

滑本忠：其实我在上大学之前，并不知道我到南开来学什么专业，只笼统地知道是学外语。可能你们会感到很奇怪，因为那时候，我们正赶上"上山下乡"的时代。我 1968 年下乡，去了黑龙江省嫩北农场，那时候正好 18 岁，我在农场从 1968 年工作到 1972 年。后来，我有幸从嫩北农场二分场三千多知青当中被推选来到南开学习。我很幸运，因为那是全国第一批工农兵大学生。

农场把我推选上来之后，南开大学招生人员对我进行了面试。与面试的老师谈话之后，我也不知道会是什么样的结果，能否会被录取。过了一段时间，我收到了南开大学发给我的入学通知书。于是我在 1972 年的 4 月来到了南开大学，一直到 1975 年 10 月都在外文系日语专业学习日语。入学那时我拿着入学通知书，到外文系报到说是学习日语，当时有点茫然。

因为 1972 年以前，咱们和日本是断交的，日本侵略过中国，给中国人民带来了极大的灾难。那时候对日本的印象很坏，可我现在怎么学上日语了呢？学了会有什么用呢？后来又一想，既然学校选定我学日语，那就学吧。所以说我上学之前自己是没有一个明确的学习目标的。但总的来说，自己知道，想要弥补自己文化基础的不足，只有努力学习。

入学后，班里的同学文化基础都差不多，为了学好日语都非常下功夫，如饥似渴地学习。那时候日语专业是刚刚建立的一个专业，和英语、俄语专业是没法比的。英语专业、俄语专业建专业比较早，师资力量雄厚。外文系的英语专业历史悠久，俄语专业在全国也是比较有名的专业，所以这两个专业都是比较有历史的，有名的教授也比较多。日语专业是新建的，教师都是从外边调进来的。我们专业的奠基人、教研室主任孙履恒先生，他原来是天津市一个中学的教导主任。副主任是林允信先生，他的夫人是日本人，他本身是东京大学经济系毕业的，为了建设祖国，作为华侨回到天津。所以就这样，孙先生从中学调到咱们这，林允信先生从天津旅行社调来这，一起组建了日语专业。当时我们进校的时候还有两位年轻的老师，其中一位就是刘桂敏老师。

采访组：对，之前采访过刘老师。

滑本忠：刘老师当时是刚从大连外院毕业的。还有一位卜老师，后来因为资料室需要，他由日语专业调到资料室，所以当时的教师就只有四位。

我们班共二十七人，所以就由这四位老师和我们这二十七位学生开启了日语专业创建、发展的旅程。但当时面临的一个重要问题就是我们上课学习缺少课本和资料。中日邦交正常化之前日语的资料和教科书非常少。我们手头的参考书就只有老师指定的一本日语辞典，没有现成的教科书，怎么办？两位老师就自己编写教材，边编写边教我们。孙履恒老师是战前留学日本，战争爆发之后就回国了；林老师是新中国成立之后回国的。他们的日语水平都很高，尤其是林先生，林先生是日本东京大学毕业的。所以我们上学时所学的内容，基本都是这两位老师编写的。而且我们上学的时候，你要问有没有著名的教授，其实我们日语专业没有，就这么两位老先生。就是这两位老先生，为我们日语专业的建立和发展搭建了一个好的基础。有了他们这两位先生，才有了我们后来的日语专业。

采访组：那当时的课程一般都有什么呢？

滑本忠：当时不像咱们现在开精读、泛读、会话、听力、写作等很多的课程。当时的日语课程其实很简单：一个是基础日语，就是综合性的，现在叫精读了；第二个是会话，那时候我们用的机器都是录音机，放在教室就那么听，没有耳机；第三个是会话和听力综合在一块儿的课。其实我们那时候学习的条件各方面都很差，但是好在和日本邦交正常化不久，我们和日本人直接接触比较早。1972 年以后，日本有大批的年轻人以文化活动的形式到中国来进行交流，我们有很多陪同他们参观访问当翻译的机会。所以，虽然在书本上、在教室里学的东西不是太多，但是我们直接接触日本人，实际锻炼比较多，也因此得到了另一方面的收获。

1975 年毕业之后，我们二十七个同学只有我一个人留校了。1976 年从吉林大学毕业的王之英老师，还有天津外院毕业的于雁老师被分配到南开，1978 年咱们院日语专业又留校一位张秀华老师，她是 1974 年入学的。大体的属于工农兵学员在校的老师有四个人。此后日语的专业老师就逐渐多起来了。但是刚建专业的十年当中，除了四位老教师之外，日语专业教学主力还是我们几个属于工农兵学员毕业的老师。因为那时候就那么几个老师，教学的任务非常大。当时没有"超课时"这种说法，每周都要上十七八节课，几乎天天有课。建专业近十年之后，我们才有时间自己去编教材。而在那之前，其他学校的一些教材也不多，那时候多用的是北大和日本的教材。刚建专业不久，我们科研意识还不那么强，加上我们教师人数少，在科研这方面，前十几年还是比较落后的。而且那时候大家也没想以后晋升的问题（我 1992 年才晋升为副教授），就都一心努力地把课教好。

采访组： 那在教学方面，有什么让您印象深刻的学生？

滑本忠： 大家都一门心思扑在教学上，从整体上来说，要想把日语专业的名声打出去，学生的质量肯定是第一的。通过教师们的辛勤耕耘，南开大学日语专业毕业的学生，逐渐在各个工作单位都取得了好的成绩，南开外文系日语专业也逐渐在社会上、在各大院校中有了一定声誉。日语专业设立四十七年来，培养出了许多才华出众的优秀人才。我们日语专业的毕业生大多都从事着外事、外交以及日语教学等工作，有的还走上领导岗位，在国内、国际的舞台上做出了卓越的贡献。比如我的同班同学于再清（1951 年 4 月 26 日生，南开大学本科毕业，后就读日本大阪外语学院，获文学学士学位，精通日语、英语，现任北京 2022 年冬奥会和冬残奥会组织委员会副主席），他曾担任国家体委总局副局长等重要职位，在国际奥委会第 120 次全会上当选为国际奥委会副主席，他为成功举办北京 2008 年奥运会做出了巨大贡献。又如 1979 级日语专业毕业生赵威教授（1979 级日语专业校友，南开外语校友会理事长兼会长。2018 年捐资设立了"赵威奖学金"，用于奖励日语系品学兼优的本科学生），现任中国政法大学博士生导师、中国政法大学全球化法律问题研究中心主任、南开外语校友会理事长及校友会会长等职。还有现任南开大学外国语学院日语系主任韩立红教授、吴艳教授、学院副院长王凯等，都是外院日语系毕业生的杰出代表，上学时都是非常优秀的学生。社会上有一个说法，说南开日语专业的学生有后劲儿，表面上专业是日语，但咱们南开的日语学得比较厚实、知识全面，它有潜在的力量，而且学风、作风也比较朴实，所以走入社会的很多毕业生都取得了卓著的成绩。其实咱们日语专业，已为国家输出了很多的优秀人才。我一直在学校里教书，目睹、亲历了咱们整个日语专业的发展过程。

采访组：您能具体描述一下都有哪些方面的发展吗，比如师资力量？

滑本忠：1982 年以后，我们日语专业取得了招收日语硕士生的资格，第一批就招了四个研究生。之后，由于师资的缺少，停招了一段时间，到 1988 年才又重新招收硕士研究生。

随着日语专业的发展，教师的人数也多了起来。孙莲贵老师、吴振坤老师、李树果老师等都加入了南开日语专业的教学中，使得日语的师资队伍逐渐壮大起来。孙莲贵老师，我们曾称她为孙老太太，是从吉林大学来的，是东京女子大学毕业的，也是非常有造诣的老师。后来又来了卢庚良老师，他原来是教数学的，是日本华侨。到 20 世纪 80 年代末 90 年代初，学校招聘了好几位日本华侨老师。就这样，日语专业教师一直保持在十五个人左右，目前人数更多些。

到 90 年代以后，国外的博士生就回来了。第一个回来的叫刘建辉，是日本神户大学的博士毕业生，在咱们这工作了几年之后又回到日本，再之后又到北大干了几年，现在又回日本了。之后就是刘雨珍老师、石云艳老师、韩立红老师，这些老师都是日语专业教学主力。所以咱们现在的师资力量可以说在全国大学的日语专业当中也是比较厚实的，咱们日语专业在全国日语界逐渐有名气起来。

我担任教研室主任期间，南开日语专业为了能走向全国，举办了很多的活动。比如说咱们日语专业积极组织学生参加全国的日语讲演比赛，还有受日本文化研究所资助举办的几届全国性的日语作文比赛等。在各项比赛中，咱们南开都取得了较好的成绩。所以，日语专业逐渐在南开大学外文系立足脚并形成了英、日、俄三足鼎立势态，逐渐走上了南开日语专业在全国知名的发展道路。

所以，我认为我们日语专业的发展是大有前景的。因为现在年轻老师都是博士生毕业，而我们那时候几乎是本科。我 1972 年 4 月入学，1975 年 10 月毕业，学习专业差不多仅三年半的时间。那个时候开门办学强调社会实践，不分专业都要去工厂、农村劳动。下到工厂、农村后，我们上午干活，下午上课，还有多少学习专业知识的时间？所以当时我们在学习方面受到了很多干扰，遇到了很多困难。

那时候我们知识底子薄，所以主要解决的问题就是加强自身的学习，丰富专业知识。除了上课之外就是学习，自己去学习。大部分都是在自学，那时候实际应用日语的机会也比较多，在中日两国刚邦交正常化的环境下，和日本的各种形式的交往比较多，我在 1982 年参加了日本国际交流基金举办的各大学教师培训班。除此之外，我们日语专业的教师差不多每三四年能轮一次去日本研修。作为交流学者，每位老师都有去日本研修的机会，但研修的时间长短多有不同，有的是半年的，有的是一年的，有的是三个月的。老师们排队谁赶上哪个机会谁就去。日语专业整体来说教师之间都比较团结，大家排队，轮到谁谁去，谁也不争谁也不抢。这也是我们日语专业一个好的传统，老师之间都比较团结，很和谐，日语团队互相帮助。我们那时候日语的老师进了教研室都说日语，工作、教学氛围非常好。

采访组：那您主教什么课程呢？

滑本忠：基本上日语本科的整个课程我都教过，日语精读课、会话、听力、泛读，还有日本文化课、日语语言学等等。那时候教师人数少，要求老师全面铺开，所以老师各方面都得到了锻炼。那时候我主要教本科生，因为研究生招的人数比较少。1988 年以后，由几位老先生带研究生，我们年轻一些的教师主要侧重本科教学这一块儿，虽然我也是硕士生导师，但只担任过其中一门课——日语语法论。

采访组：那这么多年来，日语学科还有什么比较重大的发展吗？

滑本忠：整个学科建设这几十年，我认为可分为几个阶段。第一个阶段就是初建时期，也就是 1972 年到 1982 年，这个时期可以说是纯粹的打基础阶段。1982 年以后拿到了硕士点，日语专业有了快速的发展。当时全国大专院校的日语系都是建立不久，硕士点评选很严，能拿到硕士点也说明有了一定的实力。因此这应该算是从 1972 年到 1982 年这十年之后的一个转折。

到 90 年代之后，日语专业有了巨大的发展，原因是有好几位日语专业博士从日本学成归来，加盟到了日语系，加强了师资队伍的建设，提高了整体团队的科研能力。每位老师每年都有重量级的科研成果问世。日语专业的科研能力和教研能力都有了质的飞跃，培养研究生的数量在逐年增加，并且有几位老师可以招博士生了。

我毕业留校直到退休在日语专业工作了三十五年。在这期间，除了教学之外，在孙履恒老主任任职期间，我一直担当副主任。在卢庚良老师之后，我又当了这个专业好多年的教研室主任。

采访组：那这段时间有什么主要的工作内容呢？

滑本忠：当了教研室主任，还兼任支部书记。起初，除了教学就是乱忙于事务，没有时间进行科研了。后来，我才逐渐意识到，作为一名教师，光能教书不行，还得做好科研。当时，我一直把大部分的精力放在日语专业的建设上。那时候遇到的问题比较多，比如教师的教学安排问题、日语教材建设问题、教师派遣进修问题、日本专家教师聘请问题等等。日语专业的教学运营工作全靠日语专业自己安排，全靠日语教研室主任、副主任、支部书记这个班子来支撑。还要聘请日本专家、联系外教、调整课程、选定教材等等，一系列行政的事务非常多，我的大部分时间都用在了这里。直到1995年之后，由刘桂敏老师接替了日语教研主任的职务。不当主任、支部书记之后，没了行政事务，我开始有时间进行一些科研工作了。

采访组：主要是什么方面的科研工作呢？

滑本忠：开始的时候我自己没有一个明确的研究方向，遇到什么学术上的问题就研究什么，写一些小的文章。后来经过系统总结，给自己确定了一个方向——日语语言文化。起初研究语言文化主要是从对比的角度出发，探讨研究一些同形日语和汉语词汇的含义区别。

在80年代以前，上日语课只讲日语语言的应用，基本不讲与文化的关系。在教的过程当中，我发现教日语若只教语言的运用，不和文化连在一起讲解，就搞不清楚那个词、那句话为什么要那样用，要那么说，就会造成若想记住只能靠死记硬背的局面。从文化的角度去讲解语言，就可以将文化和语言的运用融为一体，加深对日语语言应用的理解。比如说我写了一篇论文，是从语言表达的角度看日本人的"凝缩"意识（这里指"经过凝缩的日本民俗精华"）。在日本我看到一篇文章叫 *Small Is Beautiful*，即《小的好》。我觉得这正体现了日本这个民族的整体意识，即从微观的角度看世界，他们善于从大往小处看，把原本大的东西搞得越来越小，越来越精，浓缩精华。尤其在日本的科学技术产品方面体现得淋漓尽致，日本的产品多为小而精致，这就是由"小的好"意识所决定的。

于是我将语言和文化结合起来进行了一些研究，写了一些论文。另外，自己又进行了一些日本词汇学方面的研究，写了一本由天津大学出版社出版的书——《日语常用拟声拟态词用例与实践》，图文并茂。还用日语写了本《日语作文写作指导与点评》，由南开大学出版社出版。除此以外，我还参与编写了多部教材与读物，比如《大学日语阶梯阅读（第 2 册）》、《基础日语听力》（大学 1—2 年级）、《高级日语听力》（大学 3—4 年级），还有和国际商务有关的教材《新编国际商务日语会话》，编著了《走进日本人的日常生活》（日中对译），由日本梧桐书院、天津大学出版社同时出版。

采访组：日语系有什么令您印象深刻的学生吗？

滑本忠：比如说咱们现在的南开外语校友会的会长赵威，他是我的学生，本科生时在日语专业上的学，本科毕业之后到日本留学，学的法学。咱们日语专业的学生毕业之后，转学习法学的学生不少。他在日本取得了博士学位，现在是中国政法大学的教授，是咱们外语学会的会长。另外，还有给咱们日语专业争光添色、对国家有杰出贡献的校友于再清，他对咱们国家的体育事业做出了可以载入史册的贡献。虽然他是我们日语专业的毕业生，但是他到国际奥委会之后，被选为国际奥委会副主席，不但精通日语，而且英语娴熟，面对的是全世界各国的体育事务。所以说我们日语专业的毕业生，在走上社会之后，做出杰出贡献的人很多很多，在全国各个行业当中都能看到他们活跃的身影。

另外，你问留校的老师中有多少人是我的学生？咱们自己专业留校的老师几乎都是。王健宜教授应该也算是我的学生，因为王建宜是 1978 年入学的（虽然我没教过他），而我 1975 年就留校当老师了。还有现任系主任韩立红教授、吴艳教授、石云艳教授、孙雪梅副教授，本科时候都是我的学生，所以这叫青出于蓝而胜于蓝。在职的其他几位老师，有刘雨珍教授，他是神户大学的博士，王新新教授是东京大学的博士。后来加盟的几位年轻老师也都非常优秀，比如王秀芳是日本东北大学的博士，日本东北大学是非常好的大学。所以现在咱们日语专业的实力很强，将来应该会在全国的日语界更有影响力。

采访组：您在工作期间遇到过哪些困难？

滑本忠：关于困难其实我在前面已经说了一些，我们日语专业那时候师资力量弱，图书资料欠缺，保证教学质量、培养出好的学生，都靠每一位老师自身的努力拼搏。当时遇到的最大困难就是如何快速增长自己的专业知识、提高教学水平、做一名合格的专业教师。当时教学任务重，加上教研室的一些事务，工作忙得不可开交。工作和自身学习提高有时会顾此失彼，更无暇沉下心来进行科研。总的来说，困难基本都一个一个地被克服了，自己对自己的付出、奋斗的历程没有什么可后悔遗憾的。为了提高整体的教学质量，老师们互相听课，互相取长补短。我们日语专业这些年来不管是教学气氛、工作生活气氛，还是科研气氛都还是比较不错的。团队工作和谐、关系融洽，人人积极向上。

采访组：现在和过去的环境有什么变化呢？

滑本忠：这个变化太大了。刚才我说过，当时的教育环境、教学设备、教材资料建设都很差。当时，我们外文系没在这栋楼房里（外国语学院教学楼），老外文系在主楼五楼，和公外在一块儿，那时候就是那一层，设备比较差，条件比较差，和现在没法比。而且从整个外院的发展来说，我们那时候只有英、日、俄三个专业，现在有七八个吧？

采访组：十个，英、翻、日、俄、法、德、西班牙、葡萄牙、意大利、阿拉伯。

滑本忠：你看这么多，几乎应该有的外语专业现在我们都有了。我们作为综合性大学，培养储备多方面的人才是非常重要的。你要问我对未来的发展有什么建议，那就是继续引进优秀人才。可以有个优惠政策，把好的人才吸收过来，因为有人才，才有发展，没有人才，就没有发展。你不发展不进步的话，你就要落后，而人家就会走到你的前头去。我觉得现在日语专业的人才体系就比较好了。

采访组：您能再讲一讲其他的老师吗？

滑本忠：可以。比如像刘桂敏老师，我上学的时候，她虽然年轻，但已经是老师了，她就是我的老师。还有，比我低两届的同学中有现在的张秀华老师，她是 1974 年进校的。我是 1972 年的。咱们日语专业 1973 年没招生，那时候老师少，只有孙履恒、林允信、刘桂敏、卜信文四位老师，所以 1973 年就没有招生，1974 年又接着招的，好像 1977 年没招，1978 年之后就连年招生了。

采访组：好的，我明白了。谢谢您，您说得特别详细。但还是有一个疑问，就是您之前说的，日语教研室和日语系，它们俩有什么关系吗？

滑本忠：其实咱们外语学院原来就叫外文系，不叫外语学院。咱们外语学院第一任院长是刘士聪先生，在刘士聪先生做院长之前，咱们叫外文系，刘士聪先生任职之后叫外语学院。所以叫外文系的时候，咱们的日语系叫日语专业，我们日语教师的办公室叫日语教研室。咱们外文系升为外语学院之后，日语专业就变成了日语系。所以那时候都把专业主任称为教研室主任，现在称系主任。现在韩立红老师不就是日语系的系主任嘛，以前应该称之为教研室主任。就是这么个关系，原来的专业系级单位由系升为院，专业教研室由专业升为系，但实际上我认为本质上没有什么变化。我们外语学院现称为"学院"，我认为非常恰当，因为它涵盖了多个语种十个专业。

采访组：好的。您说您在语言文化方面有一些课题的研究，那么具体来说，这是叫文化还是语言学呢？

滑本忠：你说我？还是哪个重点？

采访组：就是语言文化，因为现在我们分区里面没有这个名称，我们要不就说日本文化，要不就说日本文学，要不就是说语言学。

滑本忠：对，日语现在分为三个。一个是语言学，一个是文学，再就是文化。语言学和文学这个不用说了。但是说文化，它又不是我们外文专业的主体内容，然而又离不开文化。单纯搞文化的话不行，因为我们是外语学院，学外语的重点是语言，所以我们经常会把语言和文化结合在一块儿讲。其实文化的内容包罗万象，像历史等都属于文化范畴，是不是？然后各国民族的风俗习惯、民族意识等等也应该有文化。文化是什么？是不是包罗万象？所以文化的概念很散。我认为单纯地进行一些语言应用研究、对比研究，不能深入到其背后文化中，研究日本语言的结构，我们研究不过日本人。语言的表达是由人的意识所决定的。风俗习惯、民族意识不都属于文化范畴吗？

采访组：对的。

滑本忠：我可以说单纯地研究语言学是创新不了的，没法创新。只能去研究它，理解它，应用它。文学需要花大力气去研究，名篇佳作都有它自己的风格和社会价值，研究它的特点和历史性作用，有待于我们后人的借鉴。我们从事语言领域科研，得出真正的研究成果。现在有些人在进行中日文比较研究，比如说词汇的对比、表达方式的对比，对比之中，离不开剖析研究日本人的思维方式、中国人的思维方式。思维的方式不同，词汇运用、表达形式也就不同了。所以我认为语言研究和文化研究的关系连得比较密切。于是我在语言文化方面搞了点儿研究，曾发表一篇《从日本的表达方式看日本人的凝缩意识》的论文，研究得还不够深入，有待于今后努力。

采访组：是的，您说得很对。不仅要学习语言本身，还要将语言和文化融于一体拓展科研的范围，提高它的可行性和质量。那您是哪一年开始做副主任的？

滑本忠：1981年我去大平班进修的时候，就开始做副主任了，一直做了好多年副主任。

采访组：您是从什么时候开始做支部书记的呢？

滑本忠：张婉行老师退休之后，张婉行老师现在可能也80多岁了，她退休之后我就是支部书记了，我也不记得哪年了，反正是很早。我不做支部书记，可能是1995年。那时候我是教研室主任兼支部书记。大约1994年我不当主任之后，刘桂敏老师接任主任，我这支部书记又干了一段时间,大约到1996年。我记不太清楚了。再后来王之英老师做了教研室主任,王之英老师听说过吗?

采访组:好像见过这个名字。

滑本忠:王健宜老师做院长的时候,王之英老师是副系主任。担任过日语教研室主任的,有孙履恒老师、卢庚良老师、我、王之英老师,还有刘桂敏老师,就这几个。

采访组:您是哪年当上主任的呢?

滑本忠:具体哪年不记得了,大约是在卢庚良老师退休之后。做基层的教研室主任工作,纯粹就是奉献。教学工作量一点儿不减免,所以我们那时候都不把教研室主任当成一个官。干主任是尽义务,让谁干都行。

张桂贞

ZHANG GUI ZHEN

张桂贞简介

　　张桂贞，女，1945 年出生，中共党员，教授。1969 年毕业于南开大学外文系俄语专业。1973 年师从周米达（Meta Sass）教授改学德语，1976 年开始授课，担任外文系本科生、硕士生二外德语必修课、博士生三外德语必修课，全校各系本科生、研究生二外德语选修课、全校教师德语培训班课程等。1989—1990 年在德国海德堡大学进修。1995—1997 年应邀在德国特里尔大学汉学系任教。所授"第二外语德语"课程获 1987—1988 年度南开大学教学质量优秀奖，"大学德语"被评为 2000—2001 年度南开大学校级优秀课程。主要研究领域为德语教学法、中德语言文化交流等。部分研究成果：《德语二外教学中的措施与体会》（《特色建设研讨会论文精选》，南开大学出版社）、《外语课堂讨论课型的设计和实践》（《南开语言学刊》，南开大学出版社）、《弗朗茨·库恩及其〈红楼梦〉德文译本》（《红楼译评·〈红楼梦〉翻译研究论文集》，南开大学出版社）、《"多元一体"视野下的〈红楼梦〉诠释》（《南开学报》）、《苹果树上的外婆》（德译中，译，新蕾出版社）、《旅游市场营销学》（德译中，校，南开大学出版社）。

被采访人：张桂贞

采访人：杨艾茸、李艺帆

整理人：杨艾茸

时　　间：2019 年 6 月 26 日下午

地　　点：南开大学外国语学院霁野厅

采访组：您是什么时候来到外文系工作的？在您工作这几十年中，您所在的语系经历了哪些大的发展变化？

张桂贞：我 1964 年考入南开大学外文系俄语专业。1973 年的一天，系领导找我谈话，想让我改学德语。当时外文系有一位德国老师——周米达先生，她是 1958 年由李霁野系主任招聘来的，教全校的公共外语德语课。我和另外一位俄语老师张颖老师，跟这位德国老师从头开始学习德语。那时我已经 28 岁了，令我感到困难的是，俄、德这两种语言有相近之处，从语法上来说，俄语变 6 个格，德语变 4 个格，都变格；从发音上来讲，也有相似的地方，说起话来，两种语言经常"串门"。所以就得把俄语忘掉，把德语装进脑子里。记得李霁野先生在家里见我和张颖老师，嘱咐我们要加紧学习，两年以后，争取开课，边干边学，特别要注重练习听说。我们俩等于是半路出家，两年后开课，面对的是全校师生，觉得压力很大。

每天周先生到学校主楼五楼给我俩上课。系里有一台旧录音机，周先生讲课，我们录下来，课后就反复听录音。周先生讲完课回家时，我们陪她一起下楼，穿过校园，走到八里台公交车站，这样做就是为了多跟她接触，多听多说。

学了一段时间以后，周先生回德国探亲，我们俩就没老师了。通过学校联系，我们到北京大学西语系旁听。北大老师们说："你们俩回去以后马上就得教课，就给你们吃点儿'偏饭'吧。"于是给了我们一些德语文章，让我们课下翻译，由他们进行修改。在北大学了一年多，我们返回学校。

天津市石油化纤厂引进德国设备，技术人员需要到德国实习，他们请外文系派教师给他们办德语班。我们从北大回来之后，立马就到石油化纤厂办班去了。

1976—1978 年，我参与了我校中年教师德语培训班的教学工作。那时候，各系有些老师为了对外交流、提高业务水平和科研水平，要到国外学习、合作研究或访问，但语言又不过关，因此就办了这样一个班。在这个班里有各个系的教授、副教授。

我 1973 年开始改学德语，1976 年正式上课，一直教到退休，退休之后又在南开大学滨海学院继续教外文系二外德语必修和国际经贸系二外德语选修，加起来有四十多年。在这过程中，曾给校外办培训班，给我校办中年教师出国班。主要教授外文系特别是英语专业本科生、硕士生、博士生的二外必修，博士生的三外必修课；全校各系本科生、研究生的二外选修课；80 年代后期到 90 年代后期的青年教师出国培训班课程；等等。

我 1964 年进入南开大学之后，就在南开精神的沐浴下成长，后来走上了南开大学的讲台。在前辈的模范形象感召之下，学习做人，学习为师，自己的每一点进步都是南开大学，都是外国语学院培养的结果。在百年校庆来临之际，作为一个南开的学生，南开的教师，我有责任认真回忆、认识南开的德语教学，并总结南开德语教学在百年历程中形成的优良传统，期盼在下一个百年把这些优良传统继承下去，进而开拓创新，适应新时代的发展。于是我到学校档案馆查阅了大量早年南开的档案，走访了多位老年和中年教师，阅读了一些前辈写的回忆文章，把百年来南开德语教学的过程做了整理，完成了《百年南开的德语教学》一文。

下面我再简单地说一下我所经历的外文系的一些变化。

从 1973 年我和张颖老师改学德语之后，系里陆续调入一些德语教师：陈宗显、洪启智、冯佳、常和芳、王慕义、杜卫华等。至成立专业之前，教师主要承担外文系、旅游系旅游外语和旅游管理专业本科、硕士生二外德语必修课，外文系博士生三外德语必修课，全校文理医科各系本科生、研究生二外德语选修课，全校教师德语培训班课程等。

1981 年，原在外文系任公共外语教学的老师组成了公外教学部，五位德语老师张颖、张桂贞、陈宗显、洪启智、冯佳归入公外教学部的德日俄法教研室，主要面向全校公共外语教学。1997 年外国语学院成立，三位教师陈宗显、洪启智、张桂贞并入了西语系，西语系当时有俄语、法语、德语三个语种。2002 年 4 月，德语专业成立，2003 年 9 月，面向全国招收第一批本科生二十名。2016 年德语系成立。

这些教师除了教课之外，还要做一些其他的工作，比如陪同来校访问的德语国家专家学者和校领导，担任翻译、接待，并在对外交流办事处翻译各种函件、文件、合同、协议、专家的个人简历、来往的信函等等。此外，还要搞科研、写论文，或参加一些学术研讨会等。

1990 年，学校派陈宗显老师参加"全国大学德语教学指导委员会德语组"，参与全国《大学德语（第二外语）教学大纲》的审定和全国统编教材修订工作。陈宗显老师退休后由洪启智老师继续参加该组织的活动。

采访组：为什么说南开的德语教学具有很长的历史和优良的传统呢？

张桂贞：南开大学 1919 年成立，南开中学，也就是当时的南开学校，是 1904 年成立的。南开学校和南开大学成立的过程，体现了张伯苓校长"痛矫时弊，育才救国""知中国，服务中国"的深远育才目光和先进的教育理念。南开在中学阶段就设有两门外语：英语和德语。在当时，一个中学，能够设立小语种，可以说不多见。后来南开中学又开设了日语和法语。德语教学在培养人才的道路上起到了很重要的作用。

在百年历史中南开德语教学的传统都有哪些呢？在南开学校的章程里规定，开设国文、英文、德文、历史、地理、心理、教育学、法学、经济、簿记等课程。学校还设有一些学会，比如英文学会、德文学会等。德文学会的办会宗旨是："本会以研究德文，练习德语为宗旨。"另外，《南开星期报》"由学生编纂，内容分言论、本校记事、文苑选录、杂纂小说、校外通询、本校布告、各会启事，并有英文、德文纪事等项，每星期出版一次"。

王瑞骧先生在《南开中学生活的回忆》一文里写道："高中二年级起，在理科教学中另加一门德语。"吴大任先生的回忆录《我所受的南开教育》中记述："那时高中文理分科，理科都学德文，文科学法文或日文。有一年，毕业班还演了一个以世界各族人民大团结为主题的话剧，剧中人分别说汉语、英语、法语、德语、日语，真是别开生面。"

1919年南开大学成立，南开大学文言组包括国文、英文、法文、德文、日文五个学门，学制四年，德文课可以上五个学期，每个学期三个绩点（学分），每周三学时。学生选德文最少一个学期，最长五个学期。20世纪30年代初文科改成文学院，一直到1937年抗日战争全面爆发，德文即作为全校各个院系开设的选修公共课，外文系则是必修课。1925—1926年，《文科学程纲要》规定："本教程之目的，为研究德文文法，读浅近德文课本及练习翻译。"大学二年德文，"本学程之目的为使学生能读较深之德文及普通科学书籍，并练习德语。"

关于1928—1935年的德语教学，1930年5月《南开大学响导》记载：各院系还开设专业德文，文学院国际事务系选修一年德文，理学院第二外语为德文或法文，"商学院将来之计划：……外国语能多学一种，即将来做事多一途径。……以后并竭力添设关于商业之外国语，如商业法文，商业德文等"。陈省身先生在《算学四十年》一文中回忆："段茂澜先生教我德文和法文，都达到了能读数学书的程度。"1935—1937年，文学院英文系二年级必修、哲学系二年级选修德文和法文，理学院机电工程系一、二、三年级学法文和德文，化学工程系一、二、三年级学德文等。

从 1920—1937 年，德语任课教师有司徒如坤（英文教授，兼授德语课程）、崔子丹、张克题（德国人）、段茂澜、冯文潜、韩鸿丰、邹宗彦等。

1937 年 7 月到 1945 年 8 月西南联大期间，由北京大学的德语教授教德语，如冯至、杨业治、陈铨、洪谦、雷夏、李华德等。

1946—1966 年，任课教师有司徒幕（瑞士人）、冯文潜、周基堃、周米达、李约瑟等。

1946 年，南开大学在天津复校。原来的外文系改成了外国语文学系，直到 1950 年，一到四年级一直开设德文选修课。在英文系，德文是必修课。在理学院的生物系、化学系、物理系、数学系，工学院的机械工程学系、电机工程学系、化学工程学系等，德文是选修课。戴树桂先生回忆说："学生可以进行一般日常对话，借助辞典阅读文献。"冯文潜先生教授英语专业德语二外必修课的教学大纲是这样记载的："教学目标：期于一学年内熟习日常用语，分解普通文法，能读报章，做笔译工作。教法：直接教授法，会话阅读并重。……选读联共（布）党史若干段。"

从以上材料可以看出，南开从中学到大学，德语课程的设置和教学内容完全从学生走向社会的需要和提高学生的语言能力出发，取得了良好的效果。

南开的德语师资资历深，水平高。

冯文潜先生，外文系教授，南开大学图书馆馆长，天津市历史博物馆馆长。1912 年考入南开中学。在组织学生社团过程中与低他两年的周恩来相识。1916—1917 年在南开学校高班学过德文。后来到美国留学。1922 年赴德国柏林大学留学，研究哲学、历史。在德国六年期间，结识了许多德国朋友。他利用假期到德国农村、城市了解风土人情，与德国知识青年结下了深厚的友谊。1928 年回国前夕，两位世界青年联合会德国分会代表找到了冯先生，交给他一封致中国青年的信。他们恳切地嘱咐冯先生，回去以后一定要翻译出来，在中国报纸上发表。1931 年，这封 1928 年 3 月 18 日致中国青年的信经冯先生译后登载于《南开大学周刊》第 118 期上。信中写道："给中国青年们，亲爱的朋友们！德国青年以仁爱为怀，为非暴力及人人互尊主义而工作，并愿在平等自由地位上与任何人合作的德国青年，诚心诚意地问候中国青年。我们对现在一面受帝国主义、资本主义压迫的，一面为民族独立而奋斗的中国青年及中国人民表示无限的同情。我们对你们数千年的文化表示景仰。我们深知我们的政府也是有罪过的。但是我们也知道：你们、我们——亚洲、欧洲的青年和平主义者——必须团结起来，共同奋斗，好变成一个为和平为自由而存在的伟大兄弟同盟，越边界，过重洋，遥寄我们恳挚的友谊和问候……现在我们恳请你们，把全国各处的青年也组织起来，成一个强而有力的团体，加入我们的联合会。我们诚心诚意地愿意和你们合作，我们愿意把我们的会员和其他青年人的通信地址给你们……能促进东方西方青年的团结……只要全世界的青年真能彼此的相知相爱，并且国界一去，定可联合成一世界伟大的友谊结合，中国的青年们，我们祝你们同我们合作。"后来，冯先生多次参与德国客人到天津的访问、翻译接待，做了很多工作。

周基堃先生，历史系教授，著名外国历史学家，翻译家。在西南联大时学过德文，后应聘来南开大学任教，精通英、德、俄、西班牙语，从事多语种教学，翻译文学、哲学、政论等著作多部，德文译著丰富，还参与了中共中央《九评》等文献的德文翻译工作。

在南开历史上，不乏在南开学习德语，受益于德语教学，又用德语服务于南开和社会的优秀学子。

吴大猷、吴大业、吴大任、吴大立兄弟被誉为"南开四吴"，就读于南开中学、南开大学。吴大猷先生，著名物理学家、教育家，"中国物理学之父"，1925 年上高二时选修德文，上南开大学时继续学习德文，大学阶段开始翻译专业性著作，例如把德国物理大师普朗克的热辐射理论由

德文翻译成英文。1929 年执教于南开大学物理系，后又赴美国深造，1934
年回北大教书。在西南联大期间，他又把维格纳有关群论的德文著作翻译
成英文。

吴大任先生，数学家、数学教育家，南开大学教务长、副校长。在中
学时学了德文，到大学三年级又学了德文。他在《我的自述》一文中写道：
"我还学了两年德文，一年法文。这两种文字的数学书我都能阅读了。这
对我后来的学习生活起了很大作用。"1935 年，他在德国汉堡大学访问期
间，用德文发表了关于椭圆几何和积分几何两篇高水平的具有创造性的论
文。他的夫人也在南开大学跟冯文潜先生学了一年德文。她说："翻译《高
观点下的初等数学》这本书，是我和吴大任的最后一次合作。"吴先生在《我
的译作生涯》一文中写道："我喜欢译德文书，因为国内会德文的人比会
英文的少。"可见，吴先生对德文情有独钟，德文陪伴了先生一生。

陈省身先生，著名数学家，20 世纪最伟大的几何学家之一。他在南开
大学学了两年德文，1932 年汉堡大学教授在北大作"微分几何的拓扑问题"
系列讲演，对陈先生影响很大。1934 年 9 月陈先生赴德留学，在汉堡大学
用德文完成了论文《关于网的计算》。1935 年，他用德文提交博士论文
《2n 维空间中 n 维流形三重网的不变理论》。这两篇论文分别于 1935 年
和 1936 年发表在《汉堡大学数学讨论会文集》上。陈先生 1936 年获博士
学位。在德国的深造，无疑对陈先生在数学研究领域取得非凡成就具有决
定性的意义。在他生前，我曾经拜访过他，当时他的秘书也没告诉他来访
的人是谁，我一见面就说我是外国语学院的德语教师，他一听我是德语教
师，立即就用德语跟我说话，说得特别地道。他说："我到德国后马上就
听德国人的课了，上课都是讲德文的，我完全没有困难。在南开打的德文
基础很重要。我在汉堡大学很快就获得了博士学位，德文在我的学术生涯
中很有作用。"他对德语教学提出了很多希望："第一，培养一两个真正
能看懂歌德、席勒，深知德国情况的学生，能够回到南开来教德文。第二，

订阅一两份报纸，最通行的《明镜周刊》就可以，把专业扩充一些。德国是很重要的国家，因为在欧盟中它最强，最富裕。德国八千万人，法国只有四千万人，中国这么大的国家，需要有几个真正了解德国情况的人。"1985年，陈先生介绍海德堡大学校长到天津访问，和我校签订了友好合作协议。

这些年来南开大学的德语教学仍然保持着较高的教学质量。例如，在1997—2003年七年的时间里，我校接受公共德语教学的三百多名学生参加了全国德语四级统考，有不少人获得了证书，成绩不错，有的同学得到86.5分。另外，外语本科生用二外德语考研究生的学生都取得了良好的成绩。

综合以上情况，可以说张伯苓校长把外语、把德语放在很重要的位置这一治学理念，得到了继承。一个世纪以来，南开的德语教学贯穿中学、大学整个阶段，覆盖文、理、工、商、医各个学科，开设基础德语、中级德语、德国文学、专业德语等多种课型，面向本科生、硕士研究生、博士研究生、中青年教师、社会人员等多个教育对象，兼顾公外教学和专业教学的不同层次，实现学校教育与为社会办学相结合，形成良好的传统，并在多年的实践中，积累了丰富的经验。南开德语教学具有的特色和取得的成就，无疑是今后德语专业建设和发展的基础。

采访组：您能介绍一下德语专业和德语系成立的过程是怎样的吗？

张桂贞：从1958年李霁野先生招聘周米达女士开始，就有成立德语专业的打算，但缺少教师。从1973年我和张颖老师改学德语之后，陆续调入一些德语教师。如自1958年算起，直到2002年德语专业正式成立，共经历了四十四年。如从1978年我校向教育部申请成立专业算起，到2002年获得教育部批准，则过去了二十四年。从只有公外教学到成立专业，经过了一个漫长的阶段，可以说步履艰难。

　　具体地说，1978 年 7 月 24 日外文系向学校递交申请，7 月 28 日学校向教育部递交请示，希望从 77 届研究生、本科毕业生中调拨少量水平高的骨干教师充实德、法专业教师队伍，未获批准。

　　1987 年 7 月，学校师资处派我到国家教委外事局递交申请文件，陈述我校德法教研室老师的教学重点应转向培养出国教师和硕博士研究生方面，因此，教师的出国进修就提到日程上来了，我们迫切希望国家教委把我校的教师进修纳入计划。后教委分配的出国名额德语三个，法语两个。陈宗显老师在德国歌德学院进修五个月。当时在图书馆工作的王慕义老师在德国进修一年。我在我校与德国海德堡大学校籍交流项目中赴该校进修十个月。

　　以母国光校长、朱光华副校长为首的校领导和车铭洲教务长多次在申请报告上批示，给以我们大力支持。外事处张迈曾处长还邀请德国大学的专家与德意志学术交流中心联系，协助策划专业模式、筹集图书、设备、引进教师等。长期以来，外文系的领导都十分重视建立德语专业的工作，都将此列入工作要点。早在 1991 年外文系在"关于'八五'计划及十年规划的基本设想"中就提到建立德、法专业。

　　外文系曾派我到本市有关部门了解德语、法语毕业生需求情况。陈宗显、张智庭、常和芳等老师前后起草申请报告。各位德语老师对设置专业可行性报告进行了多次讨论。

　　1994 年 2 月，外文系又向学校提出申请，学校将申请退回。1994 年 5 月 31 日，外文系重新向学校提出申请，1995 年 2 月 9 日学校退回申请。1998 年 9 月 17 日，外语学院向学校提出请示，11 月 5 日学校向教育部递交请示，1999 年 11 月教育部发来文件，没有批准。2002 年 9 月 19 日，外语学院又向教务处提出申请，10 月 23 日由常和芳老师向学校学术委员会口头汇报了申请报告，学校予以批准。11 月 7 日，学校将申请报告递交教育部。2003 年 2 月 10 日，教育部公布了 2002 年度全国的专业申请备案情况，其中包括南开大学的德语专业。外语学院于 2003 年 9 月在全国招收本科生二十名。2016 年 7 月，德语专业撤销，德语系成立。从德语专业成立起，南开大学的德语教学翻开了崭新的一页，特别是德语系的成立，使教学、科研更上一个层次。

采访组：您能简单介绍一下德语教师培训班吗？以及在这期间有没有令您印象深刻的老师、学生和令您难忘的事情？

张桂贞：举办教师外语培训班是改革开放大背景下我校采取的重要举措之一。外国语学院各个专业的老师，除了专业课之外，还要承担全校的公共外语教学。此外，师资处外语培训中心举办过多期各种教师外语培训班。外国语学院对全校教师外语水平和教学科研水平的提高及对外交流工作起了重要的作用，做出了很大的贡献。据我所知，从改革开放前夕开始，我校办过英语、日语、俄语、德语教师培训班。

1976—1978 年，我校举办了中年教师德语培训班，1986—1996 年，师资处外语培训中心共举办了 9 期青年教师出国培训班，基本上一年一期。1985 年经陈省身先生介绍，南开大学和德国海德堡大学结成了友好学校，进行学术和人员交流。海德堡大学是 1386 年成立的，1985 年建校已 600 年了，这是我校和德国高校最重要的一个合作伙伴之一。这样一来，教师培训、赴德读博、进修就提到日程上来了。这样的培训班，一般情况下是请一个德国或瑞士的外教，配上一位中国德语老师。中国教师主要负责语法课。学员大多数是工作两年以上、硕士毕业的青年教师，去德国或其他德语国家攻读博士学位，或者进行学术交流、合作研究及参观访问。个别班里也有少数校外的学员。

办这种班的效果到底如何呢？为了了解情况，我结合百年校庆，对德语培训班部分学员的有关信息做了一次档案和问卷调查，内容大体包括：

培训班举办时间、学员系别、学员德文名字、何时出国读博或进修、现任职单位、工作情况及业绩等。因为时隔较久，单靠回忆是不行的。加之我校档案馆又没有为这种短训班建档，我就只能从外事处出国人员的记录材料查起：确定学员名单，学员究竟来自哪个系，何时去的哪个国家等，设法和他们取得联系，通过已联系上的学员和当时留存的班级照片找到更多的学员，让他们把培训班之后的学习、工作简历发给我，我再进行整理。从这些学员走过的人生道路来看，他们都取得了很大的成就，成为学者、教授、科学家、企业家、艺术家等。而德语培训对他们的事业发展，起到了关键性作用。下面仅就去德语国家读博或访问的学员，介绍一二。

关乃佳，1986 年第 1 期学员。材料科学与工程学院教授，博士生导师。1987 年赴德国波鸿鲁尔大学攻读博士学位。历任南开大学化学学院院长，南开大学教务长，南开大学副校长（主管国际事务）。现任中国化学会催化专业委员会委员，分子筛专业委员会副主任，国家留学基金委、国家外专局和教育部国际司项目评审专家。获天津市自然科学二等奖，天津市"三八红旗手"和"九五"立功先进个人称号。

荣海生，1986 年第 1 期学员。1986 年赴德国海德堡大学读博士学位，目前是美国英特尔公司光电子学研究实验室主任及首席科学家。参与了早期 LIGO 引力波观测站的设计和建设，该观测站于 2015 年首次探测到引力波，为雷纳·韦斯（Rainer Weiss）等获得 2017 年诺贝尔物理学奖奠定了基础。2005 年，由于他在硅激光器开发方面的出色工作，美国著名杂志《科学美国人》授予他"Scientific American 50"奖项，此奖授予 50 名全球范围内年度最佳科技研究领导者。

马龙，1986 年第 1 期学员。1987 年赴海德堡大学应用物理研究所攻读博士学位，曾在德国海德堡的马克斯 – 普朗克核物理研究所做助研，在瑞士日内瓦的欧洲核子研究中心（CERN）微电子部、瑞士著名的莱卡公司（Leica）、德国奔驰集团工作。任德国大陆汽车集团高级驾驶辅助系统

（ADAS）项目经理及高级工程师，从事信号与电源完整性模拟与测试，系统硬件电磁兼容模拟及电子设计自动化（EDA）系统管理。

李金山，1987 年第 2 期学员。化学学院元素有机化学研究所研究员，博士生导师，元素有机化学国家重点实验室成员。曾作为高级访问学者赴德国马尔堡大学进修，应邀作为客座教授再次访问马尔堡大学，应邀作为客座科学家两次访问德国卡尔斯鲁厄研究中心进行合作研究。完成国家及天津市科学基金以及横向课题数项，在国内外学术期刊发表研究论文 60 多篇。

梁俊忠，1987 年第 2 期学员。1989 年赴德国海德堡大学读博士学位。他发明了用 Hartmann-Shack（哈特曼 – 夏克多）传感器人眼波前像差测量技术，并在国际上开创了眼波前技术，首次实现自适应光学对人眼高级像差矫正和人眼活体细胞眼底成像，并开创人眼自适应光学和波前引导的视觉矫正。目前在工业界从事改善人视觉的技术和产品研发，发明国际专利 38 项，国内专利 3 项，国际产业化成果 6 项。

牛树强，1987 年第 2 期学员。现任美国德克萨斯农工大学化学系正研究员。1989 年赴海德堡大学有机和计算化学专业读博士学位。曾任德克萨斯农工大学化学系博士后研究助理和助理研究员，美国西北太平洋国家实验室高级助理研究员，华盛顿州立大学分子生物学院研究协调员，乔治城大学化学系高级研究员，美国健康部（NIH）计算生物实验室合同研究员兼访问研究员。

张琚，1987 年第 2 期学员。1989 年在奥地利因斯布鲁克大学生物化学所读博士学位。在该校泌尿医院前列腺研究中心作博士后。回国创建南开大学"雌激素作用分子机制研究室"任研究员、博导。曾赴德国柏林泌尿医院、卡尔斯鲁厄研究中心和癌症研究中心合作研究。曾任生命科学学院分子生物学研究所所长等，国家自然科学基金委员会第十二届生命科学部临床基础医学和第十三届医学科学部终审专家，教育部"跨世纪优秀人才"，天津市劳动模范，获"全国五一劳动奖章"，天津市自然科学三等奖。

何华瑞，1988年第3期学员。1989年赴奥地利格拉茨（Graz）大学读博士学位。后转入美国，参与开发第一代用于临床诊断试剂盒，获AVL"技术突破"奖，为首席化学家。后转入罗氏集团，加入Osmetech Corporation，升为化学部主任，后并入爱德士集团（Idexx Laboratories），主导研发用于心脏病检测的免疫分析法。2010年回国创办天津希恩思生化科技有限公司，2011年荣获天津市"千人计划"创业人才、高新区海外高层次人才称号。

赖群，1988年第3期学员。1989年赴奥地利维也纳技术大学留学，在苏黎世瑞士高等工业学院量子电子学院攻读博士学位，在洛桑瑞士高等工业学院微电子系统学院作博士后。曾任美国加州硅谷创投公司器件部总监，Intpax/Siargo工程师总管，瑞士微电子研发中心CSEM资深研发工程师，瑞士Schurter公司亚太区销售经理。目前在瑞士合伙创立NAPSS AG，检测金属材料的可靠性，消除其内应力，提高使用寿命。

马树青，1988年第3期学员。来自天津工艺美术学校，1989年就读于德国慕尼黑美术学院自由绘画专业。现为天津美术学院油画系特聘教授，硕士生导师。曾在德国杜塞尔多夫、慕尼黑，我国多个城市，德国驻中国领事馆等地举办个展多次，在世界多国，如德国科布伦茨、波鸿参加群展二十余次。油画《牧牛图》参加1987年第一届中国油画展，获优秀奖；油画《嫁女》入选1985年第六届全国美展并被评为优秀作品。

张国刚，1988年第3期学员。清华大学人文学院教授，教育部长江学者特聘教授，历史学博士，联邦德国洪堡学者，曾为南开大学历史系教授，德国特里尔大学汉学系客座教授。曾任南开大学历史系主任，汉堡大学、剑桥大学、柏林自由大学、特里尔大学、早稻田大学汉学系客座教授或访问学者。曾兼任教育部历史教学指导委员会委员、中国唐史学会会长、中国中外关系史学会副会长等。获教育部高等学校科研成果优秀著作一等奖、国家级优秀教学成果一等奖等。曾被评为北京市高校优秀教学名师，主讲的多个课程获教育部首批国家级在线精品课程。

李连江，1989 年第 4 期学员。香港中文大学政府与公共行政学系教授，博士生导师。在美国俄亥俄州立大学获博士学位。曾把德国哲学名著叔本华的《人生智慧箴言》由德文翻译成中文，由商务印书馆出版。愿望是退休后继续翻译德国的哲学名著。

王勇，1989 年第 4 期学员。1991 年赴奥地利维也纳农林大学植物学专业读博士学位。现任南开大学生命科学学院教授、博导，曾任中国植物生理学会理事、南开大学研究生院学科学位办公室副处长、生物化学与分子生物学系主任等。获中国植物生理学会第九次会员代表大会"青年优秀论文三等奖"，南开大学"优秀青年教师一等奖"，被评为"天津市教育系统优秀思想政治工作者"，被中国致公党中央委员会评为"开展树立和践行社会主义核心价值体系推进基层组织建设活动先进个人"。

张利，1989 年第 4 期学员。1990 年赴德国海德堡大学物理系读博士。曾任西门子（中国）有限公司自动化集团培训及市场部经理、上海西门子工业自动化有限公司（SIAS）副总经理及西门子工厂自动化工程有限公司（SFAE）总经理，兼任工业领导力发展项目经理、自动化与驱动集团电气安装技术部总经理，现任西门子（中国）有限公司工业组织发展部总经理，兼任公司工会主席，受聘于东莞理工学院任客座教授。

高旭军，1990 年第 5 期学员。同济大学法学院教授、博导。1995 年赴德国柏林自由大学和洪堡大学读博士学位。曾任同济大学中德学院经济法系主任、西门子＆蒂森克虏伯基金教席主任等职。现任同济大学中德国际经济法研究所所长，兼任中国法学会比较法研究会常务理事、中国欧洲学会欧洲法律研究会常务理事、上海法学院法学翻译研究会副会长、德国比较法学会外籍会员、上海国际经济贸易仲裁委员会仲裁员。曾获德国洪堡基金会奖学金，成为洪堡学者，德国波恩大学凯特法律文化研究院客座教授，获 2019 年度"洪堡杰出人才履行奖"。

孙孟红，1990 年第 5 期学员。复旦大学附属肿瘤医院组织库主任、主任医师，硕导。1994 年赴德国海德堡大学读博士学位。曾在美国 MD Anderson（MD 安德森）肿瘤中心作博士后研究。ISBER（国际生物及环境样本库协会）组织咨询委员会委员、国家科技部人类遗传资源管理办公室第三届中国人类遗传资源管理专家组成员、中国医药生物技术协会组织生物样本库分会常委、首届中国研究型医院学会临床数据与样本资源库专业委员会副主任委员、上海市抗癌协会理事、全国生物样本标准化技术委员会生物样本库质量达标检查工作组专家。

王晓欣，1991 年第 6 期学员。南开大学历史学院教授、博导。曾赴德国特里尔大学、汉堡大学访问及合作研究。曾任历史系中国古代史教研室主任，现为中国元史研究会副会长、中国蒙古史学会理事。曾获天津市教育系统教工先锋岗先进个人，宝钢教育基金会"宝钢优秀教师奖"，天津市"教学名师"称号。曾获南开大学"魅力课堂"奖，三届南开大学宁一弘道"魅力教师"奖，教工先锋岗先进个人标兵，"教学名师"奖。率教学团队获南开大学优秀教学团队奖。所授课程被评为国家级精品课程、天津市精品课程等。

王彦庄，1993 年第 7 期学员。美国密歇根大学分子细胞发育生物学系终身教授，兼任神经科学系教授。1994 年赴德国海德堡大学读博士学位，同年获海德堡大学神经生物学系最佳科学发现奖一等奖。曾在美国耶鲁大学作博士后及研究助理。曾为美国癌症协会研究学者，连续五年获美国国立卫生研究院(NIH)独立科学家奖。曾参与美国国立研究院、美国癌症协会、中国自然科学基金、香港研究资助局、英国生物技术与生物科学研究委员会等多家资助机构基金的评审。

王志军，1993 年第 7 期学员。1994 年赴德国海德堡大学攻读博士学位。

于德国海德堡大学、苏黎世瑞士国家技术研究所及美国圣地亚哥斯克里普斯研究所作博士后研究。后加盟圣地亚哥 Kemia Inc. 制药公司和 Calci Medica Inc. 制药公司。现任圣地亚哥沪亚生物医药技术国际有限公司研发总监，曾参与引进复旦大学杨青教授的肿瘤免疫 IDO 抑制剂项目。拥有十多项已授权的美国专利，有十余项已发表的 PCT 专利申请处于审批阶段。

吴志成，1994 年第 8 期学员。中共中央党校中国国际战略研究院首席专家、一级教授，经济学博士，曾任南开大学周恩来政府管理学院教授、博导。曾赴德国汉诺威大学、曼海姆大学、杜伊斯堡大学、埃森大学合作研究。历任南开大学国际学术交流处处长、欧洲研究中心副主任，曾兼任南开大学党委宣传部部长、周恩来政府管理学院院长等。入选中组部领军、中宣部理论、人社部新世纪人才，国务院特殊津贴专家，获"天津市五一劳动奖章"等。兼任中国欧洲政治研究会副会长、"一带一路"智库合作联盟理事会理事、金砖国家智库合作中方理事会理事等。受聘国家领土主权与海洋权益协同创新中心学术委员会委员、朝鲜半岛研究协同创新中心学术咨询委员会委员兼首席专家，外交部、科技部、商务部、中联部和天津市政府决策咨询专家。

以上及其他学员的详细介绍可参见我整理的《德语培训班》一文。他们在各种职业岗位上取得的不同业绩印证了一个事实：外语培训对于人才的成长和成功至关重要。前不久阎国栋院长对我说："咱们外国语学院如有力量，还要从各个专业抽出人来在全校办教师外语培训班。"落实"一带一路"倡议，加强与欧盟和世界的关系，都需要进行交流。所以我认为，在新形势下，发挥我院多语种的优势，提高我校教师各种语言培训的质量，提高教师的多种语言水平是非常必要的，这是我校学科建设的一项重要措施。

采访组：经过这么多年的德语教学和探索，您有哪些感想？

张桂贞：首先，我觉得端正学习目的是最重要的。在每次开班的时候我都要先问学生，你为什么选德语？学生的回答有很多，如我喜欢德国的足球、德国汽车，德国有伟大的革命导师马克思，我喜欢德国人，我喜欢德国球星，德国产品质量高，等等。现在我觉得，学生的回答也有他们的道理，但这只是一个暂时的动力，那么持久的动力从何而来呢？我告诉他们德语特别难学，光凭着这点儿热情是不够的。我做的第一件事，就是在导论课上，把德语是一种什么样的语言通过 PPT 演示一下，它难在哪里，有几个特点，不好学在什么地方。你要想选，你就必须学好，如果觉得自己实力不够，那就赶紧改学别的语种。第二件事，强调学习德语的必要性。一是我国与德语国家，像德国、奥地利、瑞士的关系，是战略伙伴关系；二是市场对德语人才的需求，我给他们读我教过的学生写给我的信，信中谈自己在出国或求职中体会到的对德语的需求；三是从长远的观点看，学好二外，终身受益。我向他们介绍一个实例：有一天我在路上碰见一个英语专业的学生，研究生毕业，我曾教过他德语，他正在为选择工作单位发愁，我当即建议他选择能提供更多锻炼机会的单位。最后他选择去华为，当时华为还没有现在这么有名。他到华为先被派驻一个国家三年，后又被派往华为德国总部。我讲这个例子，是要强调德语学了以后，不一定马上会用上，但是会终生受用，不要只看眼下，多掌握几门外语是非常必要的。

其次，就是利用多种方式提高学生关注德语国家的兴趣。我一般在讲课过程中，会介绍那些国家的风土人情，包括自己在国外的见闻等等。要把生活常识介绍给学生，给他们展示一些实物，比如风景册、明信片、大学生学生证、借书卡、医疗卡、邮票、贺卡、啤酒节的菜单、一些新旧货币等等，课间放一些德国歌曲，活跃一下气氛。

要向学生们讲，跟当地人如何打交道，因为有的同学毕业以后立马要和外国人接触。我给他们举了几个例子。

第一个例子。我刚到德国进修，住在大学生宿舍。一次在公用大厨房做饭、切菜时，身后有人问我："Hello，你是新来的吗？"我说是。于是他就领我到门后，那儿有三四个塑料袋，他告诉我这是垃圾分类袋，这个该扔进什么垃圾，那个该扔进什么。最后问我记住了吗？我说记住了。一会儿又来了一位学生，同样又嘱咐了我一遍。一晚上进厨房告诉我垃圾分类的学生，有好几个。看来那里的学生对垃圾分类非常重视，办事认真。当时我真想在后背贴上一个条儿，说："我是新来的，可是你们的垃圾分类我已经知道了，谢谢。"

第二个例子。德国是如何处理废弃玻璃瓶的。那里随处可见标明盛放三种颜色废瓶的桶，分别盛放无色、绿色、褐色废弃玻璃瓶。扔瓶的时间为早 8 点至晚 7 点，因为这个时间段是人们上班的时间，而早 8 点以前和晚 7 点以后是人们休息的时间，如在这时候扔瓶，声响会影响大家休息。

第三个例子。有一次两位老师开着两辆车，陪我们参观团到瑞士游玩了整整一天。晚上到饭店后却不见了那两位老师。我们都没有来得及跟人家说一句谢谢。学校校长告诉我们："他们回家了。给你们定的是客饭，你们是客人，他们不是客人，怎么能吃客饭呢？"德国人就是如此公私分明。

最后一个例子。我在海德堡大学进修一年，是一个普通教师，直到今天，每逢我生日之际，海大外事处总给我发来一个 E-mail，祝生日快乐，而且每年圣诞节和元旦都发来贺卡。我离开那里是 1990 年，到现在外事处的负责人已经换了多少次了，但是这项工作一直在进行。可见海大的外事工作，做得多么细致和周到。

最后，想办法让学生具备学好德语的信心。针对有的同学因为觉得德语难学而想放弃的情况，我会请上一届、上上届在考研、就业、留学等方面比较成功的学生介绍经验。座谈时，双方之间可以互相提问，留下联系方式，这样使正在学习中的学生增强了学习的动力和自信。

在教学中，我坚持高标准严要求，最大限度地挖掘学生的潜力，有十分潜力，就挖十分，如果只挖两分，那八分就浪费了。我相信学生们的接受能力没有太大差别，关键是教师如何把他们的潜质和潜能最大限度地挖掘出来。第一，选择与时俱进的教材，一般选用国家统编教材，教材要新，结合所学语种国家的生活、教育、经济、习俗以及近来在世界上所处的地位等等。第二，强化听说写读译各方面能力，特别是培养学生的自学能力。我采取了一种教法：比如有十课书，我把前两课书的重点词汇、短语写在黑板上，告知同学们我是怎样从课文里把它们找出来的，应该怎样翻译，等等。从第三课开始，我就要求学生自己找了，等下次上课的时候，找两位同学把找到的重点词汇写到黑板上。最初，该写的一个没写上，不该写的写了一黑板。然后，我再详细讲解。学过几课书后，有些同学的笔记竟然和我的教案基本上相符了，以后即使他们读到生疏的文章，自己也能处理了。这就是授人以鱼不如授人以渔，关键是让学生有自学能力，什么文章学生都不怵看，参加任何考试也不紧张。第三，选择实用性强的教材，比如贸易、时事方面的。因为有些同学将来要接触到商务和外事，所以在课外阅读教材里选择一些，但不作为考试内容，如商务方面的德语，迎来送往、参观公司、预约会面、预订房间、参加展览会、公司介绍、产品介绍、求职面谈、办公室回话、打电话、求职信、个人简历、询价报价、催款、索赔、支付通知、申诉、合同、电子邮件等等。组织同学两人一组，编写求职面试对话，并在课堂上表演。增加课外阅读材料也很重要，有的索性留作假期作业，将中央国际广播电视台播放的一些时事新闻发给学生，因为学外语的学生将来的人生平台是整个世界，所以要关心国家大事、世界大事，培养外语工作者必须具备的素质和能力。第四，要鼓励学生学以致用，比如建议在毕业论文中充分地引用德语文献；用多种语言写求职信，当然德语是必不可少的。第五，加强对用德语考研学生的课下辅导，和学生一起做要报考学校的历年德语试卷，互对答案，讲解疑点，提高学生的应试能力，有的考研学生的德语成绩可达到八九十分。做好对要去留学学生的德语辅导和解答咨询工作。

加强与学生的思想沟通，教人先交心。对学生严要求，高标准，是对学生最起码的尊重。认为他可以学好，对他的进步及时表扬、及时肯定，对问题及时批评指正。我经常把自己的想法，包括我的经历告诉学生们。只有让学生了解我，学生才能理解我，我的一些想法和做法学生才能支持。我觉得跟学生做知心朋友非常重要，特别是有的学生学习有困难，那怎么办呢？就得找他聊天，给他鼓励，给他适当地补补课，对他的进步，马上表扬，马上肯定。再有一个办法就是讲评试卷，请考试成绩比较好的同学介绍经验，同时有的学生没考好，但某道题做对了，也提出表扬，切不可让学生感觉到，学得不好，就抬不起头来。通过这些做法，师生之间、同学之间的关系，就比较融洽。我要求学生们毕业之后，把毕业的体会、工作的感受、读研的过程及时反馈给我，反馈给下一届的学生，以便直接借鉴。学生们学到真正的知识，吸收了实际的经验，就可能在某种程度上改变他们的人生轨迹，对他们在一生中的发展起到一定的积极作用。

在跟学生们的相处中，我也深深地感觉到师生的情谊。我可以举两个例子。有一次我在滨海上课，下雨了，一个女学生骑车回宿舍给我取了一把伞，浑身都湿透了，我特别感动。还有一次晚上上课，下课后，同学们都走了，尚未到校车开回市区的时间，我就在办公室批改作业，突然有五六个同学又回来了，敲我的门。他们说："外边雾好大，我们都走到宿舍了，一想您可能看不清，我们就又回来，想把您送到上校车的地方。"我随着这几个学生走出楼门一看，果然伸手不见五指，幸亏他们拉着我一起走到上校车的地方，否则我就不知走到哪儿去了。学生们时刻把老师挂在心上，我心里感到十分温暖。

我和学生们成为知心朋友。多年来我和一些学生一直保持着联系。学生们在学习德语过程中，不但学到了知识，而且塑造了好的素质和品格，同学们的进步和成就，鼓舞着我，使我感受到人生价值。

南开是敬爱的周总理的母校，周总理是最杰出的校友。习总书记视察我校，是赠给南开百年校庆最好的礼物，是对全体师生的最大鞭策。我们应该在总结百年历史、百年传承的基础上，开拓各个教学领域新的百年。习总书记曾经对教育工作者说过："教师承担着最庄严、最神圣的使命，教师要时刻铭记教书育人的使命，甘当人梯，甘当铺路石，以人格魅力引导学生心灵，以学术造诣开启学生的智慧之门。"我想这就是我们从教、为师的座右铭。

赶上母校百年校庆是非常幸运的。在百年校庆之际，我祝愿母校更加兴旺发达，多出栋梁之才，多出科研成果，为民族复兴多做贡献。同时也祝愿外国语学院和各系、各专业，在国家实力增强的新时代，努力适应改革开放和落实"一带一路"倡议的需要，办出教学特色，提高教学质量，培养出各个语种的优秀人才，为国家的经济发展和外交事业源源不断地输送新生力量。虽然我已退休，但是我还应该做一些自己力所能及的事情，不辜负南开对我的培养和教育。

陈宗显

CHEN ZONG XIAN

陈宗显简介

　　陈宗显，1939 年 5 月生人，毕业于北京大学西方语言文学系。1980 年从北京农业大学（原北京农机学院）调任南开大学公共外语教学部（后并入外国语学院），从事德语和英语教学工作，主要成果有《歌德散文选》，于 1999 年退休，共任教 37 载。

被采访人：陈宗显

采访人：王帅、王爽

整理人：王帅

时　　间：2019 年 5 月 14 日上午

地　　点：龙兴里小区

  采访组：陈老师您好，我们即将迎来南开的百年校庆和外语学科建立100周年，阎院长和相老师想做这样的一个项目，通过采访像您这样的老先生们，挖掘我们百年外语学科的历史。上周我们已经采访过肖福堂老师，请他大致梳理了建科以来的脉络，今天希望从您这里挖掘一些其他信息。请问您是什么时候到外国语学院工作的？是在一个怎样的契机下来到外国语学院的？

  陈宗显：我们原来是在公共外语教学部，现在叫作公共英语教学部。那个时候，外国语学院的前身是外语系（外文系），我们负责公共外语教学，有德语、法语、俄语、日语。我们来到外国语学院之后，剩下一部分教师教英语，公共外语教学部就改成了公共英语教学部。来到外国语学院的这批人，教日语的到了日语系，教俄语、德语、法语的到了西语系。当时我是在西语系，具体哪一年，我记不太清楚了。我们过来以后，就在系里负责本系和全校的公共课。德语当时有三名教师，法语有两名。原来外文系有俄语专业，没有德语和法语专业。经过努力，法语专业先建起来，接着德语专业也建了起来，后来德语又来了一些新人。我是1999年退休的，大概就知道这些情况。

  采访组：就是说您刚开始是在学校的公共外语教学部，外国语学院建立以后，又分到外国语学院，然后来建立独立的专业？当时有哪些老师您还记得吗？

陈宗显：当时有我、张桂贞老师、洪启智老师，后来洪老师调到了理工大学，再后来的我就不太清楚了。

采访组：我看您对德语和英语都有研究，您是从一开始就教德语吗？还是英语和德语？

陈宗显：我主要是教德语，中间也教了一段时间英语。

采访组：您是在外国语学院教的英语吗？

陈宗显：不是，我在北京农大的时候教英语。

采访组：您之前是在北京农大工作？后来来到这里？

陈宗显：原来叫北京农机学院，后来合并成农大，我是1980年调到南开大学的。

采访组：您记得您大约在公外（公共外语教学部的简称）教了几年吗？

陈宗显：十多年吧。

采访组：您教的德语课程大约都有什么，您还记得吗？

陈宗显：一个是二外，上两个学期，提供给硕士生和博士生；一个是一外，是给外文系英语专业的，学一年半。另外，我们还搞师资培训，选派一些人到德国留学。我们的培训班办了十几期，是和外教合办的。

采访组：当时已经有外教了是吗？

陈宗显：当时办这个班的时候，请不来外教。

采访组：外教没有承担咱们学院的教学任务？

陈宗显：不承担，只负责培训班，一般是培训硕士生到德国去读博士。

采访组：您刚才提到给硕士、博士开设二外课程，也是针对咱们学校其他院的同学是吗？

陈宗显：对，全校的。

采访组：您刚开始到外国语学院教德语的时候，应该学生不多吧？您还记得大约是什么情形吗？

陈宗显：当时学生不多。我刚调过来的时候，我们德语一共是五个人。

采访组：五位老师？

陈宗显：对，后来有一位年轻教师调到了旅游系，又到德国学旅游，没回来。就剩下我们四个，之后又有一名老师退休，主要就是三个人。

采访组：您教的那些学德语的学生，他们毕业之后都去了哪里？有没有跟您一样回到外国语学院教学的，或者是工作的？

陈宗显：没有，没有在外国语学院，但在本校有不少。

采访组：您还记得他们的名字吗？

陈宗显：有，咱们原来的关乃佳副校长就是从德国回来的，还有外事处处长乔明强。当时还有一个德国老太太在这儿，主要不是教学生，我们有两个老师是俄语改德语的，他们就跟这个老太太学。"文革"以前老太太就在这儿工作，教公共课。

采访组：后来在咱们学院，她也没有承担教学任务？

陈宗显：后来她就只在家里了，老师们有问题，就到她家里去请教。

采访组：在您任教的这些年里，咱们的外语学科建设有什么变化吗？比如课程设置等等？

陈宗显：刚开始，我们德语、法语只是教公共课，后来都建了自己的专业，这是一个变化；另外，外语学科越来越多，增加了西班牙语、意大利语、葡萄牙语等，所以外国语学院的发展还是很快的。

采访组：您到外国语学院之后，当时的院长是谁？

陈宗显：是刘士聪老师。

采访组：您有和刘士聪老师他们进行过一些合作或者是研究吗？

陈宗显：没有，他是研究英语的，我研究德语。

采访组：那您和德语系的其他老师有一起做过除了课程以外的研究吗？

陈宗显：没有，不过我有和校外的院校合作过。我们每年都有一个大学德语会议，负责教材的编写、审定，另外我自己会做些文学翻译。

采访组：您翻译的方向是德国文学？

陈宗显：是的，德国文学，比如歌德。

采访组：您刚到外国语学院的时候和现在有什么不一样吗？比如教学设施等等？

陈宗显：教学设施好像没什么变化，还是传统的粉笔。不过当时还没有用电脑。

采访组：教室的桌椅也还是现在这样子吗？

陈宗显：基本上是这样。

采访组：教学期间，您有没有印象特别深刻的学生、老师，或者一些事情？

陈宗显：没有。我因为在外国语学院时间不是太长，来了没几年，就退休了。

采访组：您工作期间遇到过哪些困难？

陈宗显：当时好像没觉得有什么困难，只是课比较多，我们人手少，又教本科生，又教研究生，还有出国培训。另外，我还支援过天津市的引进项目，厂里把我借调过去，做了一年多。

采访组：您还记得那个项目是什么吗？

陈宗显：讯达摩托车。

采访组：您是过去做德语翻译？

陈宗显：嗯，当翻译。

采访组：我们现在德语的学生也不多。您当时教授专业课的时候，招生的方向、来源是什么？

陈宗显：学生们的一外必须通过。比如说物理系、化学系，还有文科的学生，他们的英语需要通过四级，通过四级才有资格选二外，当时是这个情况。正式从全国各地招德语专业的学生时我已经退休了。

采访组：那您对咱们外语学科之后的发展，有什么想法或者意见吗？

陈宗显：我们有些学科的历史是比较久的，像英语，但是有些学科还很年轻，只有几年的时间。对这些学科，还是要巩固，把基础打好，特别是培养师资这方面；另外，也需要请一些外教，小语种的外教还是比较少。至于英语学科，应当往深处再发展，在培养博士生、硕士生方面应当加强，毕竟英语学科历史比较久，师资力量也很强，在国内有一定地位。

黎凤鸣简介

　　黎凤鸣，女，1931年出生于上海。1940—1949年（小学四年级至高中毕业）就读于上海著名教会女中——上海裨文女子中小学（宋氏三姊妹母亲倪桂珍的母校，美国传教士于1850年创办），接受了九年严格的教育。1949年上海解放后参加清华、北大、南开三校联合招生考试，被清华大学录取，进入清华大学外文系学习法文。1952年因院系调整，到北京大学学习，1953年毕业于北京大学。1956年成为南开大学外文系唯一的法文老师。1956—1979年，在南开大学任教的二十三年间，负责本科生、研究生的法语教学工作，亦曾负责过英语教学工作。

被采访人：黎凤鸣（刘士聪、常耀信、王蕴茹陪同）

采访人：王帅、崔丽月

整理人：朱津萱

时　间：2019 年 10 月 17 日下午

地　点：南开大学外国语学院霁野厅

采访组：黎老师，您好！今天很激动也很荣幸能看到师生齐聚一堂的盛景，之前我们也采访过刘士聪老师、常耀信老师，这两位老师都是我们英语系学子眼里的大家，所以听到老师的老师也要回南开接受采访时，内心特别好奇：该是什么样的老师能培养出这么多优秀的学生？黎老师，您能介绍一下您和南开的际遇吗？

黎凤鸣：我是 1956 年来到南开的。1953 年，我在北京大学毕业，但我在北大只念了一年，念四年级。我是 1949 年进入清华大学学习的。在清华前三年，我在外文系学法文，也学英文。那时候的老师都是了不起的，在清华教英文的老师是李赋宁，他亲自教了我两年，还给我改作文。我们的法文老师是吴达元前辈，他在西南联大时已经是教授，回来后亲自带我们。他教了我们两年以后，就把南开大学的罗大冈和齐香挖到清华去了。他对罗大冈说，我亲手带了一帮学生，这十个人带了两年，我现在全交给你，你跟齐香好好带他们。所以，他们就离开了南开大学，去了清华，后来又到了北大。所以我有清华的校友资格，同时拿到的是北大的毕业证书，上面有马寅初校长的签名。

我大学毕业后分配在北京工作。我的爱人在 1952 年自清华化学系毕业后就来到南开大学了，他在南开大学是一个很受欢迎和尊重的老师。他在化学系埋头苦干了二十几年，从 1952 年到 1979 年一直在南大的化学系。1956 年，我因为照顾爱人调来南大，8 月在南大结婚，随后进入外文系。1956 年外文系开始复办，复办的时候，李霁野先生是系主任，还有李宜燮、司徒月兰这些老教授。我从北京调过来时教法文，那时候我们的学生马振玲他们不是一年级就学法文，而是四年级才学，所以我那时只能教数学系研究生法文，才几个学生。有不少学生凑热闹也要来学，我那时候告诉他们，你们一开始很新鲜，谁都想学，但你们不愿意学的时候随时可以走。来的人很多，也有人走，剩下来就是这些精英了，他们能吃苦，熬过两年，学得很好。

1964 年我生孩子，那时候郑荣萱是我的助教，跟我学过两年法文，我对她说我不想因为生孩子耽误学生，你去替我上课吧。她真的去替课了。我在外文系跟他们很熟，因为每一届从第一年学英文到第四年学法文坚持下来的，基本上都在学校留下来当老师了，所以我有这么多的学生是老师。当老师是一件很开心的事情，你能看着你的学生成长，他们多年以后还会来找你。

1997 年香港回归的时候，高秋福——新华社的副社长，作为采访团的团长，带着一百多个记者到香港去采访，忙得不得了。他找到我的电话跟我说，黎老师，我要见见你。我说，那你什么时候有空呢？他说，我什么时候都没空。我说，要不明天早上一起吃早饭吧。他说，好。我们就这样一起吃了早饭。

常耀信在美国考博士的时候给去香港之后的我写了封信，我看到后哭了，我真的流眼泪了。

黎凤鸣：你当时是用英文写的对吧？（问常耀信）

常耀信：对。

黎凤鸣：他告诉我，他要考博士 candidate（候选人），是这么说吗？

常耀信：对，是博士研究生资格考试，其中有一项是第二外语，我就拿着跟黎老师学的法语去考了。

黎凤鸣：隔了多少年？

常耀信：当时是 1964 年，我考试时应该是 1983 年，隔了有小二十年了。

黎凤鸣：是十九年，我记得你在信里写了，放下了十九年的法语，然后到图书馆用两个星期都拾回来了。

常耀信：那倒也不是。其实是因为我一直没有放下过法语，所以呢，那时候我非常顺利地通过考试了。

黎凤鸣：原来是这样。

常耀信：那个文章是T.S.艾略特的《荒原》的评论文章，翻译成了法语。我一看，黎老师教的东西都在里头，就很顺利地通过了。

黎凤鸣：刘士聪和他的太太谷启楠也是学法语的。

刘士聪：黎老师教课，对学生没有偏见。她对什么样的学生，都是同样的热情。她劝你学，帮助你学，不管是学得好不好，她同样抱有很高的热情。

采访组：老师们真是太令人敬佩了！我也是学英语的，考研时二外考的法语，读研后又学了一学期，感觉学法语真的很难。

王蕴茹：我们那会儿学了两年。

刘士聪：可以让黎老师讲讲她游泳，她是个游泳健将。

黎凤鸣：游泳游到八十多……

（此时，门外进来一批黎老师昔日的学生，时隔多年未见，这群曾经的少年互相拥抱、聊天、合影，采访中断，但师生共聚的氛围达到顶点。）

采访组：刚才都是黎老师的学生吗？

黎凤鸣：是的，他们不但没有把我忘掉，而且印象这么深，这么亲热！这就是亲情，金钱买不来的。

采访组：老师们师生相聚、同窗相聚特别不容易，那我们就简单收个尾，不耽误老师们的时间了。黎老师，您在南开教书教了几年？

黎凤鸣：我是1956年来的，1979年走的。

采访组：您一直是教法文吗？

黎凤鸣：教法文，1956—1959年也教一些英语。

采访组：您可否说一下，您在南开任教期间对您影响最大的事情是什么？

黎凤鸣：我在这儿生活了二十三年，教课是我最开心的事情，放假反而觉得没什么可干，看见学生就觉得开心。

采访组：看见今天来访的这么多前辈，就知道您一定是一位好老师！

常耀信：我补充一下，黎老师也是一个好妈妈。我去过黎老师家两次，请教问题，您可能都不记得了，看到您对两个孩子真是宠爱有加。

黎凤鸣：我两个孩子都很好，他们花很少的钱到美国去，很吃苦，拿了两个博士学位，都在美国很好的学校里面当教授，一个是学电脑的，一个是学数学的。本来我说我有三个愿望，就是参加这三个学校的百年校庆，我最开心的是现在都实现了。陪我来的师妹对我说，你不要那么快就没有愿望了，你还应该有一个心愿，你想一想。我说，四年以后我一定保持好我的身体，可以从香港飞到英国去参加我外孙女的剑桥硕士学位的典礼。

因为她十八岁刚被录取到剑桥工程系，四年后能拿到硕士学位，我现在八十八岁，四年后我九十二岁，我去参加她的毕业典礼。

采访组：黎老师，最后请您说一下，您对我们这些在学的学生有什么寄语吗？

黎凤鸣：要跟前辈们学习，要努力，要坚持。

费希尔简介

费希尔中文名为"费念华"。1982 年 4 月，费希尔夫妇来到南开大学，在外文系进行了五年的英语教学，为南开大学话剧发展留下了宝贵财富。为了给学生提供形式多样的英语学习机会，费希尔夫妇决定让学生用英语表演中国话剧。在学校和费希尔夫妇的努力下，1986 年，南开外文系学生剧团表演的《雷雨》在美国明尼苏达州九所大学及斯坦福大学成功进行多场演出，这是中国大学生首次在境外用英语表演中国话剧。1987 年，费希尔带领外文系学生剧团第二次走出国门，《骆驼祥子》在美国中部十所大学成功演出多场，引起轰动。2009 年，费希尔获得天津市政府"海河友谊奖"。建校 100 周年纪念日之际，费希尔再度回到南开大学，为"费希尔戏剧基金"揭牌，并向外国语学院捐赠了老舍先生的夫人胡絜青的题字，以及《雷雨》《骆驼祥子》（洋车夫）外文话剧表演等珍贵资料。

被采访人：费希尔

采访人：屈若琳

整理人：屈若琳

时　间：2019 年 10 月 17 日下午

地　点：南开大学外国语学院陈遹厅

采访组：您是什么时候来南开大学当外教的？

费希尔：1982 年 4 月 16 日。我的生日是 4 月 15 日，而我们越过了国际日期变更线，所以我失去了一个生日。

采访组：刚来时您教什么课？

费希尔：第一年我们教的是外文系的老师们。实际上，我们直到 1985 年才加入外文系。1985 年，我们在南开教了春季学期。之后我们没有回美国，而是在中国旅行了一圈儿。此后，我们继续在这里教学。

采访组：您成立话剧社的初衷是什么？

费希尔：说起来有点儿复杂，首先我参加过很多话剧活动，所以我有非常丰富的话剧经验。而且我一直认为话剧是一个有价值的学习英语的工具。我想这就是为什么我来到这里，并借助这个工具促进英语作为第二外语教学发展的原因。我并不是作为一名训练有素的第二外语教师而来，而是带着我作为一名教师的经验来的。我今年 83 岁了，已经教了五十多年书了。在这段人生中我有相当长的教学历史，在美术、话剧、演讲，以及各种公开演讲辩论等方面都有丰富的教学经验。

采访组：您在当时遇到过什么问题吗？您能给我们举几个例子吗？

费希尔：当然有，语言的障碍是最大的困扰，因为我们没有预料到日常交流有多么困难，但紧接着我们就遇到了我们的学生和英语系的老师们。我们的主要工作是教老师英语，英语使中国不一样了，因为我们现在有了可以共享的交流渠道，有了语言交流的桥梁。但我们那时的日常生活并不总是和外文系的老师在一起，我不得不骑自行车去上班，不得不外出购物，因此，我们必须了解钱，我们必须弄清楚一块钱代表多少，一斤是什么意思，一公斤又是什么意思，一公升是多少，所有这些都是我们没有预料到的。就这样，我们不仅对我们未来将面临的有了不同的认识，也理解了我们所处的环境与我们的想象不尽相同。怎么告诉别人你想要六个鸡蛋还是三个鸡蛋呢？所以我学会了用手指表示要买的数量。对我们来说，这有点儿像上幼儿园一样，不过和周围的人相比，我们确实像是小孩子。

对于任何一个旅行到不同文化场景的人来说，最难以适应的是，当你走着路，你突然意识到，你转向下一个街角时，你遇到的人并不认识你，只能看着你窃窃私语——他们或许是大鼻子的美国人。他们不认识你，你也不认识他们，无论你走到哪里，你都能感到你是一个陌生人。在这里每一个地方都是陌生的，每一天，每一次经历都是全新的。有人问我，你来自哪里？我说，我来自天津。他们又会接着问，不，不，我的意思是，你在哪里出生？我回答道，我就出生在天津。这就是为什么转变文化观念、改变地理方位、改变语言习惯，甚至改变对什么可接受和什么不可接受的认知是如此复杂。

但我们必须学会成长。否则你会说，我不能接受，这太不一样了，我受不了了，我得走了。我们在来中国前很早就知道，世界上的人更多的是同，而不是异，也许环境的异多于同，但人是相似的。所以你信任别人，没问题！因为你会找到与你相似的人，那你就期待一段友谊吧。

采访组： 您在成立外文剧社时遇到什么困难了吗？

费希尔： 第一次来天津有很多困难，主要是日常生活的困难，因为我在这里生活真的很不容易。在这里购物很困难，语言则造成了另外的难题。但这从来不是一个严重的问题，而只是"不便"。我认为"不便"是一个更好的词。有时候很不方便，这也是成立话剧社时遇到的问题所在。那时的学生不愿意表达，部分原因是文化差异，当然也因为话剧并不是他们高中或小学生活的一部分。当你们还很小的时候，你们在课堂上会站起来说："该我了！"你做了作为孩子该做的事。但长大一些后你的心理会变得复杂些，你会想"不，算了"，然后你会变得更加内敛。在教室里，你从来没有被要求去（为课堂）做贡献，因为中国的课堂是老师主导学生的模式，老师会告诉你什么是重要的。你可以说，嘿，我不明白这个知识。但是你知道，你不能也不应该这么做，这样是粗鲁的，甚至会受到惩罚。而我们作为老师来到这里告诉学生们，你们必须参与进来。这是一个需要老师和学生一起互动的游戏。我们要一起在课堂上思考问题。美国的教学理念是，老师和学生是教学相长的，老师也必须一直学习。否则，学习就只是单向的。当然，话剧要求你必须愿意参与其中，愿意解释和表达，愿意动起来去表演，否则你就只是个讨厌鬼，并没有参与其中。

我和瑞秋在美国遇到的来自南开的朋友们告诉我们，南开有一段很重要的话剧表演历史，之前的人写剧本并演出剧本，这并不新奇。我们的朋友说，你也许正是那个去南开重新点燃话剧演出传统的人。这是一项艰巨的任务。我当时并没有为此准备，但是带我们来到中国的人从他们的孩子那里知道，我是一个喜欢话剧的人。他们知道瑞秋和我是在一出戏里认识的，她是个演员，我也是个演员。她演过许多戏，我也导演和演过许多戏，所以我了解戏剧。这里有人知道我的背景，他们私下里建议我也许可以到外语系并排演一个话剧。所以，当我们1985年加入外语系的时候，我问我们是否可以马上排演一出话剧。院长已经知道我是一个喜欢话剧的人。于是他说，那太好了，当然可以。于是《俄克拉荷马》成为我们要演的第一部剧，这是一部美国音乐剧。他们说，音乐剧呀，可我们是英语系，不是音乐系。我说这并不重要。

不管怎样，我们演了一部剧。我们表演了六场，而这是一个了不起的成功。所有在天津的外国人都来看了这部剧，虽然当时在天津只有六十个外国人，但是我们通过这个活动发现了一些在这里经商，或者在其他机构、其他地方教书的外国人。他们都来看这部剧，因为这是中国学生表演的一部美国音乐剧，很不寻常。这真的激发了我们的灵感，我们可以继续表演话剧了。所以，在我们表演时，话剧社变成了现实。1986 年，我们又演了《雷雨》。1987 年，我们表演了《骆驼祥子》。我们有这三部主要作品。所以这个传统延续下去了。我认为，实际上没有人"建立"话剧社，它是渐渐成长的。对话剧感兴趣的人认为话剧很有趣，而且他们在其中能学习一些东西。他们本身成就了外文剧社。

采访组：话剧社是以社员为基础的，对吗？

费希尔：对的。以学生为基础。如果学生们觉得这很有趣，那他们就去做。即使是一部严肃的话剧，表演它的时候仍然是有趣的。有人曾说，话剧是团队运动，我觉得很对。表演话剧就像一项运动。因为话剧是团队运动，所以它的成败取决于每个人的合作。

采访组：您如何将学生带去国外演出并解决资金问题呢？

费希尔：在我们完成《俄克拉何马州》的演出之后，每个人都很激动地想再演一部剧，因此我在想下一部要演的话剧。这时，我想到了曹禺先生的作品《雷雨》。我曾经读过曹禺的《日出》，我觉得它不是一部很戏剧化的话剧。它没有太多的动作，对话很多。接着我便阅读了《雷雨》。我觉得《雷雨》是一部优秀的话剧，我们可以表演它。

1986 年春天，当我们放暑假的时候，瑞秋和我回到美国看望我们的孩子和家人。在美国的时候，我想了很多关于这部剧的事。当时我的母校圣克劳德大学的校长是我的朋友，我的妻子和孩子也都毕业于这里。我便去问我的校长朋友是否有兴趣把中国学生演的中国话剧介绍到明尼苏达州，他表示他很乐意这样做。这个问题我没有问过南开的任何人，他们并不知道。这是我夏天的时候在明尼苏达的一个想法。我知道这会很复杂，因为你是和学生们一起旅行，和一群人一起。但我的朋友说我们能做到。另外，我提出可以有其他大学参与，也许我们不会只在一个大学表演，我们可以去其他学校。他表示也可以这么做的。然而我还没问南开大学方面的意见。在那时情况就是我想要进行一次国外演出，但是事实上我还没有问我的领导。

我回来后在新开湖对面的老图书馆旁边见到了穆校长，当时他正在去办公室的路上。我碰巧遇见了他，和他说了我的想法，他表示这是一个好主意，但他需要我提供一个预算和时间表。我同意提供预算，并提到美国的那位校长，他在圣克劳德大学，而他乐于主持这样的活动。穆校长说好，给他一份中国所有成本的预算，他会负责美国的所有成本。这就是这个项目发展的过程。大约一周后，我给了穆校长一份预算，给他了一份预计我们会去的几所大学的时间表。

在那时，我已经给我在圣克劳德大学的朋友写信，说我需要尽快知道我们可以去多少地方。他同意了，但是他又提到我们在签证方面会有困难。因为在 1985 年，我们仍然很难拿到签证。到美国在技术领域学习的学生拿到签证会很轻松，但如果是英语专业的学生去国外表演话剧，签证可能难以获得。我们认为这将是一个重要问题。穆校长也有同样的担忧。他充分意识到，签证问题会是一个比资金问题还重要的问题。但我们很幸运，圣克劳德大学的校长有一些政治上的接触，而一些政治人物也参与了这个文化交流的计划。他们写信给大使馆，表达了支持，并表示将承担所有费用。这样没有人会被留在美国而无法返回。

我的工作十分复杂，学生们要去一个陌生的国家，他们不知道什么不能用，因此，戏剧或布景的策划，组织，如何运输布景，每个学生能有多大的手提箱，箱子里需要的东西都计划得很仔细，一切都安排得很好。计划非常成功，观众们都很喜欢这出戏。我们的表演经常让观众起立鼓掌，他们都非常高兴。

那时所有的学生都住在寄宿家庭，和美国家庭中的孩子们一起吃饭，睡在他们的客卧，这些家庭都很热情，剧中的一些演员现在仍然写信给住在美国的家人。所以，当我们想做另一个剧本，收到另一个邀请的时候，寄宿家庭的模式是可用的。

事实上我们收到了两份邀请。由于我们在加州的斯坦福大学做了《雷雨》的演出，他们表示有兴趣在第二场演出之后再举办第三场。他们想让我们去加州大学做一次加州演出之旅，想要邀请我们到加州。而明尼苏达大学是明尼苏达的一所较大的学校，也说想要邀请我们。我们收到了两份请柬。但是接下来要做什么话剧呢？我们又该如何做呢？

我回来后在欢迎学生归来的宴会上看到了穆校长，我和他说我有另一个主意并且已经准备好了预算。当我提交预算的时候，我说我们有两张请柬，并且任何一个地方都可以去，到底去哪里呢？我让穆校长决定我们接下来要去哪里。他说，由于我们和明尼苏达大学有长期的合作关系，我们会去明尼苏达大学，而且我们以后也有可能去斯坦福。于是目的地就是那里了。穆校长还问我话剧的内容，并让我确定一个剧本。为此，我和瑞秋聊了很多。

我记得我上中学时读过老舍写的《骆驼祥子》，而且我还留着那本书。

那年夏天我们回家时，我把书带了回来，这本书里有人物对话，瑞秋把对话从书里挑出来，写了一个主要是对白的剧本，然后我把那个对话进一步写成了舞台剧，因为对话和剧本是不同的。对话是小说，剧本是剧本。剧本中有动作，而我们必须决定动作和人们进入离开的时间。这是我能做的事情。瑞秋写剧本，我把剧本搬上舞台。试演结束后，我们的第二次旅行前往明尼苏达州七个州的十所大学，行程约三千英里，是一次非常漫长的旅行。

每个举办《雷雨》和《骆驼祥子》话剧的学校都必须付钱给主办学校，因此，钱的问题解决了。所以，主办学校向每一所学校收费。他们制定了一份预算，进行分配，让每一所学校都能交同样的费用。我们在美国旅行的费用，不管是在明尼苏达州还是其他地方，所有的费用都是由学校表演厅的接待人员支付的。那笔钱的记录我可以在某些地方找到，但是我不记得确切的数目了。

第三次去加利福尼亚的巡演因为我没有回来而被打断了，原因是我在美国找到了一份工作。穆校长说他会很高兴如果我们在一年的假期后再回到南开，因此我们在美国待了一年再决定是否回南开，但我们就再也没有回来。这就是话剧活动的结束，也是我在活动中能产生直接影响力的结束。

采访组：您是如何将中文小说改编成英文剧本的？

费希尔：正如我在这里所解释的，首先必须提取对白。要把对白从小说中剥离出来，这样就有了人物间的对话，因为必须让人物在舞台上进行对话，故事必须由演员来讲述。所以改编从对话开始，然后小说总是有一个背景，需要一个背景设置，必须把对话置于某种环境中。因此我们有了这个片段，把这个片段和对话结合起来，基本上就需要做决定，也就是剧中会有多少个场景。因为如果有一部分对话需要演员移动到许多不同的地点，那么就必须有许多场景。在舞台上安排许多场景比较困难，毕竟如果你要更改背景设置，或者你必须以某种其他方式告诉观众这些演员是在别的地方时，你必须通过家具、设置或者绘画等实现，或者你可以增加额外对话。你可以写一些额外的对话来说明演员已经换了位置。通常我们会灭灯，然后变换场景。我们由此让舞台变暗，这样观众就知道舞台场景发生了改变。

同时需要把话剧进程写出来给观众看。在话剧进行的过程中必须同步进行一个话剧进程说明。《雷雨》和《骆驼祥子》都只有一个舞台布景，所以不必改变布景。

接着必须改变时间框架。我们通过对话做到了这一点。我们在《骆驼祥子》的剧本里就是这么做的。我们真的很依赖话剧进程说明来告诉观众这是六个月后，或者一年以后，或者第二天。

这就是剧本改编方法。这不是一件容易的事，通常是由在舞台上有丰富经验的人来做，这样他们能理解剧本是如何运作的，或者剧本如何运作最好。有关舞台设置的一个问题是，你可以使用很多技巧来让演员更清楚地向观众呈现剧本，这一点很重要。你可以通过布景把剧本呈现给观众，接着还有繁多的表演技巧。演戏不只是记住台词，演员要做的远不止这些。例如，她坐在我左前方，如果她是观众，我们在表演，我永远不会抬起右手和你说话。我真的永远不会抬起右手说话，因为这只手把我和观众隔开了。当我和你说话时，我可以抬起左手，这只手是对着观众的，因此观众可以看到我。第二，如果我在和你说话，我不会把所有的表演时间都花在和你说话上。我和你说话时可以看着观众，同时仍和你保持讲话。你看，我确保观众明白我在和你说话，但我不必一直看着你。我可以和你谈各种各样的事情，给你一个手势，或者看着你，或者把我的身体对着你。因而观众明白我是在你说话，而不是和其他人。所有这些技巧都在书中，不是魔术，只是需要学习。而所有这些技巧都是导演的工作，你知道吗，很多演员都犯的错误是，他们认为他们被观众理解了，因为他们自己理解了自己。但情况并不总是如此，更常见的情况是，演员需要意识到他必须以某种方式与观众中的每个人建立联系。观众才是关键。如果你是一个完全理解角色的演员，却没有和观众分享你对角色的理解，那么你就不会被理解，这出戏也不会成功。演员必须愿意分享故事、动作、角色的微妙之处，而不仅仅去表明这是一个疯狂的角色，这是一个快乐的角色，这是一个悲伤的角色。不过如果演员分不清悲伤角色和快乐角色的区别，观众就不知道这出戏讲的是什么。

所以，演员必须能够分享一个清晰的理解。有一个清晰理解的同时，演员的工作也在于，在观众不知道演员有意告诉他们表演世界多么复杂的情况下，让观众明白自己的理解。如果有一个导演，这些事情就容易多了。演员可以在没有导演的情况下做这件事，这是有可能的，但这通常取决于演员的一些非常天生的技能，他们是天生的演员，或者他们在某种程度上理解了解释我们与观众之间关系的问题。这是他们的天赋。他们有一种天赋，一种可以让他们在没有导演的情况下做到这一点的个人天赋。导演就像一面镜子，演员的镜子。这个人可以从外面看表演场景，然后告诉演员他没有在交流，没有对导演说这个，观众不会理解他的。所以演员必须学会展示，必须学会一种能够在表演戏剧时让观众不觉得表演者在故意向他们展示这部剧的技术，这样观众在观赏时也可以进入这个故事。当然，这个故事得是一个好故事。演员说出的话必须是可信的，这样才能被听到和理解。而且这些要很自然，这样观众才不会故意把表演者当成演员，不会被演员手臂或手的姿势困扰，也不会被演员背对观众的姿势困扰。演员可以背对着观众说话，但必须说得更大声，因为演员背对着观众在台上说话，声音必须到背后的观众那去。

所有这些都是导演的工作。导演也必须意识到演员必须相信自己说的话，而不能被强迫着去说那些话，它必须来自演员的内心。他们必须能说，我相信这个角色不是我，我也知道那不是我，但是即使那不是事实上的我，我也可以告诉你，在舞台上那就是我。这也是导演为演员所做的，但是当话剧开始，幕布拉开时，导演的工作就完成了。事实上，当演戏时，演员是最重要的，而导演的工作也是最难的，因为在排练的过程中，细节是非常重要的，因为它们在舞台上被放大了。

采访组：能谈谈您对话剧社和外语学院的期望吗？

费希尔：话剧活动的乐趣和系里的活动目的是鼓励把话剧作为学习英语的工具。不仅因为学英语很重要，而且话剧演员还有额外的优势。话剧的经历会教会你很多东西，它教会你如何表达，也给你信心，你可以在观众面前成为其他人。这是一个重要的帮助。通常你需要在观众面前做些什么事，无论你日常是一个老师，或者是一个舞台上的演员，或者要在一群人面前告诉他们一些事，在戏剧里表演会帮助你克服这些困难。

参加话剧表演是很重要的经历，因为这是一项团队运动。再次回到第一个问题，话剧是一项团队运动，你能很早就知道合作的重要性。话剧不是竞争，你和你的演员伙伴以及观众之间有合作。我希望系里每年至少上演一部完整的话剧，然后再演一些短剧，当然还有一些课堂话剧。如果每年都有对话剧有所了解的老师来帮助学生们那就更好了。但我希望通过表演这些话剧，学生们会发现它的有趣之处。表演是艰苦的工作，但艰苦的同时也令人快乐。当然，这也是建立友谊的机会。瑞秋和我结婚六十一年了，我们是在一部剧里认识的，认识的六个星期后我们就结婚了。是的，很了不起。甚至我们也认为这是了不起的。

采访组：谢谢您。

查尔斯·鲁亚斯

Charles Ruas

查尔斯·鲁亚斯简介

　　查尔斯·鲁亚斯（Charles Ruas），男，美国知名作家、记者、艺术评论家与翻译家。1938年出生于中国天津，毕业于普林斯顿大学，曾在中、法、美多国大学教授法语、英语与比较文学，1991—1993年任南开大学外国语学院英语系教师。现居美国纽约。代表作有《美国作家访谈录》等。

被采访人：查尔斯·鲁亚斯

采访人：袁广飞、王位华、孟宪子轲

整理人：魏佳蓓、翟五洲

时　　间：2019 年 10 月 17 日下午

地　　点：南开大学外国语学院月兰厅

采访组：我们了解到您 1938 年出生于天津，请问您是什么时候来到南开任教的，又在南开大学工作了多长时间呢？

鲁亚斯：1991 年，因为参加了一个叫富布莱特教学奖学金项目——它于 1990 年重启，我是第二批受邀前来任教的——我作为研究生导师第一次来到南开。1991—1993 年我在这里工作，本科生和研究生我都教过。

采访组：听说您毕业于普林斯顿大学，在很多世界知名高校工作过，是什么让您选择南开的呢？

鲁亚斯：我选择南开主要有两个理由：众所周知南开是世界一流学府之一，你们拥有一块金字招牌；更重要的是，我非常渴望回到天津，因为我深受这座城市历史文化的影响。我出生在当初可以说是享誉全国的天津妇产医院，与我同龄的天津人大部分都出生在那里。很巧的是，我在南开任教时认识了一位年轻的李女士，她的祖母正是当年那个医院的医生，老人家居然还记得我的中德混血的母亲在她那家医院生下我的经历。看来我和天津其实是颇有渊源的。

采访组：您当时对南开的初印象是怎样的呢，现在又有什么变化吗？

鲁亚斯：如大家所见，我们正在为这所卓越的学府庆生。南开的校园建设得非凡气派，建了数量众多的学院，在办学质量与学科多样性上都十分出众。这里也是名副其实的国际学府，我了解到南开有许多对外交流活动，国际教育体系令我印象深刻。

采访组：在您南开的任教生涯中，您接触到许多老师、课堂、学生活动等，您对什么印象最深刻？

鲁亚斯：这就要分两面说起了。首先，南开的研究生是最为优秀的，简直超乎我的想象。我与他们的交流畅通且直率，以至于有时候我在课堂上进展得太快，完全脱离了原先的计划，讲的内容时不时超纲。比如说，我曾经被安排上一节关于戏剧的课程，在课上我们通常会放一段电影，例如田纳西·威廉斯的戏剧，学生们能够做到从专业知识的角度赏析这场表演。观影后我们会就一些问题进行讨论，学生们天资聪颖，表现出彩。更重要的是，这甚至是他们第一次接触现代美国戏剧！这难免令人印象深刻。还有一件事是关于一位本科生老师的，她显然属于循规蹈矩的那种人，当她批阅你的作业时，她会用红圈把所有的错误表达和词汇标识出来，学生们一直抱怨她太"老套"了，可是老师终究是为学生着想的呀。总之，当时我们就是处于这样一个充满未知和挑战的大环境之中。

采访组：您所指的"未知和挑战"是指什么呢？可以举个例子和我们说说吗？

鲁亚斯：学生们会把自己阅读的内容与自身经验结合起来，在课堂上畅所欲言。

采访组：外院有一句话"Language is power"，每一名外院的新生都会获得一件背面印有这句话的衣服。这样一来，其他学院的学生很容易就能辨识出来外院的学生。那么请问您如何诠释这句名言呢？

鲁亚斯：让我从头开始说起，这样你的问题自然会有答案。我想知道，在你们来到南开时，是已经选好了自己的专业，还是来到这里以后才做的选择？你们是自主决定专业的吗？

采访组：我们先选专业，再选择大学。来到学校后，我们可能会有二次选择其他专业的机会。

鲁亚斯：那真是太棒了。不过，不知是否有人告诫过你们，当你们选择专业时，也正是决定你们余生该怎样看待这个世界的时候。现在你们选择了语言作为专业，那么就意味着你们要以这样的角度看世界。我的意思不是让你们都去从事翻译工作，但你们一部分的思维已经系统地接受了这样的熏陶。我们如今生活的世界充满了科技，语言变得极其有影响力，它也正在通过各式各样微妙的渠道体现出来，它已和科技融为一体。

采访组：您在翻译上也有诸多成就。根据您的经验，翻译可以在哪些方面服务大众、影响世界呢？

鲁亚斯：你们要明白自己不只是在翻译。回溯中国的教育发展史，虽然翻译工作一直占据重要地位，但你们更多地是将外国的资料译为中文；现在翻译是一种表达自己、让世界了解中国的途径——翻译工作者的大部分工作都是向世界展示中文，让世界了解中文和中国。翻译工作超乎想象的复杂，虽然每个人一开始都认为它很简单。事实上，翻译肩负着沉重的使命与责任，比如说当你翻译一份科研报告或是商业评估时，首先会注重译文的准确性，所有的数据和术语都必须精确到分毫不差，否则疏忽带来的结果将是灾难性的。而当你去翻译一篇诗文，你就需要真真切切地把自己的全部身心情感都代入到作品中去，但也要注意准确性，只不过这是另一个领域的"准确"，是你意识感官上的准确性。

采访组：在我们外院，也正有一批学子励志投身翻译事业，他们有什么途径可以提升自己的专业技能吗？

鲁亚斯：如果你从事口头翻译，这和笔头翻译是完全不同的两项技能，却又彼此不可分割。口译者必须要做到行云流水地翻译，与此同时，最终反映到书面材料上的结果也离不开准确性。你们看没看过电视上直播的体育赛事，电视台是以原语言放送，还是播放它的翻译版本呢？例如一场足球比赛，那些运动员在场上的呐喊是被翻译成中文的吗？

采访组：课上的话我们经手的都是原版的，但是如果是在课下，我们就很难接触到原版资源，我们看到的所有电视节目都是翻译过的，我们仅仅能看到标题。

鲁亚斯：虽然我不经常看这类比赛，但我想了解下，你们在观赛的时候会主动去检查电视台翻译出的所有内容吗？在你们读到谈话字幕时，你们会去考虑它的正确性吗？

采访组：大家基本没有想过吧。这本是我们应该做的，但是有时我们的能力并不能达到这个水平，因为内容播放得十分迅速，一闪而过，我们现在确实缺乏口述字幕校对的训练。

鲁亚斯：可能这对于你们来说像是一场测验，你们这里的节目总有对白字幕吧。你们需要养成在阅读标题的同时就去校对它的习惯，有时它们大体上是正确的，但有时就会错得离谱。要按照你的原则、方式解词，而不是顺从电视上的翻译，你们今后可要意识到这一点啊。身为专修翻译的学生，你将来打算到政府部门或是媒体行业工作吗？现在很多东西都综合多样化了，总有需要你翻译才能的地方。

采访组：如今翻译员的工作重心更偏向于 CAT（communication and translate），校对和笔译一类的工作会交给人工智能软件处理。关于这类翻译软件，我们都清楚，现在人工智能技术成熟到已经能同人类一样出色完成翻译。您认为这类软件会限制翻译员的就业和工作吗？

鲁亚斯：你的想法是正确的。你们也知道，我们是在和语言打交道。当今的语言十分灵活，语言的潮流是在不断变化的，所以你们要去接受并究其结果。你们理解我的意思吗？如果翻译流行语，就要将词语本身了解透彻。

采访组：您所说极是，鲁亚斯先生。外院近些年设立了"复合型人才培养班"项目，参加项目班的学生不仅要修习一门语言，同时也要进修诸如"世界史""国际商务""国际政治"等专业，您对此类的培养计划有什么看法吗？

鲁亚斯：我认为所有领域的知识都是非常重要的，特别是像你们这样拥有语言技能的人，更应当意识到这些领域之间的联系，最简单的原因就是——由于科技和其他因素，当今的一切都在以快得不可思议的速度变化着。就用你喜欢的经济举例子，你一定要紧跟时代前沿，因为在这过程中，语言多少会有些革新。拥有了语言技能，将来的出路就有很多，例如将这技能用于宣传和广告制作……以上所有的语言运用都是系统的、分门别类的，希望你们能灵活运用啊。

采访组：是的，刚才提到的可以用这样一个例子概括——在 20 世纪，我们习惯于翻译文学方面的作品，通常是英译中；但是现在我们更倾向于将翻译和其他领域系统化地结合起来，您如何看待这样的变化呢？

鲁亚斯：让我回顾一下中国翻译事业的发展史。不知道你们是否了解，在第二次世界大战之前全球通用语言是法语，所有的文件都要被翻译成法语，受过教育的人们把法语作为第二母语。最著名的例证就是托尔斯泰的《战争与和平》，其中描述了这样一个片段：当波兰人进攻到莫斯科时，沙皇俄国的贵族被禁止说法语，但是他们只会说法语，这样一来交流就变得很困难。我们应该从中洞察到连锁产生的变化，汉语、俄语和美式英语都是现在正在广泛使用的语种，电视的新闻节目每时每刻都会有这些版本的翻译。那你们的文化又是如何被这种文化或信息深深影响的呢？比如说为什么你们现在很少喝茶了，反倒是经常去咖啡厅？这就说明，文化的迁移往往是潜移默化地发生，就发生在我们身边。

采访组：正因如此，为了能更好地处理自己与这种变化的关系，外院将外语专业与其他学科进行复合学习，如经济、政治、历史等，您对这样的项目怎么看呢？

鲁亚斯：我一直都对复合人才培养中的两个方面感兴趣：你们和我们这一代的有些人不一样，你们会注意到科技正在追赶你们的脚步，对吧？有一次我去电影院看关于法国出版行业的电影，出来之后顿时有一种虚弱无力的感觉，因为我发现我所知道的东西都已经落后太多了。举个例子，在美国和英国、法国等欧洲国家，文字校对编辑是最重要的。编辑会纠正作者的错误，错因主要是由于美式英语不像法语和英语那样有古典的标准。美国出版诗歌、小说时，一开始便有编辑给作者纠错，这是第一阶段；接下来，进行书本印刷时会由印刷责编通篇检查，找出所有错误，比如拼写错误或者是术语上的误用，或者是格式上的问题，有时甚至是编辑主观认为作者的文本存在问题；然后书籍设计师负责设计，最终会做一版提升印刷，是在内页和封面上补充书籍内容、作者简介的一项工作。

可是科学技术的发展令我震惊，首先是编辑们不再阅读手稿，而是由机器进行审阅订正；其次，印刷责编不复存在，因为我们不会对手动校对的粗糙书籍进行印刷，这项工作也由机器代替完成了，想必你们也是知道机器校对有多么精确吧；最后封面设计的人员同样是如此，因为机器做的封面已经足够美观，文章简介与作者自传的工作也是如此。

综上，你们拥有的能力中有四项机器——也就是电脑，我把它当作"机器"罢了——也能做到，但你们在专业技能上还是要胜于电脑一筹的，因为它毕竟只是机械，做出来的都是机械死板的翻译。

采访组：所以您的意思是翻译人员会比计算机这样的机器更加出色？

鲁亚斯：我觉得没有人能代替翻译人员，只不过你们与机翻竞争的路还有很长，甚至你们要去纠正机器出现的错误，但是在计算机的角度，被纠错的可能反倒是你。（笑）

采访组：您对南开大学的学生是如何评价的呢？

鲁亚斯：我认为这里的学生都见多识广而且适应力很强。

采访组：除了翻译，您在其他领域也有很深的研究，比如文学、教育和戏剧批评方面。但是对于常人来说，样样精通、同时兼顾是很困难的，能请您分享一下关于合理安排精力的建议吗？

鲁亚斯：我明白你的意思了。我有许多兴趣，其中我尤其热衷于艺术。我的一大幸事就是刚开始在纽约当老师时恰逢一场艺术运动。此外，我也曾在大学时期修习过一门艺术史课程，我的主修是英法文学比较，艺术史只是一个爱好。至于我的评论，实际上它们都来源于我参观美术馆和博物馆期间的见闻，以及我的阅读和学习。

采访者：今年是南开大学建校 100 周年，我们想邀请您对南开说点儿什么，可以是您的愿景，或者任何您想说的话。

鲁亚斯：我认为经历了各种困难的南开当真是勇气十足，它历经磨难，成为一所世界一流的大学，这是非常了不起的。当初我在这里工作的时候，人们生活还十分艰苦；但如今你们的大学已经今非昔比，这值得庆祝！

池上正治与池上贞子夫妇

CHISHANG ZHENGZHI & CHISHANG ZHENZI FUFU

池上正治与池上贞子夫妇简介

池上正治、池上贞子夫妇，日本当代汉学家、作家，中日友好活动家，1981—1983 年在南开大学外文系担任日语外教。池上正治先生讲授日本文学史、日本作文等课程，池上贞子女士讲授精读课程。现于日本继续讲授中文及中国现代文学，致力于中国文化的传播。

被采访人：池上正治与池上贞子夫妇

采访人：张昊阳、朱晚晴、潘羽璐

整理人：高涉云、邱辰霄、胡啸崡

时　间：2019 年 10 月 17 日下午

地　点：南开大学外国语学院 122 会议室

采访组：请问您二位来中国教授日语和日本文化的初衷和契机是什么？

池上贞子：我们本来是在日本的东京外国语大学学习中文，对中文有着非常浓厚的兴趣。20世纪70年代，中日之间还不能自由地留学、来往，那个时候我认识了一位之前在南开大学工作的朋友，也是南开大学的第一位外教——林昭先生，他有要事回国，所以就有了在中国执教的机会，从此开始在中国教授日语。

采访组：请问您二位在南开大学工作了多长时间？当时南开大学日语的情况如何？

池上贞子：我们教了两年，1981—1983年，教学的情况是，一个星期教好几节课。具体多少节我忘了，我主要负责精读，一个星期几节课，他负责文学。我在精读课上主要用日本高中的国语课本教书。

池上正治：我负责三个方面，一个是日本文学史，一个是日文作文，最后一个是日本事情。文学史选择从古典到现代的文学作品，是精读的一部分，跟学生们一起欣赏文学，探究写的是什么，作品的背景是什么。对我来说最有意思的是作文。我写个题目，比方说"春节"，给学生们半小时的时间。当然写外文很不容易，他们有不少地方还是写错了，无法传达出自己要表达的内容。我是老师，用红笔修改了以后下星期还给他们。最后一个是日本事情,这好像是最受欢迎的一个课。在当时,天津有一些日本的公司、事务所,我去那里看望朋友,他们看完的日本的报纸我都是带回大学里来的,选择一部分复印发给大家。当时学生们没有条件看日本的报纸,我边看边给他们解释,对他们来说是最新鲜的事。我主要负责的就是这三个方面。

池上贞子: 我主要讲文章的语法,或者是解读词的意思、内容的含义,有点像你们的中文课那样,注重内容、题目和语法。

采访组: 您二位现在还有在做日本文化或者中国文化的研究吗?

池上贞子: 我在这里一边教日语,一边到中文系旁听,听现代文学。回国以后,我在几个大学教书,教中文还有中国现代文学,最主要的是张爱玲。

采访组: 您二位在南开大学工作、生活这么长时间,有没有什么印象特别深的事或者人?

池上正治: 可能对我们的学生印象最深的是,按日本的习惯,一般是在年末开一个"忘年会",把过去的一年"忘掉",迎接新的一年。"忘年会"很简单,买点东西、买点饮料,不是上课,算是朋友之间聊天,对他们来说好像在中国没经历过。现在好像不一样了。三十年以前,老师是老师,学生是学生,比较严肃,有距离感。现在还在说"忘年会",有意思,印象很深。

采访组: 这个活动在日本也经常举办吗?

池上正治：对。对一般人来说，十二月下旬为了做好这个忘年会，都要花很多的精力和时间。

池上贞子：现在在居酒屋和餐厅开的也有，也有一些人在家里办，在外面办的也多。

采访组：当时这个忘年会是在哪里办的呢？

池上贞子：教室里。教室里办的多，也有在我们家办的。但是当时有点"微妙"。因为同学到我们家，就是外教住的专家楼，他们比较紧张，有点儿拘谨。但是大家一起来没问题。那时候比较拘谨，不像现在这样子。

采访组：今天正好是南开大学建校100周年纪念日，您回到了学校，也看到了我们很多的准备和布置，跟四十年前相比，您感觉南开大学有了怎样的变化呢？

池上正治：那时我们都自己做，现在你们也自己做，但是用很多机械，条件没有像现在这么方便。我们最近出版了一本南开大学与日本的百年交流档案，那时候我在中国教书，印象最大的就是，1981—1983年，给1978、1979级学生讲课，他们的年龄没有跟我们差很多，而且他们的经历还比我们坎坷复杂。语言上的教学以外，我收到的关于人生的问题也很多。你们现在是"00后"了，所以你们可能一生下来就什么都有，而且父母都把你们当"小皇帝"那样。那时候，有的人十岁就一个人在家里过日子，可能有邻居或者亲戚帮着他，但是一个人住的，也有这种情况。你们不会经历这些了。时代不一样了。

采访组：那时候学生的情况怎么样呢？学日语的情绪高吗？

池上正治：相当高。在 78 级学生里，最年轻的十九岁，年纪最大的是二十八岁，一个班里，年龄差十岁。

池上贞子：所以有的像小孩儿一样，有的已经比较成熟了。

池上正治：一样的是要学日语的决心。

池上贞子：前面一段时间，他们想学习，但是不能学习，没有机会学习，所以1978级就是第一届高考，可能十年来的学习热情一下爆发出来了。

池上正治：那个二十八岁的学生毕业以后回大连当老师，两三年后去日本留学，然后任日本大学庆应大学的教授。他说他背下了一半相当于中国《辞海》的日本最厚的一本词典，他知识面很广泛，什么都去了解。

采访组：您了解过当时的学生学日语的目的是什么吗？

池上贞子：怎么说呢，那时候是有分配的，不能自己选择。所以不一定是像现在你们那样能够选择的。反正学习的意愿很强烈。

采访组：现在南开大学外国语学院的日语也是一个非常热门的专业，您对我们现在的学习有什么建议么？

池上贞子：对不起，因为我们对现在学校的情况不太了解，但是看老师们的情况，他们一般都是去日本留学过，了解日本的情况后回国任教的，是你们重要的知识来源。而且你们在网络上也能看到很多不一样的东西。

采访组：现在由于日本的文化输入和两国的文化交流，中国有很多学生学习日语的热情很高。

池上正治：人生只有一次，没有第二次。最好还是先选择自己想要做什么，为了这个目的学点儿什么，这样是比较理想的一辈子吧。

采访组：请问两位对于外国语学院现在的学生有什么期望与寄语吗？

池上正治：多学，多玩！玩是很重要的，只有人类才会玩。

池上贞子：你们有机会接触到日本同一年级的学生么？

采访组：有，能和留学生接触。

池上贞子：你们有机会到日本来么？

采访组：有，有去留学的学生，而且旅游也很普遍。

池上贞子：在日本，学校对学生的历史教育，在你们看来，可能不够。我们有些年轻人对历史也不太熟悉或不感兴趣，所以，可能你们跟他们交流的时候会遇到差异。比如说南开大学被轰炸过，日本的学生就不大了解。因为现在日本的历史课上，不是不教，是没有详细地讲述。你们和他们谈动漫和漫画什么的，他们还是乐于交流的。遇到历史问题要委婉一点儿地提出，如果直接提出，他们可能会回避。你们要把握好平衡，慢慢地互相了解。

池上正治：原则上是以历史为鉴。

采访组：还有最后一个问题，今天正好是南开大学建校100周年纪念日，南开百年历经艰辛，两位也在南开任教过一段时间，今天看到南开大学新的面貌，有没有什么感慨，或者什么感受？

池上正治：我其实经常来。这次到最近没来过的一些地方，我们一进大门感觉到，树这么大了！我们那个时候只有一个主楼，现在还有新主楼，环境不一样。同时，时隔三十年，学生们当然有变化，变得和日本的年轻人一模一样。三十年前可不一样，中国的年轻人和日本的年轻人一看就不一样，穿的就不一样，这是时代的变化。中日之间的差异没有之前那么大了，我们之间需要互相学习的东西我看还有不少，最好还是要多学习，因为现在客观条件已经不一样了。

吕聪敏

吕聪敏简介

吕聪敏，男，1938年出生于内蒙古。1958年从内蒙古呼和浩特一中被半保送进入南开大学。1958—1963年就读于南开大学外文系英语专业。

1963年毕业后远赴英国，在中国驻英国代办处工作。

1970年从英国调回北京外交部机关，先后在外交部欧美司、中国驻加拿大使馆、外交部美大司任职。

1988年2月调国务院外事办公室和总理办公室工作，任国务院总理李鹏的外事秘书、国务院外事办公室副主任（副部长级），曾任九届全国人大常委会副秘书长、机关党委书记，十届全国人大外事委员会副主任委员。现为全国人大特邀专家（外事）。在外交部期间，工作主要涉及欧美地区业务。

1998年1月当选全国人大代表，2003年1月再次当选。第十届、十一届全国人大代表。

南开大学外国语学院、周恩来政府管理学院兼职教授。

被采访人：吕聪敏

采访人：刘品瑜、马文清

整理人：刘可佳、陈欣

时　　间：2019 年 10 月 17 日下午

地　　点：南开大学外国语学院月兰厅

采访组：请问您是什么时候进入南开学习的呢？

吕聪敏：1958 年。1963 年本科毕业，学的是英语专业。我来南开报到的时候，正好毛主席刚视察完南开大学，所以大家还都沉浸在幸福和愉快的气氛当中。我老家是内蒙古西部的一个农村，到天津不容易，还要在北京转火车，才到了天津东站。一下火车，就看见了"南开大学新生报到站"。我高兴得不得了，告诉自己，我从此也是南开的人了。我在南开一生活就是五年，这五年是很宝贵的。当时我的年龄也很小，应该比你们小吧？

采访组：我们是 2000 年出生的。您当时报到的时候是多少岁啊？

吕聪敏：多少岁呀？这个我没算过，你给我算一下吧！我是 1938 年 6 月 12 日出生的，1958 年是……

采访组：那时您是二十岁。

吕聪敏：二十岁，嗯，对。在当时，我是内蒙古唯一被南开录取的学生。所以，我也很兴奋，觉得来到南开是我生活的一个新阶段的开端。我高中就读于内蒙古呼和浩特第一中学，当时学校对我也很器重，我进入南开也是半保送性质进入的。在高中时，我担任学生会主席。当时在中学学了六年的俄文，我的俄文大概是学生里头学得最好的。所以我来南开大学继续学外语，这也是很自然的事情，是我的爱好。所以我就冲着这里来了。来了以后，五年下来，我的收获是很大的。不仅学到了外语的基本知识，而且南开的校风好，我们外国语学院的院风也好。老师的言传身教，对我的为人处世影响深刻。所以我就经常强调，南开大学、南开大学外国语学院，对于培养学生的综合素质是有自己的独到之处的。就我的英文水平来讲，我不是最好的，班上有的是比我英文好的，我的英文水平是中等偏上。但就整体的综合素质来讲，我不差。毕业的时候，南开大学的校报——校报在当时还很少见的——居然刊登了我的照片，还报道了我学习毛主席著作的情况，我看了后都大吃一惊。当时是 1963 年，我已经毕业了，但还在等待分配，还没有离开校园，突然有一天，我的照片就被刊登出来了。南开外院对我是很器重的，在写给外交部的推荐中，评语也比较好，所以后来我到了外交部的出国人员培训班，当时班里二十多个人，老师就指定让我当班长。报到的时候大家都不认识，大家都比我到得早，我是到得最晚的一个。报到时干部司就对我说，指定你为出国人员培训班的班长，你是到得最晚的一个，大家可都到得比你早，大家都已经在外语学院集中了，就等你了。我马上说很对不起，马上去。当时我也很兴奋。

十二月份的时候，我就离开北京，到英国去了，那是一个漫长的旅程。首先要坐火车到莫斯科。在莫斯科，再换飞机飞到英国。在莫斯科的时候正好赶上了新年，我们的中苏大使举行了新年招待会，我还去参加了那个招待会。第二天我们就到英国了。我老家的人都说，在这个穷乡僻壤，没有出过什么高级知识分子，见到我被分配到外交部，还去到了英国，乡亲们都高兴得不得了。我感觉环境变了，跟当学生时候的环境不一样了，和当大学生的时候面对的问题也不一样了。我感到很有压力。怎么办？知难而进，迎难而上。"知难而进，迎难而上"这八个字，我几乎是记了一辈子，它帮助我，鞭策我，使我度过了到英国的第一年，特别是头半年。我带着南开的荣誉走上了外交之路；带着南开的鼓励与教育，开始了我自己的外交生涯。我一步一步走过来，这个过程，有过快乐，也有过磨炼。

采访组：请问在您的外交生涯中，在南开学到的什么知识对您有帮助？有多大的帮助呢？

吕聪敏：总的来说，有两方面。一方面，就专业知识来讲，南开的教学是非常扎实的，老师都是认真负责的，教师队伍是一流的。从另一方面来讲，也就是从我自己的政治思想水平的提高上来讲，南开给我打下了良好的基础。我简单说几点。第一，南开给了我打开知识殿堂的钥匙。第二，南开教我懂得了"将小我融入大我"的意义。"大我"是什么？是党，是国家，是人民；"小我"则是自己。没有大我，小我的自己是没有前途的。第三，南开教育我，要做到几个"要"与"不要"：一是要认真，要脚踏实地，不能浮躁；二是要懂得吃苦；三是要"从来不找借口"，自己有任何失败和疏忽的地方，都不能找借口。俗话说，"成功的人找方法，失败的人才找借口"。第四，是要细心，"天下大事，总是要细"，一般人做不到这一点，但是南开大学外国语学院老师的言传身教，使我对这一方面印象颇为深刻。自从我入学以来，我所接触的每一位老师，无一不贯彻着这个思想。一个重视细节的人，往往就能成功一半。而不重视细节的人，往往做事容易夭折。这么多年来，我一直秉承着南开教我的这些做人的方法。我接触过的很多同事与领导，他们对我的评价中总有一句"办事踏实"。这都是我从南开大学外国语学院习得的。

采访组：正值南开大学建校 100 周年，您对南开有什么寄语，对新百年的南开人有什么期望呢？

吕聪敏：南开有着自己独特的"公能理念"。其中的"公"指的是什么？

用习近平总书记的话来讲，就是初心、使命，就是人民的利益。南开有着爱国的传统，在"允公允能，日新月异"的校训中，南开也将人民的利益（public interest）作为其核心的理念。南开一直在一步一个脚印地继承着良好的爱国传统，所以我认为，南开一定有着更为远大的发展前景与更辉煌的未来。无论是曾经在南开求学的学子，还是现在在南开求学的学子，都应该继承这个优良传统。外院校友会刚刚成立时，我发表过一个题为"校友是母校的血脉"的演讲。校友，是母校的一部分，如果一个人没有血脉，生命就不能维持。目前在校就读的同学，明天将是南开的校友。无论是哪一代的校友，都会热爱和眷恋自己的母校，并怀念在母校度过的宝贵岁月。虽然只有短短几年，但却使人受益终生。

采访组：您可以简单为我们介绍一下您丰富的工作经历吗？

吕聪敏：毕业后，我的工作经历可以用一句话来总结：我从来没有离开过外语、外交与外事领域。我的第一个工作，是在外交部。到了外交部以后，我的第一个工作岗位是中国驻英国代办处。在那时，中英两国还是半建交关系，所以名为代办处，还不是大使馆，等到1972年台湾问题解决后，代办处升格为大使馆。1970年，我从驻英代办处调回北京，进入外交部机关，重点管理对西方国家的外交问题，其中包括美国、加拿大、新西兰、澳大利亚。70年代初我经历了一些重大的外事活动，这是对我自己外交业务能力锻炼最为集中的时期。1979年，我从外交部调到中国驻加拿大大使馆。这时我的年岁增长了一些，也更成熟一点儿了。我在加拿大大使馆工作了七年，任期满了之后就回国了。回国以后，我还是干我的老业务，主要还是围绕美国、加拿大这些国家。1988年2月，我被调到中南海。当时我有两个头衔，一个是国务院外办副主任，一个是李鹏总理的外事秘书。1998年我到了全国人大，担任常委会的副秘书长，继续主管外事，其实服务对象还是李鹏委员长。当然我还有其他的兼职，比如机关党委书记，还有一些其他的，主管外事。所以在全国人大的岗位上，我连续在一线干了十年。我自己的工作，主要集中在研究、实践和议会外交。议会外交就是同外国议会、同国际的议会组织打交道，这也是我的一个新的领域。后来我的年龄到了，也就卸任了。卸任之后我被聘为全国人大的特邀专家，后来改名叫作中国人民代表大会制度理论研究会副理事长。退休后我也没有闲着，"退而不休"，继续开会、调研、咨询、参谋、写作，还参加了一些国际性的外事活动。可是现在我年龄大了，最后就全部退了，现在是一身轻，要不然也来不到母校这里开会。

采访组：那您近期都在忙什么呢？

吕聪敏：退休以后？

采访组：是的，近期生活中在做什么工作？

吕聪敏：退休以后，我仍然没闲着，在机关给大家座谈，我觉得比以前还忙。自己自由支配的时间多了，所以刚才讲话的时候我就有讲到，我现在有工夫看书，有工夫做一点儿笔记，和人做一些交谈等，积累一些素材。所以才写得出这两本书，都是先记一个手稿，这对于写作很有益处。我家里人就天天跟我讲，说你天天就在书桌前，摆个台灯在那写。我家里的保姆也说，别写了，退休了还写什么。我说，你们不懂。生命是宝贵的，时间是宝贵的，趁脑子还不糊涂，体力精力也还可以，要多做一些事情。我为什么一般不拒绝到外面去座谈、讲话、报告、辅导呢？因为这本身也是一种学习，能够鼓励我开动脑筋。我这个人记忆力比较好，也爱回忆事。我对自己出国访问的经历、在职的经历、退休后的经历，都印象深刻。我出访过一百四十多个国家。后来一想，我觉悟得太晚了，一开始出访的那些国家，我不注意记笔记，后来才开始记。如果一开始就记录，写的书就不止一本两本了。很多东西记一下，看似很普通，实际上都很有价值。不过说起来好像也不算太晚，我还积累了很多材料。趁我还有精力的时候我想把它们整理出来，即使不出书，还可以交流，传给年轻同志。我积累的材料包含的领域很多，如怎么写文章（包括公文和散文等），怎么回忆事情，还有就是交流的艺术，交流的技巧，例子也有很多，把它们传给同学们，传给年轻的教师，他们会觉得有用的。

我有一个同事，他是学法文的，我来北京的前一天和他吃了一顿饭。他叫张国斌，是钓鱼台国宾馆的副馆长，在外交部当过副司长，长期在法国工作。他是北京外语学院学法文的。他出了两本书了，写的东西很通俗，销量都非常好。他到外交部的时候，不是职业外交官，是信使，就是拿着外交部的邮件坐着飞机给各个大使馆送文件和送信。我们那时候在国外，不像现在这样有手机，机密文件都通过内部的电报走的，当时送东西的都是信使。当信使的时候转的地方特别多，他全世界都跑遍了。他一开始就开窍了，有意识地积累资料，最后都编成了书。我跟他很熟，他跟我说："你可惜了。你早年的那些经历没有记下来。"但我把退休之前几年的记下来了，《我的外交人生》《我的西交民巷》这些书里都有，我续写的一本还没有出来，加了我一些别的东西，包括我出访的时候陪代表团，事后他们的名字我都能记得。1972 年 4 月，我陪中国乒乓球代表团访问美国、墨西哥、秘鲁、法国、加拿大等国家，有个纪录片叫"中国乒乓球代表团访问美洲四国"。我后来写文章的时候回忆"乒乓外交"，他们都惊讶，我能把运动员、工作人员的名字一字不落地记下来。他们看到了我的稿子后，惊讶得不得了，他们都说，老吕记忆力真好。包括见过的一些外国人，我一般都能记得。当然，如果当时有记录的话就会更好一点。所以现在咱们年轻的同学们，毕业了的、快毕业的，或者参加工作不久的，不要忽视这个。

自己经历过的事情要当宝贝一样记录下来。其实花不了多少工夫，一天用半个小时就能把它记下来。

最近二十几年经历过的东西，我都留着呢，用铅笔写的。我当然可以在电脑上输汉语拼音啊什么的，但我觉得太慢，有的人觉得快。我都拿铅笔记，书柜子里摞得满满的，有的同志来看，就觉得特别佩服。尽管这些东西我都用过了，可我还是觉得它们很珍贵，是我劳动的成果。有一些要好的朋友都觉得这是一种宝贵的财富。在学校阶段，大家觉得好像除了外语以外没有什么值得学习的东西，其实不然。

采访组：其实学校最近新组建了"外语＋人文社科类"的复合型人才培养项目班，同学们可以在选择一门小语种的同时选择一门其他的学科，比如国际商务、国际政治、旅游管理、世界史、汉语国际教育这些专业。

吕聪敏：学外语的人第一要学政治。就是从你外语本身的业务以外，基本知识、听说写读译以外，其他的首先要学政治。

政治在广义上有两个内容，一个是政治立场、思想观念，还有一个是政治领域的知识。政治领域的知识是什么呢？就是和外国人交流的时候，要懂得自己的国情，了解我们自己国家的历史和政治现状。当然这得一步一步来。比如我们的政治特色、制度特色、治国理政的理念等，虽然我们不可能掌握得很多，但是可以天天看报纸、听广播、看电视，做一些积累。学外语，政治方面的知识积累雄厚会是一个最大的优势。周总理说，这是基本功中的基本功。有人不重视这个方面，将来要吃大亏。比如做翻译特别是高级翻译，重要场合的翻译，你不能不动脑筋地从语言到语言直接翻译。给领导人做翻译，自己首先得明白，得思考，得能够把领导人的意思讲得准确。比如习近平总书记给外国人讲"人类命运共同体"，如果自己都不知道"人类命运共同体"提出来的缘由和它现在的含义，你怎么能翻译呢？再比如说我所熟悉的全国人大，我给外国人讲，人民代表大会制度是中国的根本政治制度，为什么叫根本政治制度？我现在能说出个一二，是因为我懂得其中的含义，因为我天天接触它。中国为什么不能搞西方国家的三权分立，不能模仿照搬那样的体制呢？这是因为中国有自己的国情，那中国的国情又是什么呢？这就是政治。如果一点儿都不了解，毕业了参加工作，还得从头学起。所以现在学校里加上专业知识以外的学习内容，是一个很高明的想法。过去我们学校不具备这个条件，现在我们条件应该是已经变好了。我们外语学院虽然不能把这方面的学习作为正式的课程，但大家在专业知识课外一定要增加相关知识的积累，这是很必要的。我工作时，外交部、国务院这些机关里的一些年轻同志，包括学外语的，大家吃亏的就是没有这方面的储备，没有这方面的积累，往往都是就事论事，大家从事一些翻译活动，往往都是在这些方面卡壳了。

采访组：您今天的分享让我们受益匪浅，教给大家许多东西。那我们用最后一个问题来结束今天的采访，因为今天很特殊，是南开建校100周年纪念日，在这个特殊的时间，您有没有什么寄语想送给我们现在的南开学子呢？

吕聪敏：第一，我感觉我们现在在校的同学是幸福的，是幸运的，赶上了一个好时代，在习近平新时代中国特色社会主义思想统领下，各项事业都得到了发展。因此，大家接触的环境，接受的教育，视野的广阔度都是空前的。

我希望我们在校的同学，特别是南开大学外国语学院的同学，听听院长讲的那几句话，我觉得归纳得非常好，其包括了政治思想、专业学习、奋斗方向等等，就在《南开外语学科百年口述史（1919—2019）第一辑》的序言里头。希望我们外国语学院在校的同学都能够按照这几句话去做，一定会大有收获、大有前途。现在优秀的学生，将来走上工作岗位，也会是优秀的干部、优秀的教师、优秀的企业家、优秀的律师……关键是要从头做起，知难而进，一点一滴，不断积累、丰富自己，这是最关键的。千万不要好高骛远，盲目攀比。做最好的自己，这是最要紧的。还有就是要立足当下，有一本外国人写的书 *The power of now*，翻译成中文就是《当下的力量》。核心的意思就是要立足当下，把今天的每一步走好，每一天过好，今后就会有坦途，就会有成功作为回报。现在不努力，想着我将来要如何，这是空谈。我很羡慕大家的风华正茂，使我回忆起我风华正茂的时候，可惜这对于我来说已经不再，现在风华正茂的已经是我的晚辈了。

大家都大有前途，我已经退出舞台这么多年，已经是耄耋之年了。当然，即使是耄耋之年也不能丧失生活的信心，也要打起精神来，也要老有所为。而你们的美好前途，都在等着你们呢！

采访组：虽然您年龄在增长，但是风采不减，相信您的后辈也会像您一样获得斐然的成就，感谢您今天接受我们的采访！

高东山简介

　　高东山（1941— ），1960 年进入南开大学，1965 年毕业在南开外文系英语专业任教；同年参加高教部英语师资培训班（1965—1966 年）。1979—1981 年，受国家公派在新西兰惠灵顿维多利亚大学学习两年，分别获得该校英语学院的英语作为第二语言教学证书和该校英语系的英国及新西兰文学荣誉学士学位。1981 年 11 月—1987 年 10 月，回国在南开大学外文系外语学院任教，讲授英语精读课和英美诗歌选修课。1987 年 10 月—1991 年 5 月，自费公派（IAP66 签证）在美国罗彻斯特大学比较文学系学习并兼中文教学，获比较文学硕士学位，学习期间曾获大学奖学金。1991—1994 年，在加拿大温哥华的不列颠哥伦比亚大学亚洲研究中心教授中文并选修课程，第一学年末获该研究中心的威廉·霍兰德奖。1994—1996 年，在美国伊利诺伊大学香槟分校学习，获信息与图书馆理学硕士。在校期间获美国华裔图书馆员协会设立的信息图书馆专业优秀学生奖。1996 年 10 月—2021年 2 月，在纽约市皇后区图书馆任馆员和分馆馆长。业余时间维护和编辑非营利公益校友网站"海外南开人网"，同时任《海外南开人网》电子期刊的编委和中译英撰稿人。著作有《英诗格律与赏析》。

被采访人：高东山

采访人：张帆

整理人：张帆

时　　间：2019 年 10 月 17 日下午

地　　点：南开大学外国语学院无忌厅

采访组: 高老师您好, 在百年校庆之际, 我们想对您做一个简单的采访, 以口述史的方式回顾南开外语学科的百年历程。

高东山: 我是高东山, 1960 年入学, 1965 年毕业, 毕业之后参加了高教部主办的为期一年的师资培训班。1979—1981 年由教育部公派在新西兰学习了两年, 回校后教了几年英国诗歌和精读。1987 年, 我被自费公派到美国留学, 即有了美方学校的录取和奖学金保障后, 经由学校和北京高教部批准发给护照成行, 后来就一直在美国工作, 现居于纽约市皇后区。目前我还没有退休, 我已经 78 岁了, 现在是一个图书馆的馆长。我特别感谢母校的培养, 我感谢的方式, 就是用自己的时间、自己的财力, 办了一个网站 (nankaioverseas.net), 寓意吃水不忘挖井人。网站主要用途是给海内外校友提供交流信息平台, 像咱们学院的刘士聪老师、崔永禄老师、柯文礼老师、马振铃老师等都在网站上发表过有关回忆、旅游等的诗歌或文章。咱们历届校长在开学典礼上的讲话, 还有报道咱们外院活动的新闻、有关百年校庆的新闻等等, 都可以在我的网站上找到。我们的校友会总会曾报道过这个网站, 题目是 "开在美国的一朵南开之花", 把我比作雷锋式的人物了。这我不敢当, 但我还是可以尽自己的一点绵薄之力, 为我们南开大学做宣传。另外, 以前我在其他网站论坛等地方发文驳斥过一些反华言论, 会经常被坛主删掉。这也激起我自办网站的念头, 要有自己的媒体, 利用在国外的条件, 宣传祖国社会主义制度的优越性, 特别是驳斥一些反华谣言, 这样他们就删不掉了。我想这也是我应该做的。我时刻记着毛主席说的一句话，对错误言论不闻不问，就是自由主义。

采访组：从您毕业到现在已经快要六十年了，那在您上大学的时候，南开和外院是什么情况呢？

高东山：在我们上学的时候，特别强调思想教育。每个班都有团支部，我在班上担任宣传委员，我们当时总说一句话：没有正确的政治方向，就等于没有灵魂。今天上午听杨书记讲话，提到爱党这个词，我特别感动。没有共产党就没有新中国，也没有我们现在的一切，是吧？

在粮食困难时期，我们班也十分团结互助。那时候男同学个头最高的定量三十六斤，女同学定量都在二十九斤左右。有些女同学吃不完，就省下一点儿粮票给男同学。平时，晚饭以后，女同学就到我们男生住的第二宿舍门前小河边教我们唱歌，宿舍就在新开湖旁边老图书馆附近。她们在树下教我们唱歌，其中有革命歌曲，还有像印度尼西亚的民歌《宝贝》《鸽子》等。同学里面朱柏桐、谷启楠唱歌最好，谷启楠还会拉手风琴，大家非常愉快地共渡难关。在党的领导之下，我们度过了这个困难时期。

你们都没经历过这种困难时期吧？你们一来就在外国语学院是吧？我们当时外文系在主楼五楼，学校领导怕我们吃不太饱，有的同学腿出现浮肿什么的，就不让我们上五楼了，我们干脆就在宿舍上课。当时我们住在第二宿舍东北角大宿舍，八个人到十个人的双人床。马振铃老师、曹其缤老师，他们就提着小黑板到我们宿舍来，住上床的就得趴在床上听，大家也都感到非常地愉快。现在回忆起来也很有意思。

当时入党要求非常严格条件很高，除了写申请书，还要经常进行思想汇报接受培养。当时培养我的就是我们班的团支部书记李维树（曾任外文系副系主任和旅游系主任）。今天下午准备给大家做"外语与外交"讲座的吕聪敏老师，他是我们学生党支部书记，他经常找我们申请入党的同学谈话。李维树几乎每个礼拜都有一两次晚饭后，带着我转新开湖和马蹄湖。通过聊天的方式了解我现在思想有什么问题，班里有什么问题。他几乎每天都跟人谈话。我和其他班干部也会主动找一些同学聊天，跟有困难的同学或者思想比较郁闷的同学接触，努力解决他们的问题。

我们班一直都特别团结。在 2010 年我们入学 50 周年、毕业 45 周年聚会的时候，大家再次见面还感到特别亲切，回忆当时怎么克服困难，怎么互相帮助。我觉得政治思想工作在我们中国国情里边是非常重要的，大家的思想认识统一了，思想境界高了，才能在党的领导下更有效地建设祖国保卫祖国，干大事。

采访组：听您讲大学生活讲得这么清楚，现在回想起来还历历在目，那您觉得当时印象最深刻的人或事是什么？

高东山：就是鲁琪同学。她是地下组织成员，在南开校园里宣传共产党的政策，准备迎接天津解放。他们对保护南开大学不受国民党的破坏，起了非常好的作用。天津解放以后她被调到高教部去了。1963 年，她回到南开外文系英专三年级班继续读大学，我们叫她鲁大姐。她总是在业余时间，比如饭后找同学谈话。不管你是不是党员，想不想入党什么的，凡有思想问题都可以去找鲁大姐，她特别有大姐样子。在我印象里，高年级的同学都非常棒，思想非常棒，对人也非常棒。

你们现在大部分都是自己找工作是吧？我们当时还是国家分配的，为了让大家能够到祖国最需要的地方去，学校要对学生进行毕业教育。毕业教育的其中一项就是到烈士陵园瞻仰烈士墓。鲁琪大姐在那儿跟我们讲她怎么做地下工作，怎么不怕敌人的骚扰。当时她胳膊摔了一下受伤了，带着伤比划着跟我们讲。我现在还有这张照片，在我的网站上就能找到。她毕业分配的时候，一点儿也不挑挑拣拣，完全不说自己是老革命，应该分配的好一点儿。要没有这些老党员、老同志的领导，我们班也不会那么团结。

采访组：这么多年重返母校，您觉得我们外院有什么变化呢？

高东山：我感到最大的变化就是从几个学科发展到九个语种、十个专业，按院长的说法是"九全十美"。这太了不起了，我觉得能够做到这个地步就非常好。而且我昨天跟邹书记也谈了一会儿，学院非常重视学生的思想政治工作。

采访组：对，近些年来，学校越来越重视思想政治建设，力争培养社会主义好青年。您对学弟学妹们有什么建议吗？

高东山：我谈不上建议。我跟我的老同学说，我在外面虽然也是尽自己的努力为国家做一点儿事情，但还是太少了。我就谈一点儿感想，感谢我们老校长，还有严修先生，他们在困难的条件下，集资创办南开学校，南开大学就是为了救国爱国而创立。1937 年，日寇轰炸南开大学，后来张校长带领我们去跟清华、北大成立西南联大，这也是为了救国爱国。1935 年 9 月 17 日开学典礼上，张校长对学生们的"爱国三问"，更体现了咱们南开人的爱国精神。习近平总书记视察南开大学时也特别强调这一点，爱国就是南开的魂。其实我也在自勉，永远爱国，为祖国做力所能及的事情。对于学弟学妹，希望大家都要永远记住"爱国"这两个字。没有国就没有家。我们学外语的有便利条件，能够更深刻地了解世界和认识世界，有更多的便利条件到国外去研究，去实际考察。因此，无论我们到哪个国家，对比之后就会更加感到祖国的美好，社会主义制度的无比优越。我们可以非常自豪地说，我们学外语的人比其他学科的人更有爱国情结。

中国共产党是世界上最好的领导者、执政党。因此，拥护中国共产党，热爱社会主义制度，就是我们南开人爱国的具体表现。爱国魂就应该体现在这个地方，是吧？我想这就是我对学弟学妹的一点儿分享，这个是我的个人体会。我在国外，不能够直接地为国家服务，但我还可以间接地为国家服务，办好我的网站，用自己的一点儿财力和业余时间，经营这个网站，以实际行动报答祖国培养之恩！

采访组：我刚刚听您说到的内容，我觉得一个关键词就是爱国，您觉得南开的这种爱国精神在您出国工作期间什么情况下对您影响最大？

高东山：出国之后我对美国的认识也是有一个过程。那时候宣传美国这么好，那么好，我就经常想，如果在这种情况下，中国共产党会怎么办？如果在这种情况下中国政府会怎么办？怎么关心人民群众的生活？两国的对比让我看到中国共产党是真心热爱人民的，是全心全意为人民服务的。我教育我的下一代，我两个孩子，一个儿子、一个女儿，我就说你们自己要经常教育你们的孩子，祖国是中华人民共和国，你们要学汉语，要学中文。我大孙女现在上大三，她中文说得特别好。党对我的教育，不论在家庭还是工作当中，我都时时刻刻记住。

采访组：您是我们校友贡献奖的获得者，您为什么对校友会事业这么热衷，或者说您当初建立爱国教育基金的初衷是什么？

高东山：我总共捐了四万五千美元，现在钱还比较少，但我会一直继续，让它长期地存在下去。现在是一个小树苗，将来成长为一棵大树，让南开的爱国精神在我们外院永远扎根，根深叶茂。我希望这个基金能够起到一定的促进作用。这个基金就是为做学生政治思想工作的老师和思想进步的优秀学生设立的。希望这个基金能够起到鼓励的作用。

采访组：跟您今天聊的时间不长，但是感触很深，我们南开人一定要爱国，在爱国精神的指引下好好学习，在好好学习的同时提升自己。最后，请您对我们百年南开说一句祝福语。

高东山：南开百年已经取得了非常大的成就。我衷心祝愿下一个百年南开更加辉煌！

王丽丽简介

　　王丽丽，女，1951 年生人，1972 年就读于南开大学英语系，后赴英国伯明翰大学攻读国际金融管理硕士学位。长期在中国两大商业银行——中国银行集团和中国工商银行集团担任董事会执行董事、行长助理、副行长等职务，是享受国务院政府特殊津贴的专家。曾在多个国际组织担任多项岗位，包括：亚太经合组织（APEC）工商委员会轮值主席和中国代表、国际商会（ICC）董事会执行董事、香港商品交易所副主席、国际衍生品协会（ISDA）董事会执行董事、APEC 世界妇女领导人组织成员等等。曾担任香港盐业银行董事长、加拿大中国银行有限公司董事长、中国工商银行伦敦有限公司董事长、阿根廷标准银行（合资）董事长、中国工商银行亚洲有限公司副董事长等等。还曾担任中国国际金融学会副会长、中国国际商会副会长、中国国债协会副会长以及中国交易商协会副会长。现任APEC工商委员会中国代表、中国国际经济关系学会副会长、中国石油化工集团董事会董事兼薪酬与考核委员会主席、中国国家电网集团董事会董事兼风险与审计委员会主席等。

2014年12月受聘为南开大学兼职教授。2017年12月受聘为南开大学金融发展研究院客座教授。

被采访人：王丽丽

采访人：田燕如、薛晓骞、程骥

整理人：徐小雨、袁晓溪

时　间：2019年12月21日下午

地　点：南开大学外国语学院良铮厅

采访组：您好，非常感谢您能接受我们的采访。请问您现在具体担任什么职务呢？

王丽丽：亚太经合组织工商理事会中国代表，同时还担任中国国际经济关系学会副会长、中国石油化工集团和中国国家电网集团董事会董事等。

采访组：我们了解到，您当时进入南开是在一个特殊时期，和我们现在的高考很不一样，可以分享一下您入学时的故事吗？

王丽丽：我于 20 世纪 70 年代初进入南开大学外文系学习。那届学生带有特殊的历史印记。当时国内尚未恢复高考，学生又来自工农兵各条战线，所以被称为"工农兵学员"，简称 WPS（workers，peasants and soldiers students）。我认识一个来读中文系的女孩儿，入学那天头上还包着白毛巾。我们班也有同学是带着工资来上学的。

我迄今仍然保留着当年的入学通知书，一张小纸片。正面写的是："××革命委员会：经审查，同意你公社 ×× 大队王丽丽同志到南开大学外文系学习。请告本人持此通知书到该校报到。希望学员认真读马、列的书和毛主席的著作，不断提高阶级斗争、路线斗争和继续革命的觉悟，完成党和人民交给的'上大学、管大学、用毛泽东思想改造大学'的光荣任务，成为无产阶级革命事业的可靠接班人。"背面是新生入学注意事项，主要包括六条：①携带马列的著作和毛主席的著作；②办好党团组织关系；③自带户口和粮油关系；④带全被褥和衣物；⑤学员入学后，由学校每月发给 19.5 元的生活费和补贴；⑥赴校路费由地区革委会发给车船费，食宿费由本人自理。想必，当时每位学生每月 19.5 元的补助对南开来说应该也是不小的开支。在那个年代，南开竭尽所能地坚持用高标准教书育人，学生受益匪浅，打下了不错的基础。1972—1975 年，外面的世界发生了太多事情，对在校读书的我们有不小的影响。可无论风云如何变幻，改革开放的春风最终徐徐吹遍了祖国大地。我们在校学生受到前所未有的鼓舞，对学习本领建设国家充满期待。事实证明，那一届学生没有辜负南开的培养，在中国改革开放过程中，很多人都在不同岗位上成为骨干和中坚力量。

岁月如流。四十三年后重回南开，往事仍历历在目。

采访组：听得出来，您对南开怀有非常深厚的感情。那您能仔细讲讲当年在外文系学习的经历吗？

王丽丽：记得那年外文系招收了三个专业的学生，英语、俄语和日语，日语是首次招生，总共几十个学生，后来大家几乎相互都认识。英语班有一些同学"文革"之前曾在外语学校学习过，有一定基础。开学不久，老师就按照学生的大致水平进行了分班，以便所有的同学都能够跟上进度。有的班曾被笑称为"吃小灶"，是"分槽喂养"。我当时觉得"分槽喂养"的说法特别形象，总让人联想到什么，乃至多年后想起仍忍俊不禁。老师还把我们分成每两人一组，叫"一帮一，一对儿红"，共同进步。其实，我们那届学生深知机会来之不易，学习十分努力，每天就是穿梭在教室、图书馆和宿舍之间。晚上熄灯号响后，不少人还打亮手电筒继续看书。没课的时候，外文系的同学就找一些相对安静的地方去练习，像主楼顶和操场跑道等等。

南开的治学严谨和为学生负责的传统在外文系得到很好传承。在那个教育百废待兴的年代，外文系仍然始终坚持规范教学，比如，明确要求学生必须要过语法关。老师们一遍遍地告诉我们，学外语必须要在听、说、读、写、译五个方面下功夫，不可偏废，而且鼓励大家读原著。我后来看到李霁野先生的文章，先生明确提出要重视外语基本功训练，他认为，要使学生掌握好外语，应该加强听、说、读、写、译的全面训练。先生还说，学外语不读原著，就不能很好地了解语言背景，也不利于学生的文化修养。看来这是我们南开外文系一直都执着坚持的标准。

1972 年，全国高校的外语教学风行"听说领先"的方法。南开外文系却从未片面地用这种方法替代基础课教育。那时"文革"之前的课本已经没有了，新的统一教材也还没有编印。我们用的多是老师们集体编写的油印教材。有一天一位老师特意告诉我们说，劝业场的中国书店（古旧书店）有许国璋英语，我和几个同学周末赶紧跑去淘书。旧书很便宜，但要去多次才能配全一套。记得有老师曾经很感慨地说："现在，也只有北大和南开还讲语法课了。"可见南开外文系对自己的坚持是十分明白的。参加工作之后，我曾听到坊间有个说法：南开大学的毕业生专业基础很好。我想这和南开薪火相传的严谨的教学原则和老师们骨子里的责任担当是绝对分不开的。

在我的印象里，外文系的老师全都是才子佳人，学贯中西。他们除了治学严谨，亦是温馨师长。有一年夏天我们去麦收，谷启楠老师和郑荣萱老师边打麦穗边用英语聊天，商量怎么教好我们这帮学生。我虽只能听懂50% 左右，但当时心里很是感动。大三那年翻译一本有关共产国际的书，我们小组的指导老师是庞秉钧。庞老师改作业，把我三句长的英译中浓缩成了七个字。我对照原文再看，那真是文从字顺，实在让我崇拜至今。教我时间最长的是谷启楠老师。谷老师的英语语法和发音都极其好。我有次考试得了九十七分，可我就想得一百分。于是去找正在备课的谷老师哭诉。

老师安慰说：这次知道了，下次就不会错了。她一定没想到这学生会说："这个是不会错了，那下次其他地方又错了怎么办？"面对不可理喻的学生，温柔的老师百忙之中仍是哄劝说服，还不忘提醒那一课的要点。我真希望每个学生在求学时都能有幸遇到这么好的老师。

　　外文系的学习氛围既严肃又热烈，教学形式也相当丰富多彩。系里经常组织我们进行社会实践，例如去农村、工厂、部队、港口、博览会，还去过海上石油钻井平台。学生要选修第二外语，副科也要门门过关。记得大二那年我们去拉练，"长征"的目的地是河北省满城县。那里有个汉朝中山国王墓，出土了轰动全国的考古新发现——中山靖王夫妇穿着的金缕玉衣。途中有很多革命教育活动，只是后来我崴了脚被收容，就做先遣队，提前进村为同学们号房，漏掉了一些有意思的经历。外文系的学生行军，是用英语喊口号。语言节奏不同大家每每都踩不到点儿上，但欢快的笑声一路飘扬。拉练途中我们每到一个驻地都要照常上课。学习抓得很紧，大家都不敢懈怠。有次在驻地常耀信老师给另外一个班代口语课，我们几个同学躲在窗外偷听，对常老师佩服得五体投地，还商量回校后找教务处，申请旁听常老师的口语课。外文系每逢佳节必有演出。老师和同学一起排练外语节目，就在主楼五层的大厅联欢。我缺少文艺细胞，好像仅有一次在"盲人摸象"中扮演那个摸象腿的。我们师生关系特别融洽，乃至多年后很多师生之间还保持一种亦师亦友的友谊。

　　采访组：我们了解到离开南开后，您进入中国银行工作，后来也一直从事国际事务相关的职业。那您觉得在南开的学习经历对您后来的道路选择有什么影响吗？

　　王丽丽：我们算是"文革"后的第一批大学毕业生，参加工作后正好经历了中国创造经济奇迹的过程，也亲眼看到了中国人民如何勠力同心地推动历史车轮前行。当时中国的改革开放政策正悄悄地改变着一切。1978年，我所在的中国银行首次实行通过考试从全国选拔人员出国。我报名参加了考试。结果出来，外语成绩和总分成绩都是第一名。我如愿前往伦敦。后来我虽然是做外汇交易员，但经常被点名去陪领导出访，走了很多国家，长了很多见识。记得1983年，国务院领导指示年底要保证国家外汇储备不低于一百亿美元。那时外汇储备是放在中国银行的。我被点名陪同领导"到国际市场去借钱"。领导是工科出身，出了名的博学且十分严格。当时的中国尚不被世界了解。领导出访中不光会谈金融，还谈文化、宗教、环保、特种钢、直升机、海盗，还喜欢旁征博引，用中国的历史典故和唐诗宋词来加大说服力。我只能硬着头皮在一场场的会谈和大型活动中努力应付。出访归来，领导给了好评，还把这段经历写入了他的回忆录。

当时中国刚刚摒弃"既无内债又无外债"的原则，一些根深蒂固的东西仍然存在，比如借的钱不能叫外债。我们就和老外商量，发明了一个词叫"deposit facility"，即"存款便利"。意思是非我借你的，是你存在我这儿的。后来，我们又逐步在国际资本市场完成了中国第一笔国际债券的发行，第一笔国际银团贷款、第一笔国际货币掉期和之后的许多金融创新业务。

1985年的一天，邓小平同志来到刚落成不久的长城饭店，在"中国面向21世纪"论坛发表重要讲话。我和唐××就坐在玻璃罩里做同传，当时听得心潮澎湃。1997年，我开始在亚太经合组织工商理事会任中国代表，担任过理事会的共同主席，多次陪同我国领导人参加闭门会议，同20国领导人就亚太地区经济、金融、商务、劳工等领域的合作问题进行面对面的对话。由于及时处理重大外交问题，我还受到外交部表彰。2006年起，我作为中国代表在国际商会董事会连任两届董事，面对繁复的国际贸易规则和晦涩难懂的国际仲裁厅的法律条款，每次讨论和表决前我都会认真做很多功课。后来我也做过国际衍生品协会的董事，其间窥到金融危机背后的许多故事。在参与制定全球衍生品交易规则的过程中，我协助中国监管机构制定相关规定并与国际规则实现接轨。我应是迄今唯一进入过该机构董事会的中国籍董事。

南开百年校庆之时，回望自己毕业之后走过的路，豁然发现，原来在四十多年的职业生涯中，我从一名外汇交易员做到全球最大银行的管理者，并代表国家在国际组织中任职，竟从未脱离过国际业务的领域，而这个领域是需要语言作为工具的。是南开给了我开放的胸襟，我用它来与世界对话，并且让我的祖国更好地与这个世界相容。我想起张伯苓老校长一百年前设立南开外语学科时的初衷："为有志之士提供出国留学深造机会。"回眸一百年，已有多少人从南开外文系毕业，许多人出国深造，然后回来报效祖国。原来我们竟都是肇始于老校长初衷的受益者。我不禁对老校长充满敬仰、感激和怀念之情，同时也为我们能实现老校长的愿望而感到欣慰。何廉先生在回忆录中曾提到过，1930年南开经费遇到极大困难，北方四大银行之一的盐业银行给予了很多资助。我曾担任盐业银行的董事长，虽然是名义上的职务，但仍是由衷地为盐业银行曾为南开提供帮助而感到高兴。

花有重开日，人无再少年。但母校的哺育之情永不能忘！

采访组：恰逢南开百年校庆之际，您对南开、对外院、对南开学子有什么想说的话吗？

王丽丽：我希望我和我的同学们都未负"为了民族之崛起而读书之伟大使命"。我也借此机会感谢教过我们的外文系老师。谢谢庞秉钧老师、郑荣萱老师、王志洁老师、钱建业老师、谷启楠老师、常耀信老师、柯文礼老师、蒋华上老师、李九明老师、蔡丽文老师，还有刘士聪老师！（刘老师虽然没有直接教过我，但时至今日他还在天天给我"布置"英文作业。）

张伯苓老校长说过，"教育为人才之母，人才为国家之用"。所以我也想对年轻的学弟学妹说一句，既接受了南开的精神熏陶和思想教育，就要时刻牢记"允公允能，日新月异"的母校教诲，把"南开精神"当成座右铭，有朝一日，必要回馈母校以荣耀；要继承南开的优良传统，终生保持学习的能力，通过读书让自己与众不同；要胸怀天下有格局，用开放的胸襟放眼世界，因为中国要的是与全世界平等对话并致力于与全世界和平共处，一起构建人类命运共同体。然而，你我都必须要永远铭记并给出回答的是张伯苓老校长的"爱国三问"：你是中国人吗？你爱中国吗？你愿意中国好吗？我们是中国人，我们爱中国，我们愿意中国好。我们期盼中华民族早日实现伟大复兴并愿为这一崇高目标贡献毕生力量。我衷心祝愿所有同学不负韶华，不负南开，成为有志之士！

祝愿我们的校友日新月异！

祝愿我们尊敬的师长桃李天下！

祝愿我们的母校南开永葆芳华！

赵 威

ZHAO WEI

赵威简介

赵威，南开大学 79 级外语系日语专业毕业生，中国政法大学教授，博士生、博士后导师。现任北京国际经济法研究会会长、雄安新区法律专家委员会副主任、中国国际贸易仲裁委员会仲裁员、中国原子能法论坛创始人和主持人。参与起草了合同法、公司法、证券法、信托法、票据法等法律法规。曾任天津市高级人民法院院长助理、北京市东城区人民法院副院长、北京市海淀区人民法院院长助理、北京市仲裁委员会仲裁员、北京首创集团总经理助理等职务。

赵威是我国法学界泰斗江平先生的弟子，他学术专业功底深厚，学术成果丰硕，教学能力突出，在法学领域取得了骄人的成绩，在国内外法律界享有一定声誉。在做好本职工作的同时，赵威十分关心母校的发展，他是南开大学百年校庆形象大使、南开校友企业家联谊会会董、南开外语校友会会长。在南开大学建校 100 周年之际，设立了"赵威奖学金"，提携后辈，奖掖优秀。

被采访人：赵戌

采访人：刘璐明、孙睿璠

整理人：崔艺、关悦

时　间：2019 年 12 月 21 日下午

地　点：南开大学外国语学院良铮厅

采访组：您为什么选择到南开大学读书？

赵　威：在我上学的那个年代，南开大学在全国的名望很高，特别是曾经涌现出像周恩来那样优秀的前辈学长，使南开具有很强的影响力。此外南开深厚的历史底蕴也吸引了我，这些对于我选择南开都有着十分重要的影响。

采访组：您觉得在南开的学习生活对您以后的工作生活有哪些影响呢？

赵　威：首先，是南开让我拥有了开阔的眼界。张伯苓老先生是南开的创校校长，他的办学理念卓越高远。南开大学 1919 年成立，当时受到落后封建观念的影响，学外语对于大多数中国民众来说就像天方夜谭一样，普通人根本不会有"要去外国、要学外语"这样的想法和意识。但是我们的张伯苓校长却有着非常先进的思想和开阔的视野，在建校初期就设立了外语专业，这在当时是非常超前的，给了我很多的启发。我也将这一理念应用到了在南开学习的过程之中。具体而言，我虽然是日语专业的学生，在学习日语的同时，我也自发开展了第二外语——英语的学习，从而使得自己能够充分利用学校的资源来充实自己，多学本事。当时南开开设的专业还不多，有哲学系、历史系、物理系、化学系等，只要我有空闲时间，每一个专业的课我都会去听。我还非常喜欢运动，所以乒乓球、网球、羽毛球等所有体育课程我都积极参加，比一般的同学要学得更多。当时其他学校也开设了多样的体育项目，比如游泳和滑冰，出于兴趣爱好，我也会想办法去学习。这些额外的学习经历让我具备了丰厚的知识储备和开阔的视野，这也是大学生活带给我的宝贵财富，让我一生受益。

其次，我之所以走上法律道路，也和在南开的学习经历密不可分。我们南开法律学科建设得比较晚，是 1981 年才有的，我在入学以前对法律专业也没有很多的了解。但进入大学以后，我们每天早上在上课的路上都会准时收听中央人民广播电台播报的新闻，就像现在的新闻联播一样，讲国内外的重大事件。当时正值我国开始实行改革开放，在关于其他国家领导人访华的新闻中，我获取了有关法学博士和律师的信息，这让我不禁思考：是不是改革开放以后和国外打交道需要法律呢？就是出于这样一个很简单的想法，再加上我对法律学科本身也有浓厚的兴趣，我便将研究的专业改为了法律。这是一个改变了我人生轨迹的决定，而促使我投身法律事业的信息又是从南开校园里获得的，所以说南开带给我的影响是终身性的，正是南开培养了我，南开的校园生活为我后来的工作生活指引了正确的方向，并打下了坚实的基础。

采访组：您刚刚讲到您选择法律的原因，您在法律方面的工作成绩斐然。我们也了解到，您还是外语校友会的会长，那您是在怎样的机缘下成为外语校友会会长的呢？

赵 威：这都是受张伯苓老校长的影响。张伯苓校长是海军士兵出身，经过甲午海战悟出教育救国的道理，转而投身到了教育事业，他同社会各界交往来筹建南开系列学校。那我们在他身上看到的是一种什么精神呢？正是南开校训中的"允公允能"，这种公能精神植根于南开深厚的爱国主义传统，是南开的立校之魂。虽然我们无法与张伯苓老校长比肩，但不管是学外语也好，还是学法律也好，最重要的都是要为国家、为民族、为人类作出贡献。通过做一些小的事情，通过外语校友会给外院和外院的同学们做一些贡献，是对外院培养我们的一点报答，也是对南开感激之情的一种表达。

　　当然，从事校友会的工作只是回报母校的一种方式，这也因人而异。我在上大学的时候就担任日语班的班长，通过和不同的人打交道来积累人际交往的经验，我打心底也更愿意去奉献自我。就我个人而言，在本专业领域里的工作量是十分庞大的。但即便如此，我也会尽力平衡校友会的活动和我的本职工作，恰逢今年是南开大学建校 100 周年，往返京津之间的次数自然也多了起来。

　　采访组： 我们还了解到您今年还设立了赵威奖学金，奖励优秀学生。

　　赵　威： 这和从事校友会工作也是一样的初衷，都是为南开外院作出一点小贡献，虽然金额不是很多，但也是自己的一份心意。

　　采访组： 您对年轻人有什么建议呢？

　　赵　威： 首先，当代年轻人无论是在现在学习还是将来工作中都不要想着有捷径，世界上没有捷径，正所谓一分耕耘一分收获。你们正处在给人生打基础的阶段，现在扎实做事，踏实做人，都是在为未来做积累。虽然短期之内可能并不会看到非常明显的成效，但我以一个过来人的身份告诉大家，未来的你们会因此受益无穷。社会是由人与人联系起来的，那么你做事的方式就会影响他人对你的印象。把眼光放长远，你就会明白，其实每个人都有可能提供给你发展的平台，能不能把握住这些机会，离不开我们在之前打下的基础。

其次，对于外院的学生来说，学外语是要走向世界舞台的，因此一定要有开阔的眼界。我们南开有周恩来、曹禺等优秀的前辈校友，也包括曾在南开执教的很多优秀教师。我从他们身上得到的启发便是我们应该全面地提升自己的综合素质。当今这个时代要求的是复合型人才，这对于学外语的学生也提出了更高的要求，我们不能只局限于语言本身的学习，还要对于政治、经济、文化，甚至是区块链、互联网等各个方面都有所涉猎，也就是我们常说的"人文素养"和"国际视野"，这既是外院办学宗旨的重要组成部分，也是对新时代外语人的要求。我们只有尽可能多地储备知识，才能更好地使用语言这个工具。

采访组：那您对南开未来的发展有什么样的展望呢？

赵　威：南开肯定会发展得越来越好，近些年建立新校区、增加新学科就是很好的证明。习近平总书记2019年到天津南开视察，体现出了对天津以及南开大学发展的重视。我们的校领导、院领导也都非常优秀，他们的观念超前不保守，带领着南开不断向前发展。何况南开本身就有着非常深厚的底蕴，培养出了很多优秀的校友，在时代的发展、国家的支持下，我相信南开肯定会发展得越来越好。南开的发展也离不开每一个人的努力，不管你们将来从事的行业和现在所学的专业有没有关系，你们都将会是时代的主人，有你们需要完成的历史使命，假使每个人都做到了寓学于用，都能在自己的岗位上发光发热，那么南开一定会发展得更好。

陈明俊

CHEN MING JUN

陈明俊简介

　　陈明俊，陈逵之子，1942 年出生于云南昆明，1965 年参加工作，1984—1986 年在英国做访问学者，2006 年退休。陕西机电工程研究所研究员，南京理工大学兼职教授。从事国防科技预先研究和型号产品研制，曾获部级科技进步奖特等奖、二等奖等，著有《伺服系统工程实践》，发表中外论文若干。

被采访人：陈明俊

采访人：屈若琳、相羽、崔丽月

整理人：屈若琳、潘羽璐

时　　间：2019 年 10 月 15 日下午

地　　点：苏堤路丽枫酒店

采访组：陈先生您好，值此南开大学百年校庆与外语学科成立 100 周年之际，我们想对您进行一个简单的采访，以口述史的方式回顾梳理南开外文系的百年历程。

陈明俊：好的，接下来我就简单回顾一下我父亲求学、教学和工作的经历，同时在其中讲述南开大学外文系的历史。

第一部分

陈逵（1902—1990），字弼猷，出生在湖南攸县的一个秀丽的山村。1920 年，在上海沪江大学预科学习，因积极参加"争取收回山东主权"的工人、学生运动，参加罢课，并拒不写悔过书，被学校开除。这个受五四新文化运动激励的青年，怀着对"德先生""赛先生"的向往，只身远渡重洋去美国留学。在加州大学农学院学习期间，因家庭变故，他失去经济来源，遂去芝加哥做苦工积攒生活、学习费用。

一年后，他进入耐不拉斯加大学，在文理学院注册，学习哲学。该校没有华裔，他四年都没有说母语。幸运的是，他遇到了导师亚历山大·麦克尔约翰——哲学系主任，曾任全美哲学学会主席。教授具有独特的教育理念，是一个勇敢的思想者，又是大胆的实践者。正是在他的启发、鼓励下，陈逵逐渐提高了质疑、分析、思辨的能力。教授热爱中国的古老文明，常与他讨论。有一次，教授出示一本翻译成英文的"中国古诗 170 首"，问他有何看法，他大胆回答说，其中陶渊明的一句诗翻译欠妥，并作了解释。教授很高兴。不久，教授和他谈话，建议他加修英美文学，说这对加强中西文化交流很重要，也可宣扬源远流长的中国文化。当下美国人读到的中国形象被大大歪曲了：或猎奇，渲染小脚、辫子等落后习俗；或丑化，将中国人描绘得丑陋、鄙吝、奴颜婢膝。作为中国留学生，有责任和义务将真正的中国展现给美国人民。教授又说，加修后，还有机会申请清华大学庚款留学半费津贴。原来，教授一直在默默关注他，陈逵深受触动，按此方向努力。对恩师，他曾写道："我热爱这位美国人，他教我思考，而不盲从接受权威；他教我张开双眼看世界，开启双耳聆听高尚的音乐。"多年后，他了解到，冷战期间，恩师为有关民主的联邦宪法"第一修正案"做出了不懈的努力，当时很多哲学家都选择了回避或沉默，因而他对恩师深感敬佩，但也为辜负了恩师的厚望而感到惭愧。

后来，津贴申请成功，每月可得四十余美元，生活无忧，可安心读书。他在课余开始研读、撰写诗文，先尝试将唐诗译成英文，并成功登载在《留美学生月报》上。但他很清醒，这只是中国留学生的刊物，诗稿水平还要看美国有影响的知名刊物的反响。他不断努力，大胆投递，过了一年，也就是1925年，竟有四篇发表在《世纪》（*The Century*）和《书人》（*Book Man*）等知名刊物上。其中，有一首《狂人和儿童》："世上有狂人也有儿童，狂人是我的老师；儿童是我的朋友。跟随着狂人，我与儿童一起前行，去向那光明的大地。"该诗用质朴的语言，表达了他毕生追求光明真理的志向。很难理解，到了母语根深蒂固的年纪，何以能遨游在异国语言文字中，并进入诗歌、韵文这一文学殿堂。但无论如何，他达到了常人难以达到的这一高度，并且不止于此。

他在学校，小有诗名，在毕业前夕举行的年度诗会上，他的诗经五位教授评议，名列第一，获"桂冠诗人"荣誉称号。不久，他随导师转入威斯康辛大学研究院，进入威大后，应《威斯康辛文学》邀稿，他翻译了宋濂的古文《送东阳马生序》，讲述中国古代学子不为低俗世风所动，于艰难困苦中一心向学，其乐无穷。此文意外地引起《日晷》（*The Dial*）编辑注意，在 1928 年 3 月号的评论中整段引用。

1927—1928 年，他的创作源源而出，达到了高潮，当时美国最有影响的文艺刊物《日晷》、《诗刊》（Poetry）刊登了他的多篇作品。了解美国文学史之人必知《日晷》。创刊于 1840 年的《日晷》，在美国文学史上被视为最卓越的哺育美国现代艺术和文学的杂志，有高水平的美学标准，新颖、自由、包容，具有世界性。《诗刊》，美国文学史上公认的新诗运动的代表性刊物，它是 1912 年由 H. 蒙多在芝加哥创办的，每期限发约 25 首诗，审稿非常严格，此刊一直延续至今。几乎所有新诗运动的主要诗人，都是由该刊发现并在该刊发表成名之作的。

一个杂志是以他的撰稿人为荣的。他在《日晷》1927 年 8 月号发表《诗两首》，在同期发表作品的有叶芝、康明斯、毕加索；1928 年 1 月号发表诗《新年》，同期发表作品的有庞德、T.S. 艾略特；3 月号发表诗《思念洞庭湖》，在该期发表作品的有叶芝、L.Powys；4 月号发表小说《见面礼》，同期有艾略特和门罗（《诗刊》主编）的作品；6 月号发表《自传四章》和女诗人方令孺的中文诗《晚钟》英译，同期有艾略特、高尔基、W.Bynner（美国诗会会长）作品。他是唯一在《日晷》发表诗文的东方人。《诗刊》33 卷第 3 号出现了陈逵署名的《诗三首》，他成为第一个在该刊发表诗作的中国人。该期同时发表有新诗运动的主将桑德伯格和 H.D（庞德诗友）的作品。

亲眼见到这些 90 年前出版、经过战乱和颠沛流离后仍保存下来的英文杂志，书页泛黄但字迹仍十分清晰，不由得会感到惊喜并心生敬意，这可是传世的刊物。特别是这个具有中国人名字特征的"陈逵"频繁出现在供稿人目录（Notes of contributors）栏目中，看到他与那些闻名于世、留名于文学史上的英美作家、诗人、艺术家的名字并列在一起，作为中国人的自豪感会油然而生。而在这些撰稿人中，陈逵还是仅有的英语非其母语的作者。这是陈逵先生的英语水准和才华令人信服的证明，他得到了肯定。

改革开放后，冯至先生曾提到："不意几度沧桑之后，如今中美学人互访，美方颇不乏人念及先生当年之英语诗文，仍赞叹不已。"

在收到《自传》的部分文稿后，《日晷》主编女诗人玛丽安·摩尔给予高度评价，亲自来信并约稿："亲爱的陈先生，非常高兴又收到了你可能会出版的书中的一部分。我们极赞赏该书给出的美好的家庭生活、亲情、学堂以及刻苦学习的感受，当然，还有所描述的瓷器、那虎爪形腿的桌子以及其他的美的东西。我们想把它的题目定为'自传四章'……"美国的文学评论人则如是说："在其作品中，在其诗篇和如诗般的自传里，饱含浓厚的中国韵味、中国传统和中国气息。他熟谙并传达出那些为人耳闻一新、为人所乐道的中国特有的情境，他形象化的描写表现出他诗人气质的优雅和艺术根底的纯熟。特别是他对美的爱，展示出他的中国式的情调。人们可以（从他的诗歌里）听到谪居在外的唐朝诗人对心爱的长安的怀念，留恋家乡、魂牵梦萦的回响。"

署名 Kwui.Chen 的作品还出现在《书人》、《明日世界》（*World To-morrow*）、《世纪》、《民族》（*The Nation*）等多种知名美国刊物上，这个中国学生就这样步入了美国文学的殿堂，留下中国人的痕迹。

1935 年，胡鼎新把陈逵在《诗刊》上发表的诗三首中的第一首《读罗密欧与朱丽叶》与在《明日世界》发表的另一首诗《假如生命是棵树》以及《日晷》对陈逵的介绍一齐译成中文，署名胡鼎在上海《现代》杂志上发表。这闲来之笔，让人读出其中英文根底之深厚、译文之优美独特。他就是后来以党内一支笔闻名的胡乔木。

1982 年，由富布莱特基金会支持的暑期师资培训班于北大举办，美国贝宁顿大学文学系主任、哈佛大学博士菲比·赵应邀主讲美国文学、戏剧史，当她见到刊有陈逵作品的几期《日晷》，与陈逵先生交谈后，在课堂上高兴地说："我们应为之骄傲，有位中国人在 20 年代末，就和那些世界级的美国诗人同时在最知名的《日晷》上发表诗文，这是我来华讲学遇到的最高兴的事情。"

第二部分

他还是一位忧国忧民且具有强烈民族自尊心的热血青年，在那个时代，自然会是爱国者和革命者。1925 年，有关"五卅惨案"的消息传到美国，悲愤的他彻夜未眠，赶写出小说《屈辱》，控诉帝国主义者在华的专横和残暴，小说发表在《世纪》杂志上，收到了几百封读者的来信声援。1927年夏，麦迪逊城举行的全美中国留学生年会选举，左派的中山学会取得多数胜出，冀朝鼎任秘书长，正在威斯康辛大学研究院学习的陈遂被推选为中国留学生总会会刊《中国留美学生月报》的主编。该报创办于 1905 年，发行北美、欧洲、东南亚及中国各大城市；曾任主编的有顾维钧、郭秉文、宋子文、蒋廷黻、梅汝璈等。他任主编后当年的 11 月号刊物上，果断地登出宋庆龄声讨蒋介石叛变革命的檄文——《告全体忠实的国民党员书》，并写诗抒发人民的悲愤和不屈。此时，正是国内大革命失败，腥风惨雨笼罩着华夏大地。他通过"编辑的话"栏目，以坚定、悲壮、激情的文字抒写留美学生的爱国、革命情怀，使西方读者聆听和理解中国青年的感受和决心：

> 为什么我们成为革命者？因为我们不能再忍受耳听同胞们痛苦呻吟，因为我们不能再忍受眼见同胞们无望的面孔，我们的血是热的，满含拯救我们的同胞的激情，要为他们而承受一切，无所畏惧，不论是危险还是死亡……

> 我们必须达到中国的独立，我们自己可能没有能生活在一个独立的中国，但我们确信要生活在为争取独立的希望和斗争中，我们的刚烈就像一首诗中写的：奴隶的土地永远不是我们的土地！

> 恐惧只属于我们的敌人。他们陶醉于权力，他们因奴役我们而得意，当我们为自由而斗争时，他们得意的基础就被撼动。我们争取未来自由生活的希望越高，我们的敌人失去一切的恐惧就越大；让他们

恐惧，让我们期望。

该期首页即是醒目的标题——"美国之愚昧的暴露"，下面原文照登了一条新闻——密西西比州最高法院决定该州华人儿童只能进黑人学校读书，他对旅美华人受到的种族歧视和侮辱，表达义愤，发声抗议。同期还有署名乙未生的两幅漫画，《残害殖民地人民》和《文明人假面具的揭破》，控诉列强在"五卅"和"六·二三"屠杀中国人民的暴行，揭露帝国主义狰狞的面目。年底，陈遂收到给《中国留美学生月报》主编的信，信来自美国"中国协会"（The China Society，成员是美国在华的商人和企业）。"中国协会"在信中气势汹汹地指责该期的内容损害两国共同的利益，提出强烈不满，要求改变。对这样蛮横的指责和干预，陈遂将来信原文照登在下一期月报上，并撰写编辑的回复，给出冷静而强有力的批驳：

你说你们一贯与对中国人不友好的行为斗争，当密西西比州的中国学生遭受这样侮辱尊严的法令时，你甚至都不允许我们说一个字抗议？两幅漫画只不过描绘了历史事件——上海五卅惨案和同年的沙基惨案，没有任何言过其实之处。难道中国学生要像奴隶给主人一样给美国人鞠躬？我要你知道，中国人是有民族和人格的尊严的。就我们理解，您的全部来信，不讲道理，比恐吓还要过分。

《中国留美学生月报》总编对此事的回应出乎代表美国在华投资商人利益集团的意料，他们恼羞成怒，很快，美孚石油公司来信威胁，如果《中国留美学生月报》编辑政策不变，他们便不再在该报上登广告了。风波越来越大，指责方与支持方尖锐对立并展开论战；《中国留美学生月报》掀起的反种族主义风潮引起了美国有识之士的注意。1928年3月，以著名思想家、教育家、哥伦比亚大学法学院教授杜威博士（胡适先生的老师）为首的知识界和部分企业联合成立了"争取中国人法律保障全国委员会"（National Committee for Legal Defence of Chinese）。委员会由来自哥伦比亚大学、哈佛大学、耶鲁大学的七名教授和纽约、费城的三名知名人士组成，已在美洲大陆的十九个城市建立了机构，得到了二十六位高级专业人士参与服务。杜威教授任主席并发表《给在美中国朋友》的公开信，向中国人民伸出援手。委员会的秘书 J.T 芬德直接给《中国留美学生月报》编辑陈遂来信："委员会"郑重地希望能借重贵刊的栏目以使自己的行动得到读者的关注，希望得到你们密切的合作，帮助"委员会"成为为境内中国人服务的有效机构。

20 世纪 20 年代末，由留美学生发动的这场运动，得到了美国知识界、企业界有识之士的支持参与，第一次形成了有组织的全美范围争取华人合法权益的行动。这是中国留美学生史料中光辉的一页，那一代留美中国青年令美国人民感受到了一个古老的饱受欺凌的民族的尊严。

1928 年 2 月的一天，陈遂意外地收到一封来自德国柏林的信，信中观点鲜明、爱憎分明，传达出的热情、坦率，令他受教匪浅、激动不已。

> 你给"中国协会"的复信写得精彩极了。炮轰南京，屠杀了成千上万的中国人的行为，已证明美帝国主义者是中国的敌人；我曾担心你正生活在帝国主义土地上，恐怕不会采取一个直率正确的立场。你那封回信实在使我心里痛快极了。美国商人和公司在中国就是为剥削中国人民的；剥削被奴役的民族比剥削自由的民族更容易些。只有中国能武力自卫反抗帝国主义的时候，才能赢得美国的尊重。……我自己作为美国人不会相信他们中的任何人。

信的最后，高度地评价了《中国留美学生月报》，并给了最热烈的鼓励：

> 我祝贺你和你的杂志，这是我在任何地方都没有看到过的最好的学生杂志。相比那些非学生杂志，我更肯定和支持这份杂志。它的社会政治政策不辱没一个为自身解放而斗争的民族。对我来说，它是永久的知识和快乐的源泉。

信的署名是"艾格尼丝·史沫特莱"（Agnes Smedley），他当时是法兰克福邮报记者。史沫特莱后来到中国，被誉为中国人民的伟大朋友，与斯诺、斯特朗并称"3S"。对她远在来中国之前就敏锐坚定地支援中国人民的斗争这段历史，知者寥寥。素不相识的中国学生和美国记者借此机缘成了很好的朋友，一信如故。陈逵对她的革命性、辛辣犀利的文笔敬佩不已，并将此信刊于1928年4月号的月报上。《中国留美学生月报》当年的6月号上发表了史沫特莱的两篇政论：《兰勃森爵士，国民党的破产代理人》和《日本对华政策的背景》。他是中国最早与史沫特莱结识交往、志同道合的人。

第三部分

1928年末，一个去苏联学习的机会强烈吸引了陈逵，性格易冲动的他听不进导师的劝告，断然决定放弃学业和出色的文学创作，离开学校，离开美国，这个决定成为他命运的转折。因为带队人的变节，他的计划化为乌有，所幸的是有惊无险，总算安全回到中国。阔别八年的故国，比他离开时还要糟糕，他得到北京大学和北平大学女子文理学院聘用，生活虽然安逸，但黑暗的社会令他内心非常抑郁、苦闷。

一日，南开大学校长之弟，"九爷"张彭春先生正在北平陈衡哲家中做客，陈衡哲是五四新文化运动中非常有影响的女诗人，在《新青年》上发表新诗作，与胡适唱和，时为北大教授，是中国第一位女教授。其夫任鸿隽是著名的"中国科学社"的主要发起人。三人同为第二届庚子赔款的留美生，很熟悉。恰好吴宓与陈逵先生也来访，午饭席间，陈衡哲关切地问起陈逵办学校的进展。原来，归国后的陈逵，对现状的黑暗极为失望，恰好导师从美国来信，说有位校董愿出资，在中国办一所已在威斯康辛大学成功开办的新教育理念的实验学院，吴宓很有兴趣，梁漱溟答应负责解决用地，陈逵与朋友商量，却遭到多数反对，加之各种困难，正在知其不可为的沮丧之中。正谈论间，张彭春忽然开口道："事情怎么这么巧，家兄正是在办这样一所学校，还少一个英文系，陈先生去正合适。"于是，张彭春向他的兄长推荐了陈逵先生。

20 世纪 30 年代初期，草创于 1919 年的南开大学已初具规模。湖光潋滟，绿荫环绕的校舍，思源堂、秀山堂、芝琴楼、木斋图书馆等西式楼宇，学校完全像一所美国的小型大学。教学正规，制度完善，学生多由较好的中学考入，循规蹈矩，有教养。张伯苓校长气度恢弘，具有远见卓识，他深谙有名师方有名校，经过十余年的努力，他延揽了一批留美学子中的佼佼者，如数学系的姜立夫、化学系的邱宗岳、物理系的饶毓泰、经济系的何廉、历史系的蔡东藩……使得这所由国人自己创办的私立大学迅速发展，跻身于众多国立名校的前列，可算中国近代教育史上浓重的一笔。此时，进一步地发展，需建设更齐全完整的学科，增设英文系已在张校长的考虑运筹之中。

第四部分

1930 年秋，陈逵先生舍弃北平优厚的薪酬和学术环境，怀着实现理想的热情，应南开大学之聘，携美籍德裔妻子墨丽·罗到校。经一番酝酿筹备，1931 年秋，由张伯苓校长决策建立并着力扶持的南大英文学系正式成立。

陈逵为首任系主任，建系有明确的宗旨，主张学术思想自由，宣称研究西洋文学的目的是撷取西洋文化的精华，推进中国文化的发展，而非盲目崇外。在英文学系教学课程安排上，除英诗、英美小说、文学批评、莎士比亚戏剧等多门主课程外，英文系学生还必修中国的文史哲与相关自然科学，提倡比较研究。要求学生对比中西文学异同，以《数学与诗之研究》一书启示学生，以领会文理史哲学科的贯通。这也是一批留美学人如吴宓先生、陈衡哲等的共识，既讲解西方文艺体系的开阔和发展高度，又体现自尊、自立的民族精神。陈先生为有机会在南开大学实行这个抱负而非常努力。他还针对时弊强调学风，力戒浮华，注重文学作品讲读，不尚泛论空谈。学生须潜心研读，务求于文学有切实深造。他要求和鼓励学生大量阅读课外书，定期作口头和书面报告，教师每天午后 4—6 点接见学生，作个别谈话和辅导。这是他从美国学习经历中学到的，受益匪浅。陈逵先生一人承担英诗、英美小说、文学批评、莎士比亚戏剧等多门课程，讲课深受欢迎。六十年后，当年的学生回忆：陈逵老师文学气质浓重，授课有感人的力量。学生徐文绮曾说："陈逵先生中英文造诣都很深，在'英诗选读'教学中，经常引用中国古诗词句进行对比，既加深学生对英文诗的理解，又引起同学们对读诗的浓厚兴趣……"喻娴文说："……记得陈逵先生教授诗歌和文学著作，雪莱、拜伦、乔叟……他分析论文有独到之处，但他最喜欢的还是诗歌。在我的印象中，他特别喜欢雪莱和拜伦。而他的处世为人，同学们暗地说（先生）也有点像他们……初进校，给我印象最深的是一位美籍女教师 Marie Chen，就是陈逵教授的夫人，她那银铃般柔和的声调，简洁生动的语言，把我们带入了梦一般的意境，使本来就爱好英语的我更迷上了英语，产生了专修英语的心愿……"张镜潭回忆说："他为我们讲授过两本书，一本是乔治·艾略特的《弗洛斯河上的磨坊》（*Mill on the Floss*），另一本是莎士比亚的剧作《科利奥兰纳斯》，他讲授起来带感情，绘影绘声。音容笑貌，迄今我记忆犹新。同学们对他非常爱戴。他豪爽热情，坦率直言，是一个拜伦式的人物。"

他很健谈，喜欢学生课后到他家聊天。文学院一年级学生毛国琦、刘毓芳、曹鸿昭、高殿森、刘之根、董绍康以及经济学院的谷源田等人是他住处柏树林 18 号的座上常客。他们都是好学、勤奋的学生，多数都靠"清寒优秀学生奖学金"维持学业。陈先生其时也不到三十岁，有着诗人的激情和青年人的朝气，或谈笑风生或慷慨激昂、声情并茂，极富感染力，高兴处师生界限消除于无形。墨丽也会即兴弹奏一曲，或放唱片欣赏西洋古典音乐，这里俨然成了一个小小的文艺沙龙。即使陈先生离开南开大学后，师生间的友谊也一直延续。

学校建有南开大学出版社，在高校中应属成立比较早的，其向全国和日本发行正规刊物——《南大周刊》，内容涵盖科学、技术、生理、政论、经济、国际动态、校闻等各个方面，思想活跃，言论自由，文风活泼，堪称全国高校中的翘楚。出版社的编辑部分为言论组、学术组、文艺组、杂务组、校闻组、英文组，全部由学生组成，其中毛国琦、高殿森、刘毓英、刘之根等都是陈先生的学生，让人惊叹不已。顾问由各院系的十四名教授组成，如何醉帘（何廉）、邱宗岳、姜立夫、黄子坚、陈弼猷（陈逵）、蔡维藩等先生。经过陈逵先生的建议和努力，该刊增加了《文艺专号》《英文副刊》（*English Supplement*）作为文学研究和英语写作练习的活动园地，《南大周刊》第一一六期（民国二十年十月二十日）和第一一九期（民国二十年十一月十日），记录了这一时期的准确情形。如查阅民国十九年至二十二年的其余相关《南大周刊》当会得到更多的信息。在一一六期《编后》中有这一段文字："《英文副刊》在这一期和大家见面了，对这一周刊的新建设，我想大家一定能够和我们一样喜悦，而在内容和实质上，也相信不会使大家失望……"该期《英文副刊》有短文一篇，诗五首，书评一篇，古诗英译一首，此后陈逵诗作不断出现。这样的出版物，就是在当时的名校中恐怕也是凤毛麟角。半个世纪后，一位当年的学生林筠因（北大西语系教授）回忆："记得我在南开做学生时，曾翻译过陈逵老师在美国杂志 *The Nation*（1927）发表的短篇小说，标题是 *Humiliation*（屈辱），讲的是列强在中国本土欺凌侮辱学生的故事，充满反帝爱国的激情。我的译文在《南大周刊》上刊登，署名'久亚'（Julia），年代隔得很久了，但我没有忘记。"

陈逵非常强调完备的图书对提高教学质量的重要性，认为其可弥补师资不足，拓宽学生视界和学习深度。张校长大力支持，大手笔地投入，允拨一万大洋巨资为英文学系的图书设备费，分三年支用。陈逵在审定图书订阅目录时，既订购欧美经典名著、知名文艺期刊，也增添有进步的刊物，如《新群众》（美共文艺月刊）。经此扩充，南开大学图书馆的英文藏书之兼容并蓄和广博完备在当时高校中亦不多见。《南大周刊》报道：

告嗜好并研究英文学者：本校图书馆本年以来，以英文系教授之介绍订文学杂志甚夥，计已到者有如下几种：*Bookman*，*New Masses*，*Books*，*Adolphi*，*Critorion*，*Hound & Horn*，*The Mask*（*Quariery*），闻图书馆年来关于文学方面书籍价达三千余元之巨，*Everyman's Library*（万人丛书）中之文学书籍已购完备云。

在业余时间，他帮助组织英文学会，鼓励学生翻译、创作、提高实际口语能力。此外，还组织音乐研究会，他的美籍妻子墨丽（英文学系外教）在课余教授钢琴与小提琴，把自用的留声机和唱片拿出来组织古典音乐欣赏会，《南大周刊》报道：

生气蓬勃的英文学会：该会演讲股特请清华大学外国语文教授吴宓先生，在思源堂二一一教室作《欧游文学杂志》之演讲，当时听众，其形拥挤，该演讲不但浓于意趣，而且富于价值……又该学会读书股的读书报告，上上星期五晚，业已作第一次报告，担任者有徐卓群之 *Maupassant*: *Uneaime*，周寿民之 *Andre Maurois*: *Ariel*，刘之根之 *Temyson*: *Mand*，上星期五晚又复作第二次读书报告，担任者有张相会之《莫里哀及其戏剧》，毛国琦之《包法利夫人》，何德明之《俄罗斯诗歌》，三君报告时间均为不短，而张君几超一小时。又该会另有讨论会员九人，每星期三晚九点，在秀山堂接待室开会一次，唯须用英文，闻本周题目为"*Japan's Illegal Occupation of Manchuria*"（日本非法侵占满洲），届时定有一番热闹。

不能不令人惊讶的是，这些读书报告人，讨论演讲者均为入学不久的低年级学生，其内容视界宽阔，或为世界文学名著读后感，或为国际时政，竟能用英语滔滔不绝地发言长达一小时。没有对英语、对文学、对时政的浓厚兴趣，没有较高的英语阅读理解力、表达力、口语能力是不可能做到的。成立不久的南开大学英文学系的教学水平和学生的综合素质可见一斑。

音乐学会之第一次音乐介绍工作："……是晚会员皆齐集秀山堂下，

此次介绍德国勃兰姆斯之交响乐及波兰肖邦之钢琴作品，因吾人只知交响乐之名而未亲聆，演奏又非吾人能力所及，故由留声机代之。交响乐复杂难解，故不易欣赏；肖邦练习曲第十作品的第十号为其在巴黎时闻到祖国瓦沙京城破陷及灭亡时所作之曲，音调极惨恨怆悲，听众因此曲之表现亡国之痛而无不落泪。值此国难之际，介绍此事为唤醒会员。顾问陈逵先生到会聆听，二十余人会场颇有声色。闻该会拟于本月底作第二次介绍工作，内容为德国修伯特之作品云。"当时，就美育而言，南开大学不仅是在天津，就是在全国学界也是比较新潮的，而在以世界先进文化开展美育方面，这还只是刚刚起步。

读这些当年的报道，一个生机勃勃的英文学系如在面前，这样的学习环境，生动、活泼、多彩，引人入胜，身在其中自可获得长足进步，英文学系迅速地发展起来。1931年秋开学后，在南开大学教授会上，陈逵被选为文学院院长，他此时还不满30岁。南开时有文、理、商三个学院，理学院本来得天独厚，历年都有中美文教基金支持；商学院有美国罗氏基金，数目巨大。而文学院原来每年新生就少，相对弱势，旧生也图转院、转系。英文学系创办以来，生气勃勃、气象一新，吸引了外系学生转入，人数开始增加，特别是河北大学停办，原河大英语系全部并入南开大学，每年教育部津贴有数千元之多，足够全院开支，可以聘请更好的教师。学生招生名额加大，英文学系得到很大发展，三个学院发展略呈均衡，学生人数相近，成一鼎三足之势，新创建的英文学系跻身于全国著名高校之中，基本实现了张校长的初衷。

1931年发生了举世震惊的九一八事件。日本的野心决不止于东北三省。华北危矣！民族危矣！国家命运殊不可测！有五四反帝爱国光荣传承的南开大学师生，忧愤交加，全校同仇敌忾，立即行动起来，坚决反对日本帝国主义侵略，南大学子关心国家和民族命运的拳拳之心，在刊物中跃然纸上，他们不仅刻苦钻研于学业，其家国情怀、精神境界更令人衷心

敬佩:

"国难急救会近讯——全体同学赴京请愿——",组织全体同学讨论,到会者 357 人。(从"本部秋季同学人数统计表",可见,各年级当年精确男女生人数,总数 467 人,男 391,女 76,从四年级到一年级呈倒金字塔状,每年以 30%—50% 递增)可见近 80% 的同学都参加了请愿讨论会,关切国家民族的命运,积极行动。

女同学有人提议组织看护队以备为国效劳。南开中学成立了"抗日救国会","高一学生张近祯,光着头、着军训服早晨突然离校出走,投笔从戎,愤国事之日危,看看这样热血有骨气的青年"。

《教授中之关心国难者》一文中提到:"教授中关心国难者有蔡维藩、傅恩龄、陈弼猷三先生。先生等每于提书授课时,泪盈盈而欲泣,声气为之咽噎,恰似一幕'最后一课',令人心为之感,可助同学,时时铭刻国难于心,较之不关痛痒者,真不啻霄壤也。"

对局势剖析深入的两篇文章引人注目:《日人强占东北的由来,及吾人应有的认识》《东三省的经济地理》。东北变起,国难日急,由东北同学会发起组织,分析全面、深刻,并有翔实的各类数据,表明了一个大学政治、经济学术研究的高度以及对国家前途的责任感。该期还有一篇具有强烈反日情感的小说《飓风》。南开中学的"东北研究会"在日本妇孺皆知。此期还发表了《日人在东三省的文化侵略》。

第五部分

1932 年末,家庭的一些变故使陈逵一直心绪纷乱,加之年轻气盛,率性而为,陈逵先生决定离开南开,于 1933 年春转赴青岛山东大学。之后十余年,他曾在北平大学女子文理学院、清华大学、浙江大学、中山大学、云南大学、湖南大学、贵州大学、桂林师院、暨南大学、复旦大学等校任教。其中,1942 年,在抗日的艰苦岁月里,他在湘西辰谿创办湖南大学英文系。他始终自觉、坚定地站在中国人民和进步学生爱国反帝、争取自由民主斗争一边，一贯爱护学生、启发学生，热诚提携、寄厚望于学生，为师亦为友。

浙江大学，是他任教最长的学校，超过五年。他在抗日战争的烽火中随校西迁，在江西、广西、贵州等地颠沛流离，不得已时还曾徒步迁移。他在校期间，特立独行，强调自己教书育人的理念。他说：进大学的门槛，最重要的是求知欲而非考分；大学毕业考试，假使有法的话，我也要考他们一下是否有批评的能力（Discriminative mind），独立思考、不迷信权威是做学问的根本。如果全体毕业生都缺乏批评的能力，那大学教育便算失败了。他会进一步引申，批评对思想自由的禁锢：大学的主要目的，原是使学生具有判别的能力，用不着干涉，更用不着在学生中间布下许多警察工作。他的课，已不再限于单纯的语言文学，而是以英语作为媒介，通过众多精选的世界文学名著，引入人类漫长历史积淀的深厚人文精神，特别是联系对照当下社会实际。陈怀白等高班学生们常感这样的内容在别的地方是从未听到过的，人生似乎开启了一扇窗。陈逵所教的"文学入门"，讲《女流浪者》，其描写美国一个失业的女知识分子的痛苦，意让同学们明白，金元帝国的社会黑暗。学生们听陈逵讲到契柯夫的小说《睏》，十分激动，懂得了人应该为争取自由而勇敢地反抗。听陈老师的课，总有顿开茅塞之感，使人向往新的人生，新的世界。陈逵自己就是诗人，他开的英诗课，总能够将听众带入诗歌的世界，久久不能回到现实中来。这种富有吸引力的授课，很受同学们欢迎。每逢他的课，理、工、农、师范各系学生也来旁听，很多人只能立在窗外。后来，发生过理工科的几位学生对英诗痴迷，上课也推敲十四行诗韵脚，甚至要求转到英文系来，令系主任难于处理的趣闻。那时的学生，中学毕业的英文阅读能力很强，陈先生总是强调要多读书，读原著，硬着头皮读；多动笔，写读书笔记，写英文日记。

1935年底，浙大学生响应北京一二·九运动，组织去南京请愿，遭到镇压。回校的学生心潮难平，情绪十分激动，一致认为，校长郭任远作风专横，以法西斯手段治校，一反浙大民主自由的求是精神，一贯迫害学生，此次竟丧心病狂，勾结军队，进入校园抓捕学生，想用武力摧残学生的爱国行动。学校言论思想自由是蔡元培先生自中国有大学教育以来首倡的准则。学生大会决议：要求政府免去郭任远浙大校长职务。不少教职员也投入行动，陈逵是其中态度最坚定者之一，经过全校罢课、严拒校长入校等斗争，终于取得"驱郭"胜利，校长职务由竺可桢先生接任。

因为和美国记者史沫特莱一直保持着友谊和联系，陈逵在教学中引入其作品宣传革命，将她赠送的自传体小说《大地的女儿》推荐给进步学生，陈怀白还写了读后感，领悟妇女解放要与人类解放事业紧密联系。陈老师将读后感转寄史，她很快回了信，大意是，写得很好，祝贺这个中国姑娘；但也委婉地说革命不能躲在背后。这对怀白震动很大。后来，史的新作《中国红军在前进》又赠陈逵，怀白等同学读后坚定了投身中国人民壮烈的革命事业的决心。这两本书，在浙大进步学生中广为流传。其中很多是胡鼎新在校时联系的，他们在随后的抗日战争中离校去敌后战斗，不少人参加了新四军，而陈逵还曾为几个学生去延安写介绍信给史沫特莱，并亲自打字。

抗战胜利后，陈逵先生到上海，在复旦大学和暨南大学任教。尽管历经沧桑，他在讲台上依然不懈地揭露黑暗、丑恶，指引青年追求真理和光明。他讲解英诗，不仅就诗言诗，常借题发挥，联系现实。一次，他选了一首诗讲给学生听，题为 Abraham Lincoln walks at Midnight（林肯半夜踯躅徘徊），诗的大意是林肯总统生前号召为自由平等而斗争，但他身后多年，美国并没有实现真正的自由平等，因而不能安息。讲完后，他布置的作业是每人写一篇题为 Dr. Sun Yat-sen Walks at Midnight（孙中山先生半夜踯躅徘徊）的作文。在白色恐怖下，他保护进步青年。一天，学生史宇清找到他，有些紧张地说自己引起了特务的注意，有危险，想转移到北平去；陈先生对这个思想进步、举止庄重的好学生十分同情，专门给老朋友冯至先生写了信。后来,冯先生帮助她顺利地转入清华,避开了迫害。1947年,全国范围的反饥饿、反内战、反迫害运动轰轰烈烈,但也遭到疯狂的镇压,白色恐怖,人人自危。一日,陈先生在暨南大学适有英语课,进到教室,神情凝重的他一言不发,径自走上讲台,转身在黑板上书写了诗人雪莱《西风颂》的名句:If winter comes, can spring be far behind(冬天已经来了,春天还会远吗?)他朗诵了一遍全诗,开始讲解。下课了,师生激动地齐声朗读这一名句,心照不宣地上了一堂完全不在教学范围内的课。

在黎明前的黑暗,陈先生积极行动,参加张志让、李学文领导下的大教联(上海大学教授联谊会)。有一次,他衣着齐整出门,一边往外走,一边对妻子说,我们今天要和美国特使魏德迈辩论去。原来,美国参众两院此时对中国问题分成了两派意见,一派主张全力支持蒋政权,一派主张摈弃。美国总统派出亲蒋的魏德迈来华,摸底探测民意,以便决策。大教联在干事会主席孙大雨家秘密召集紧急会议,商讨对策。会上,孙教授宣读他写的长达二十页的英文备忘录,全面揭露国民党的腐败与罪恶,获一致通过。会后,孙大雨、陈逵、张志让、沈体兰以及宦乡等教授,前去魏特迈下榻处递交了这份备忘录,并和他面对面激辩一个多小时。几天后,魏德迈召开了他离华前的记者招待会,承认他本人同意大教联备忘录观点与事实。

第六部分

1949年后,陈逵响应号召,舍弃上海优越的学术环境与生活条件,与复旦大学数十名教师学生赴京,当年《大公报》曾以"陈逵教授等八人参军北上"为题报道。初到京,条件很艰苦。一次,他与学生一起整队到大操场坐在马扎上听报告,旁边正好是从上海同来的复旦学生,对方关切地问他是否适应这里的生活,他笑答:"能行!"又说,"你看,国家充满了希望,我也充满了希望!"新生活激起了他停滞多年的英诗情结,他将至今传唱了七十年的《歌唱祖国》翻译成英文。在任解放军某部顾问期间,他对解放军外国语学院的前期建设作了重要的开创性工作。（该院副院长胡斐佩将军便是复旦当年赴京学生的一员，陈先生早年的学生陈楚珩教授亲授的业务骨干。）

1951 年，中宣部从军委技术部借调他到刚成立的《毛泽东选集》英译委员会工作，主持人正是他在美国留学时与他志同道合的徐永瑛。同时，他还受聘为《中国建设》《人民中国》等对外宣传的英文杂志的编辑顾问和撰稿人，有机会再次从事中美文化交流，发表有《白居易：人民诗人》《中国的农夫诗人：陶渊明》。他也是中国作家协会会员、外交学会会员，早年在美就致力于中西文化交流，介绍源远流长的中国文化。1924 年，他开始汉诗英译，翻译了不少唐代诗人白居易、元稹、王维、张九龄等人的诗歌，可惜，大部分散佚了。

1930 年，他与友人在河北定县采风，将据说由北宋苏东坡作词演变而成流传当地民间八百余年的三出秧歌剧译成英文，介绍到美国，发表在《舞台艺术月刊》（*Theatre Arts Monthly*），这是古老的中国民间秧歌剧第一次被推介到西方世界，该刊主编深感兴趣，亲自撰文点评。

1957 年，陈先生率先将毛主席的《沁园春·雪》《水调歌头·游泳》《西江月·井冈山》《长征》《六盘山》等八首诗词英译，发表在印度的《亚非评论》（*Asia-Africa Review*）上，这是第一次多首毛主席诗词英译专文出现在世界范围发行的英文期刊上。在英译汉方面，他译有 D.H. 劳伦斯、托玛斯·穆尔等多种诗作，发表在《译文》杂志上。此外，他还与人合译萨克雷的长篇名著《亨利·艾斯芒德的历史》，由人民文学出版社出版。

第七部分

1990 年，陈逵去世，他的遗作由家人和学生收集整理，老朋友陈翰笙、冯至、蔡仪、张报、费致德等或热情鼓励，或亲阅，对内容、体例、裁定提出宝贵意见。1995 年，《陈逵中英诗文选》由南开大学出版社出版，冯至先生为之题签、作序："弸猷先生诗语出自然，不拘绳墨，然佳句连篇，警句屡见，无不耐人吟味，启人深思，颇得魏晋风骨。予于六十年前，始识先生于北平，当时常闻师辈称道，先生曾创作英语诗文，发表于美国《日暮》《民族》等著名刊物。英语诗辞句精练，扬华夏之心声，文则笔墨生动，传祖国之文化，深受彼邦评坛重视。现先生中英诗文将合集问世，二者交相辉映，堪称双璧。"

2012 年为纪念陈逵先生诞生 110 周年，后人将他在 1928—1989 年六十年间的旧诗再次整理、补充，选三百余首合编为《陈逵旧诗笺》，于 2017 年出版。作为亲历者，他的这些诗真朴切挚地记述了生活际遇，抒发内心情感，直抒对社会的感受，可作为读史的对照和补充。吴宓先生评曰：全集境真，情真，理真，富于诗意，可谓真诗。由于深谙欧美文学，故他的旧体诗往往呈现一种中西融合的情味，能别开新境，不主故常，于传统形式中，注入新的词汇与内容；有别出心裁、崭新的诗思，非传统诗所能完全概括。他的英诗，有浓厚的中国诗风，而这正是当时美国新诗派极感兴趣的意象主义。有意思的是，陈逵先生回国后所写的旧诗又让人感到有中英融合的味道，体现了陈先生对中英文的融会贯通以及他别开新境的诗思。

吴宓先生这样评价他："平生深信'先具诗人之天性，再有诗人之生活，然后乃可作诗。'若此集作者，吾久推为中国今时之雪莱，以其人似。今见其诗，亦谓似雪莱之短篇矣。世之知雪莱爱雪莱者当亦必知、爱陈逵。"

吴先生是一位严肃的学者，如果读一下他另一段文字，或许可理解：

凡是志摩相识友人，亦莫不将志摩比拟雪莱，最为确当。（我觉得，另一位朋友陈逵，字弼猷，更像雪莱，容另述。)而志摩与我中间的关键枢纽，也可以说介绍人正是雪莱。我少时最喜读浪漫诗人作品，及至转学到哈佛大学，那时正当美国参加欧战，在校学生较少。我选了 J. L. Lowes 教授的英国浪漫诗人一门课。班中学生仅五人；教授遂命学生各取英国浪漫诗人之一，读其全集，并参读同时人及后世人与此诗人有关之各种文章记载，我便选了雪莱。于是，此一年中，我便和雪莱结了甚深的因缘……我那时沉醉于雪莱诗集中，以此因缘，便造成我后来情感生活中的许多波折。（《志摩与雪莱》）

吴老先生曾苦读雪莱原诗一年之久，读诗读到沉醉，应是读懂、读通、识其精髓，其生活中的际遇，更使理解刻骨铭心。后来，吴老先生访英在牛津大学亲见雪莱遗物，作诗三首凭吊，称句句有出处和依据。这样的雪莱研究学者，眉批"逯诗看愈多，愈似雪莱（Shelley）"，说其人似，其诗似雪莱之短篇，应是令人信服的。

采访组：谢谢您！您的讲述详细而清晰，我们对陈逯先生不断致力于学术、教育的一生有了全面的认识，您还有什么可以和我们分享吗？

陈明俊：近百年过去，往事已随岁月模糊，当年的英文学系已从幼苗苗壮成长为参天大树，巍然眼前。今天就到此结束了，如有不确、不妥之处，能为有识者纠正是我期盼的幸事。书面的资料查阅困难，谨分享一段：

本学科历史上曾经汇聚了我国最优秀的一批外国语言文学学者，可谓群星荟萃、大师云集。20世纪新中国成立之前，在本学科工作过的名学者包括：陈衡哲、陈逯、陈钦仁、陈源、辜鸿铭、胡适、梁宗岱、罗昌、徐志摩、周作人、郁达夫……（按姓氏的拼音首字母排序，北京大学外语学院）

杨绛先生用语体翻译过一首 N. S. Landor 的短诗，传阅甚广。巧在陈逯先生以旧体诗的形式翻译过同一首诗，可以看到中国诗歌表现形式的丰富多彩，体会其趣：

与人无争不屑争，首爱自然次艺术。

生命之火燠双手，火熄我自从此去。

采访组：最后您能谈谈对外院的期待或对学生的建议吗？

陈明俊：在学习英语方面，我父亲不主张查字典、背诵单词，而主张多读书，读好书。另外，不能看到英文就对照中文翻译，这样不能读懂全文的内容。中国获诺贝尔文学奖次数少的原因很大一部分在于没有好的翻译。翻译中比较大的问题是译本无法将中文的神韵翻译到位。造成这种问题的一个客观原因是，国际交流中缺乏双向性，只注重英译汉，不够重视汉译英，但汉译英需要更高的水平。对外开放以后各地的标语、指路牌等很多会出现翻译问题，实属滑稽现象，所以中国英语教学还有待提高。我父亲就说练口语最重要的一点是表达的内容要达到思想层次的交流。此外，希望大家学习的时候最好少一点功利，有一种精神是要把功利放在学问之后，有的人太功利了可能学问就会受到损失。

崔国良

CUI GUO LIANG

崔国良简介

崔国良，原名萧炳群，祖籍北京大兴。1933年生，南开大学中文系1956级毕业生。曾任南开大学中文系兼专职团总支书记、教学副系主任兼党总支部副书记、南开大学出版社党总支书记兼常务副社长。编著有《南开话剧运动史料》（1、2卷）（与人合编）、《南开话剧史料丛编》三卷本、《南开新闻出版史料》、《周恩来早期文集》（参编）以及《吴大任教育与科学文集》《吴大任教育与科学文选》《张伯苓教育论著选》《张彭春论教育与戏剧艺术》《南开话剧史话》《南开话剧图志（1909—2019）》《月晖华光影粉黛》《档案馆建设与管理》等，还有南开话剧与校史研究文论、书评近百篇。

被采访人：崔国良

采访人：冯浩轩、关悦

整理人：刘子敬

时　　间：2019 年 11 月 9 下午

地　　点：南开大学外国语学院月兰厅

采访组：请问您是如何走上研究话剧这条道路的呢？您接触的第一部话剧是什么呢？

崔国良：我接触话剧比较早，是在小学时无意间接触到的。当时北京是在日本统治之下的沦陷区。日语课从三年级开始，我到五年级下学期时，日本投降。四五年级时演了日语话剧，叫作《桃太郎》，是在北京中山公园音乐堂演出的。会场有四组，估计有两三千人吧，我们扯着嗓子演出，没有麦克风，演员就把声音提到最高，让大家都听得清楚。那时我才十二三岁，便开始对话剧有所了解了。那个时候我还演过京戏《打龙袍》，是演小丑的戏，叫"报花灯"。虽然我对戏剧没有特别的兴趣，但已经有所体验。

1957 年，我从沈阳的学校转到南开大学，开始还不了解，后来才了解到南开戏剧以及京剧。"文革"结束后，南开的校史传统得以恢复，张伯苓校长的爱国主义传统被重提，南开最大的一个特色就是爱国主义。80 年代，党中央提出在青年中进行爱国主义教育。中心主题是以中国近代史为范例，对青年学子进行爱国主义教育。以天津近代史为重点，因为这是中国近代史的缩影。我分管学生思政课，当时叫时事政治教育课。于是了解了南开校史。以南开校史为例，对学生进行爱国主义教育。按照张伯苓老校长总结的"愚、弱、贫、散、私"，对学生进行"公"和"能"的教育。公就是针对私。张伯苓说中国人一想就想自己，不管别人，更谈不到国家。公的教育针对散和私。同时，还要进行能的教育。愚、弱、贫，即愚昧、软弱、贫穷，要用体育解决软弱，他说不懂体育的人就不能当校长。

通过校史研究可以发现，南开的话剧可是了不得。过去中文系有一门课叫中国现代文学史，讲到现代早期话剧文学，文学史里面讲中国最早的话剧是胡适 1919 年发表的《终身大事》，而且当时没有演出。而南开有1915 年的《一元钱》、1916 年的《一念差》和 1918 年的《新村正》。这些都有完整的演出剧本，不次于胡适 1919 年的《终身大事》。这引起了我的高度重视，哎哟，原来南开话剧比中国的话剧史上写得还要早，但是过去没人说这件事。因为我是学中文的，我义不容辞。所以我就找到了图书馆夏家善老师，经过一番劝说，夏老师同意了我的建议。我们两个人一起合作，重点抓南开的话剧。

"文革"期间，我和别的老师一起编过一本《马、恩、列、斯、毛泽东论革命大联合》，所以他们知道我对出版还有兴趣。他们找我去创办出版社。1983 年学校成立出版社，于是我们把南开话剧收集起来编成书，出版了《南开话剧运动史料 1909—1922 年》。该书发行量很大，印刷了七千册，很快就卖完了。这本书让戏剧界了解了南开的话剧。出版这本书的时候我想请位名人写序，而曹禺是南开戏剧最有影响的代表，我的同学钱本相是曹禺研究专家，我就去请他帮我去找曹禺写序。曹禺看完稿子后说你们这本书太重要了，有了这本书，就不怕别人不承认南开话剧的历史，二十年以后再让评论家去评论。这本书在 1983 年编成，1984 年就出版了。虽然当时中国已经出了两本《中国话剧五十年史料集》，但里面根本没有提南开。1985 年我送了书给曹禺，后来曹禺给我写了信，信里说："南京大学陈白尘教授（著名话剧研究家）希望看到这部书。"我就寄了书给他。陈白尘和董建（南京大学副校长、中文系主任）写了一部五十万字的《中国现代戏剧史稿》，书中大约用将近一万字的篇幅叙述南开话剧在中国话剧史上的地位。仅仅用了两三年的时间，南开的话剧《新村正》就被认定是中国现代话剧的标志和里程碑，这是他的书上写的，不是我说的。因此这本书在话剧界的影响是很大的。

那个时候中国话剧还没有现代化，是文明戏时代，有说，还有唱。南开的话剧从一开始就已经没有唱了，但是也没有完全现代化。1909年的《用非所学》第一没有完整的剧本，第二也不是悲剧，而《一元钱》最后是大团圆的结局，因此《新村正》是中国话剧现代化典型的标志。后来，我们又发现，张彭春在回国之前已经在美国创作了三部现代话剧：《灰衣人》、《闯入者》（蔡立文译）和《醒》。这三部剧都有针对性，《闯入者》针对日本提出的亡我的"二十一条"，《灰衣人》批判"一战"，而《醒》针对腐败的清政府，是非常典型的悲剧。这样就已经把南开的话剧引到了中国话剧史上现代化标志性的地位。

因为我喜欢话剧，于是后来我又编了《南开话剧运动史料（1923—1949）》，这一部在1991年编成，于1993年正式出版。这部将曹禺在南开的著作和编演活动都收集了进来。我还编了一本《曹禺早期改译剧本和创作》。这样曹禺的历史地位就更加明确了。后来又发现了曹禺翻译得更早的剧本《争强》。

采访组：请问您对外语戏剧的发展有什么建议吗？

崔国良：说到我们南开外语话剧这一部分，最早的外语话剧应该是1921年演出的俄国话剧《巡按》。它也是南开大学演出外国戏剧的第一个剧目。由此南开话剧开辟了新的天地，即视野转向外国，面向世界。后来《少奶奶的扇子》在南开男中、女中与大学反复演出。这部剧既有一定的思想性，又有比较高的艺术性，所以受到了人们的欢迎，也引起了人们的思考。《少奶奶的扇子》由南开大学1925届毕业生演出，主演是陆善忱先生。他们为了给学校做一些贡献，便在毕业晚会上表演了该剧。陆先生后来在南开女中做导演演出该剧。此外，南开大学于1935年在天津市演出了该剧，影响很大。南开女中也在天津市公演演出了该剧，可见南开话剧水平之高。1937年南开园遭日军轰炸以后，该剧在重庆也演过，但当时没有留下剧照。

因此，南开把眼光移到世界戏剧，把世界戏剧引入中国，这在国内是比较早的。过去常有人说中国话剧由春柳社从日本引进。但我在编第一本《南开话剧运动史料（1923—1949）》时提出了新的说法："两条渠道输入论"，即中国话剧从国外引进有两条渠道，一为从日本引入，一为由张伯苓与张彭春直接从欧美引进。由于日本话剧也是从西欧引进，所以我的观点是中国的话剧一是经由日本间接输入中国的，二是张伯苓与张彭春从欧美直接引入了话剧。他们的区别是，春柳社是从日本引进的话剧集中在以上海为中心的南方各地，而且当时还不是纯粹的话剧。它们仍是文明戏，并且有唱腔。而南开直接从欧美引进的话剧，去除了这个尾巴。从《用非所学》开始已经排除了唱腔，只用肢体动作和言语来表达思想感情。这与春柳社相比是巨大的进步。

1921年从《巡按》开始，南开已经把目光扩展到了全世界范围，后来又演出了一系列剧目。这在中国的话剧史上应该是值得大书特书的。南开的话剧不仅从根儿上学习，注重思想内涵，还注重艺术上的高超。因为注重艺术部分，这就使得南开演出话剧的水平，在当时不亚于正式的剧团。1916年，北京演出南开话剧《一元钱》和《仇大娘》，他们的演出还有唱腔在里面。这就是他们已经倒退了。南开的话剧把视野扩展到世界范围，使得南开话剧不仅在思想方面，而且在艺术方面已经提高了一个档次，使得南开能够出人才，到30年代出现了一个曹禺。

曹禺虽然在清华创作了《雷雨》，但是他在《雷雨》的序的最末一句写道："末了，我将这本戏献给我的导师张彭春先生，他是第一个引导我接近戏剧的人。"曹禺把这个荣誉给了张彭春。张彭春对曹禺关爱有加，1926年他发现曹禺的才能以后给予他巨大帮助。他让曹禺直接翻译外国剧本，把英文剧本提供给曹禺，并且给他做指导，让他演出。曹禺在《争强》

的序中写道，该剧语言的精练和思想的深邃，给他带来了里程碑式的收获。曹禺的《雷雨》是在艺术表达上的成功，也是曹禺的亲身体会，因为他写的就是自己的家庭。南开从1921年开始演出外国话剧，培养出了曹禺这样伟大的剧作家。如果不向外国先进戏剧思想学习，就不可能取得这样的成功。

不仅在创作剧本和演出上，在演出话剧舞台设计上，南开对全国都是有影响的。我们之所以能有这样的成绩，和我们重视外国演出是密不可分的。南开演出的外国剧目很多都是首演，并且只在南开上演。1934年英文系演出的《西方健儿》，我现在还没有看过其他任何地方演出过这个剧目。南开外文剧社的演出在全国是赫赫有名的。

粉碎"四人帮"以后，南开大学外文系费希尔先生组织学生配合课堂演出。1985年演出了音乐剧《俄克拉荷马》。同年，演出了英语话剧《雷雨》和《洋车夫》（据老舍的《骆驼祥子》改编），其先后赴美国高校巡演，开创了中国戏剧输出到西方的先例。后来日语系也演出了《雷雨》。（《杨石先》在澳门演出大获成功是南开话剧在内地以外演出的最新成果。）

外文系把戏剧作为教学的一个重要手段，作为课外的一个教学形式固定下来，这是南开话剧的一个发展。把戏剧作为培养学生的手段是比较自觉的。随着演出语种的扩展，外文系在英语和日语的基础上又扩展了法语、俄语、德语等，在一种程度上比其他任何院系都更重视戏剧，把戏剧和语言教学统一起来。

原先都是英文《雷雨》剧组、《洋车夫》剧组和日语的《雷雨》剧组到国外去演出，后来南开成立一个外文剧社，我觉得这个不容易。

南开的戏剧要发展，必须要发扬张伯苓精神。外文话剧要继续走下去，就不能只求立竿见影，必须将眼光放长远。

附录

1919 年至 1930 年					
司徒如坤	刘易斯 （Lewis）	梅 （May）	朱利恩 （Julien）	司徒月兰	罗素 （Russon）
万德尔 （Van Gorn）	戴尔 （Dayer）	楼光来	崔子丹	张彭春（兼）	许日升
罗辛太太 （Madame Rossin）	曾克熙	陈宏源	黄肇年	陈　熹	张克题
金爽田	马唐美贞	罗墨丽	秦振鹏太太	陈　逵	段茂澜
冯文潜（兼）	刘少山	李宗武	周志拯	傅恩龄	白　芝（Baise）
1931 年至 1937 年					
陈　逵	罗墨丽	司徒月兰	陈钦仁	张鸣韶	段茂澜
刘荅恩	傅恩龄	冯文潜（兼）	柳无忌	罗文柏	李唐晏
曹鸿昭	罗皑岚	赵诏熊	梁宗岱	黄佐临	张彭春（兼）
李田意	邹宗彦	刘荣恩			
1946 年至 1948 年					
柳无忌 （在假）	司徒月兰	卞之琳	罗皑岚 （在假）	卢延英	傅恩龄
罗大冈	齐　香	杨善荃	刘荣恩	高殿森	张镜潭
辛毓庄	司徒慕	苏欧格	颜毓衡	张秉礼	周基埜
张　涛	施朋可	冯文潜（兼）	黄子坚（兼）	顾　元	史宾凯
吴廷相	姒璧如	李景岳	王仲英		

1948 年以前南开大学外国语学院教职工名录（不包括西南联大时期）

　　1919年，南开大学开学纪念合影。第二排右五为外文系第一位教师司徒如坤，第二排右四为外文系第一位外籍教师刘易斯。

　　第一排右四为外文系第一位教师司徒如坤，第一排右五为外文系第一位外籍教师刘易斯。第一排左三为英文系第一位女系主任司徒月兰。

刘菊淡先生

刘菊淡，1921—1924 年就读私
立天津南开大学英文学系，为 1924
年南开大学英文学系第二届毕业
生，也是南开大学第一位女毕业生。

司徒月兰，南开大学英文
系第一位女系主任，在南开工
作近三十年，是外文系任教最
久的教师。

楼光来，1918 年毕业于清华学校。1921 年获美国哈佛大学文学硕士学位。曾任东南大学、南开大学、清华大学教授。

梅光迪，中国首位留美文学博士，《学衡》杂志的创办人之一。1911 年赴美留学，先在西北大学，后到哈佛大学专攻文学。在美国哈佛大学执教十年，为美国培养了大批的汉学人才。1920 年回国任南开大学英文系主任。

　　张彭春，中国教育家、早期话剧（新剧）活动家、导演、外交家，张伯苓的胞弟。1908年毕业于南开学校，1910年去美国哥伦比亚大学学习教育学、哲学。1916年回到天津，协助其兄著名教育家张伯苓主持南开中学并任南开大学教授，同时兼任南开新剧团副团长，其间善于创新改进，极大地推动了中国话剧的发展。

　　陈逵，1926年毕业于耐布拉斯加州立大学，后又入威斯康辛大学研究院学习欧美文学和哲学。1920年曾赴美勤工俭学，1928年回国后在北平大学女子文理学院任教，后为南开大学英文系第一任系主任。

段茂澜，1911年入济南德文学堂，嗣入天津南开中学，继考入北京清华大学。毕业后赴美国留学，先后在威斯康星大学、纽约大学及哥伦比亚大学研修西洋文学及经济学，获博士学位。后赴法国，在巴黎大学及法国文学院进修。精通英、法、德、西多国语言。1928年回国，任天津电话局局长兼南开大学教授。

傅恩龄，1917年毕业于南开中学，1918年自费赴日本留学，1927年获日本庆应大学经济学学士学位。同年回国，任南开大学东北研究会主任、校长室秘书。1938年起任南开大学教授、国立西南联大教授。

陈钦仁，12 岁考入清华学校，1922 年留美，先后获得密苏里大学新闻学学士、社会历史学学士以及哈佛大学历史学硕士学位。1927 年回国至 1949 年间，陈钦仁曾任复旦大学、大夏大学、广西大学、东北大学、南开大学、北京大学、中央政治大学等校新闻学、英语、社会学教授。

陈钦仁（第一排右四）

《刘荣恩诗集》

柳无忌

An Introduction to Chinese Literature

余于五十年前（1932），自美歸國，
来南開大學任教，并叔办
英文系，復于抗戰期間，去
西南聯大任教戰戰。後赴美
去歲迴國，欲良晤旧事同事
及同學，因病未能成行，殊为
遺憾。兹將歷年来所出版
之中英文各書，在此尚可找
得者，送南大奮書館存藏，
以为纪念。
　　　　　　柳無忌　1982.12.10
　　　　　　　　　　美國6044

1. 西洋文學研究
2. 印度文學
3. 古稀語旧集
4. Confucius, His Life and Time
5. Su Man-shu
6. An Introduction to Chinese Literature

柳无忌手迹

　　李唐晏（1904—1984），1926 年在清华学校毕业，保送美国留学。1929 年在美国耶鲁大学毕业，回国后曾先后在北平女子文理大学、南开大学任教。1951 年受聘天津津沽大学（后改名天津师范学院），任历史考古系教授。1956 年在北京对外贸易学院创办意大利语系，在意大利语系工作到退休。

梁宗岱，1923 年秋入岭南大学习文科。次年赴意大利留学并游览欧洲，学习德、英、法、意等国语言，在刊物发表译作。回国后，受聘任北京大学法学系主任，清华大学讲师，南开大学、复旦大学教授。

黄佐临

卞之琳

罗大冈与齐香在婚礼上（1938年，巴黎）

罗大冈、齐香

一九〇七年一九五一年间，我在南开大学外文系工作，对于该系同仁艰苦朴素，不尚浮夸，不务虚名的作风，感受甚深。值此该系建立六十周年纪念之际，特书教语，聊表庆贺之微忱。

罗大冈

二〇一一年四月于北京

罗大冈教授祝词

颜毓蘅，南开大学外文系教授，翻译家，曾与钱锺书、曹禺共称为"龙虎狗清华三杰"。

黄钰生，字子坚，著名教育家、图书馆学家。

查良铮（穆旦）

李霁野

金隄

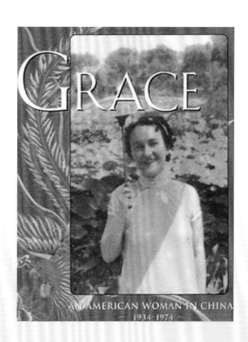

刘狄英

刘狄英

南开大学20世纪50年代校门

南开大学校门

大中路

中心花园

木斋图书馆

外文系学生上课

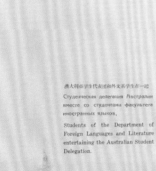

外文系学生与澳大利亚学生代表团

体育场全景

TOUR SCHEDULE

January 17-22	St. Cloud State University
January 22-24	University of Minnesota-Duluth
January 24-26	Bemidji State University
January 26-28	Moorhead State University
January 28-31	Southwest State University
January 31-2	Mankato State University
February 2-4	Winona State University
February 4-6	Anoka-Ramsey Community College
February 6-8	St. Cloud State University
February 8-10	University of Minnesota
February 10-12	Stanford University

THE TOUR

The presentation of this play by Nankai students grew from the idea that a production of THUNDERSTORM was past due at Nankai. A letter to St. Cloud State University President McDonald and discussions with Nankai leadership started the long process of launching the tour and a number of "firsts." This troupe represents the "first" time ever for China to send a delegation of University students to perform a play outside China. It is the "first" time for THUNDERSTORM to be presented in English by Nankai players. For the students it is the "first" time for them to be away from their homeland. For me it is the "first" really good idea I have had. For you, the audience, we hope you will enjoy your "first" Chinese play as performed by the small band of players that is very grateful to the many people who have made it possible to share a small piece of their very great country.

—Roland A. Fischer
Professor of English, Nankai University

NANKAI UNIVERSITY

Nankai University is an old and highly respected Chinese University in Tianjin, China's third largest city. The student body consists of 7,500 undergraduate and 750 graduate (MA, MS, PhD) candidates. Twenty-two departments of Sciences, Social Sciences, Languages, Business and Humanities provide the students with a broad spectrum of opportunities. New equipment, buildings, curriculum, and foreign university participation have added immeasurably to the development of this outstanding Chinese university. A sister university relationship exists between Nankai and the University of Minnesota. Today this modern university has accepted the challenge of providing an excellent education for its students who will help China grow and prosper in this ever changing time.

FROM
CHINA
A
CHINESE
PLAY
IN
ENGLISH

Thunderstorm

TSAO YU

雷雨

presented by
THE FOREIGN LANGUAGES DEPARTMENT
OF NANKAI UNIVERSITY
TIANJIN, THE PEOPLE'S REPUBLIC OF CHINA
JANUARY 17 TO FEBRUARY 12
IN COOPERATION WITH
ST. CLOUD STATE UNIVERSITY
AND
NINE OTHER COLLEGES AND UNIVERSITIES

话剧《雷雨》

TOUR SCHEDULE

January 18 - 24	University of Minnesota-Twin Cities
	Coordinator: Debby Dyess
January 24 - 26	University of Wisconsin-Madison
	Coordinator: James Moy
January 26 - 29	Wayne State University-Detroit
	Coordinator: Chen Xuming
January 29 - February 2	University of Illinois at Chicago
	Coordinator: Toshiye Yokota
February 2 - 5	International Institute of Wisconsin and
	University of Wisconsin-Milwaukee
	Coordinator: Alex Darika
February 5 - 10	University of Louisville and
	Spalding University
	Coordinator: Theresa Chen
February 10 - 15	University of Illinois at Urbana/Champaign
	Coordinator: Isabel Wong
February 15 - 19	University of Kansas-Lawrence
	Coordinator: Andrew Tsubaki
February 19 - 21	University of Iowa-Iowa City
	Coordinator: Wally Chapel
February 21 - 25	St. Cloud State University-St. Cloud
	Coordinator: Patrick Smith

SPECIAL ACKNOWLEDGEMENTS

Thanks to University of Minnesota China Center staff: M. Patricia Needle, Director and overall tour coordinator, Debby Dyess and John Neas. Our appreciation to President Mu Guoguang, Vice President Wang Dazui and Vice Dean Jiang Huashang, Nankai University, for helping to make this tour possible. And thank you to all the host universities for cooperating to make the Nankai students' dream a reality.

Very special thanks to Northwest Airlines for providing the international transportation for the troupe. The tour could not have taken place without their generous assistance.

RICKSHAW BOY

by Lao She

Directed by
Roland Fischer
Performed in English by
Students of Foreign Languages Department
Nankai University
Tianjin, China

洋車夫

老舍著

话剧《洋车夫》

南开大学校钟

一九四六级毕业纪念

允公允能

张伯苓题

张伯苓校长手书校训

国立西南联合大学

南开大学英文学系毕业照

1959年周恩来总理回母校视察

庆祝南开大学外国语言文学系建系 60 周年

南开大学首届"通用＋非通用"项目班毕业庆祝会集体合影

2019 年 10 月 18 日，外国语学院举办"费希尔戏剧基金"创立仪式

南开德国校友会成立仪式

首届穆旦书院师生合影

"纪念查良铮（穆旦）诞辰百年暨诗歌翻译国际学术研讨会合影

第 15 届东亚比较文化国际会议中国大会暨东亚文化的互通互鉴国际学术研讨会合影

意大利语教学研讨会

南开大学区域国别研究中心、意大利高校与东航共商疫情下中意民航和旅游业发展

俄语系谷恒东教授获 2018 年度陈子昂翻译家奖

意大利语系杨琳荣获"意大利之星骑士勋章"

《法国外交部档案馆藏中法关系史档案汇编 卷一》中文版首发

英语系刘英教授主持国家社科基金重大项目"美国文学地理的文史考证与学科建构"

阎国栋教授主持国家社科基金重大项目"俄罗斯版《中国通史》翻译与研究"

日语系博士生宋丹于日本发现林语堂英译《红楼梦》原稿

南开日语 MTI 课程获评"天津市高校课程思政示范课程"

公共外语教学部唐磊课程团队的《思辨式英文写作》课程荣获首批国家级一流本科课程认定

意大利语系外教乐小悦课堂指导学生表演意大利语《雷雨》

国家一级演员温丽琴指导《外文戏剧》表演实务，并与师生热情交流

南开大学《外文戏剧》课程思政成果汇演，多语《雷雨》精彩演绎

外国语学院领导、阿拉伯语专业负责人与埃及亚历山大学洽谈合作

阎国栋院长一行访问葡萄牙里斯本大学

日语系学生暑期赴日本交流学习

意大利语专业师生在
意大利锡耶纳合影

英语系赴剑桥开展暑期交流

　　　多语种师生组成南开大学抗击疫情翻译志愿者突击队前往天津滨海国际机场一线
提供语言服务

公共外语教学部有效教学团队赴南开大学定点扶贫对象甘肃庄浪开展公益英语教学服务

南开大学外语考试中心年提供优质出国考试服务万余人次

师生为中国－意大利中小企业经贸合作对接会担任翻译志愿者

学生担任中美省州长论坛志愿者

学生为东亚运动会提供志愿服务

外国语学院教师为美国南佛罗里达大学孔子学院学生介绍中国文化

荣耀外院颁奖典礼

国际组织人才训练营

南开师生共赴教育论坛，勠力调研现代书院制度

　　外国语学院举行"青马育青苗"党团队一体化活力工程——"五育融合"实践基地共建签约仪式暨"大中小学外语课程思政一体化研究与实践"市级教改项目推进会

学生宣讲团赴中小学宣讲"习氏金句"

中外青年交流会

俄罗斯戏剧节

南开大学外语节

英语系 2017 级本科生王志怡获 "21 世纪杯" 全国英语演讲比赛一等奖

英语语言文学博士生张雅雯疫情期间在翻译志愿者突击队、志愿家教、志愿宣讲等方面表现突出，荣获 2019 年中国大学生自强之星